Marcus · Wer je vor einem Richter steht

Hermann Marcus

Wer je vor einem Richter steht

So arbeitet die deutsche Justiz

Droste Verlag Düsseldorf

1. Auflage: März 1976
2. Auflage: Mai 1976

Schutzumschlagentwurf: Helmut Schwanen
Gesamtherstellung: Clausen & Bosse, Leck/Schleswig
ISBN 3-7700-0434-5

Inhalt

Vorwort

Meine persönlichen Erfahrungen mit der deutschen Justiz sind die schlechtesten nicht. Infolge meiner heftigen Abneigung, überhöhte Arztrechnungen zu bezahlen, habe ich zwar mehr Prozesse verloren, als mir lieb war. Ich hatte dabei aber niemals das Gefühl, bitteres Unrecht zu erleiden, sondern war eher bereit, anzuerkennen, daß ich mich in der Beurteilung der Sache geirrt hatte oder einfach dümmer gewesen war als mein Widersacher. Auch mein Verhältnis zu den Rechtsanwälten blieb – den verlorenen Prozessen zum Trotz – ungetrübt. Die meisten von ihnen waren ungewöhnlich sympathische und intelligente Menschen, die Anwälte der Gegenparteien miteingeschlossen, die sich auch dann, wenn sie alle rechtlichen Trümpfe gegen mich in der Hand hatten, selten als Unmenschen erwiesen.

Seitdem ich an dem Buch arbeitete, das die Stellung der Justiz in der bundesdeutschen Gesellschaft kritisch beleuchtet, ist meine Meinung von der deutschen Justiz nicht mehr so gut wie früher. Manche subjektiven Eindrücke haben objektiven Feststellungen nicht standgehalten. Und ich mußte daher in mancher Hinsicht mein ursprüngliches Urteil über die deutsche Justiz revidieren.

Dieses Buch soll einen Bereich unseres gesellschaftlichen Daseins beschreiben, dem weite Kreise der Bevölkerung fremd und in einer merkwürdigen Beziehungslosigkeit gegenüberstehen. Es ist ein Versuch, die Probleme der Justiz nicht abstrakt, sondern an den Menschen aufzuzeigen, die aktiv in ihrem Dienst stehen oder passiv mit ihr zu tun bekommen, an den Richtern, Staatsanwälten, Rechtsanwälten auf der einen Seite, dem »kleinen Mann« vor Gericht, den Straftätern und Strafgefangenen auf der anderen Seite. In dem Bemühen um ein möglichst klares und eindringliches Gesamtbild habe ich versucht, die Dinge auf einen möglichst klaren und anschaulichen Nenner zu bringen. Sätze wie »die dogmatische Hauptschwierigkeit der Reform wird zutreffend darin gesehen, eine neue und bessere Vertypung des zu pönalisierenden Verhaltens vorzunehmen« braucht der Leser nicht zu befürchten.

Er muß auch nicht befürchten, daß ich ihm das »klassische Konditionieren zur Erklärung reaktiven Verhaltens, das operante (instrumentelle) Konditionieren oder das Lernen am Modell zur Erklärung operanten Verhaltens« zu schildern versuche. Ich nehme in Kauf, daß mich hartgesottene Juristen als Schwarzweißmaler abtun und mir vorwerfen, auf viele »Wenn und Aber« nicht oder nicht genügend eingegangen zu sein. Mag es im Vergleich zum Juristendeutsch noch so simpel klingen und im Vergleich zur Sprache gelernter Soziologen von einer geradezu unverschämten Verständlichkeit sein – Hauptsache ist, daß das, was ich sage, den Kern der Sache trifft.

Um zu diesem Kern vorzustoßen, habe ich zahlreiche Gespräche geführt – mit Gerichtspräsidenten und Gerichtsdirektoren, mit Richtern an Amts-, Land- und Oberlandesgerichten, mit Rechtsanwälten, Staatsanwälten und Justizbeamten, mit Menschen, die vor Zivilgerichten ihr Recht suchten, Menschen, die sich im Netz des Strafrechts fingen und auch mit Menschen, die jahrelang hinter Gittern saßen. Die Sachlichkeit, mit der sie Tatsachen geschildert, Vorgänge erläutert und ihre Ansichten dazu dargelegt haben, hat mich immer wieder beeindruckt und mich auch an der oft aufgestellten Behauptung zweifeln lassen, daß die Justiz aus sich heraus reformunfähig wäre. Ihnen allen, insbesondere zwei hohen Richtern in Nordrhein-Westfalen und in Bayern, sowie einigen jungen Rechtsanwälten in München möchte ich dafür danken, daß sie ohne Rücksicht auf ihren eigenen Stand sagten, was sie meinten. Mein Dank gilt auch dem Bundeskriminalamt und dem Statistischen Bundesamt, die mir prompt und ohne bürokratische Hemmnisse neueste Zahlen zur Verfügung stellten, sowie den Pressereferenten der Länderminister für Justiz, die meine Bitten um Informationen fast ausnahmslos und bereitwillig erfüllten. Die Ausnahme ist der Pressereferent des Justitzministeriums für das Land Nordrhein-Westfalen, der meine Bitte um ein Informationsgespräch schlicht mit der verblüffenden Feststellung abschlug: »Ich bin kein Informationsbüro.«

Dies war allerdings nicht die einzige Enttäuschung, die ich bei meinen Untersuchungen erlebt habe. Einige Diener des Rechts, die mir zunächst ungeschminkt und in aller Offenheit Mißstände und Mängel der deutschen Justiz auseinandergesetzt hatten, bekamen plötzlich Angst vor der eigenen Courage, als ich ihnen schriftlich zeigte, was sie mir mündlich berichtet hatten. Ihren Wunsch, von einer Auswertung ihrer Informationen abzusehen, habe ich selbstverständlich erfüllt. Leicht ist mir das nicht gefallen, weil ich dadurch gezwungen war, öfter als mir lieb war auf bereits veröffentlichtes Material zurückzugreifen, statt originäres Material verwenden zu können. Noch schwerer wog für mich aber die Frage, was die Leute eigentlich veranlaßt hat, von Feststellungen abzurücken, die sie selbst getroffen hatten und deren sachliche Richtigkeit sie nicht bestritten.

Die Antwort auf diese Frage ist für die deutsche Justiz und ihre Stellung in unserem Staat und unserer Gesellschaft nicht gerade schmeichelhaft. Der Leser wird sie in diesem Buch finden.

I

Alles was recht ist

Gern hat niemand mit dem Gericht zu tun

Mit dem Recht ist es eine eigene Sache.

Jedermann neigt dazu, anzunehmen, daß das, was er für Recht hält, auch wirklich Recht ist, weil jeder lieber recht als unrecht hat. Aber mancher, der felsenfest davon überzeugt ist, recht zu haben, erhält unvermutet und zu seinem Leidwesen bescheinigt, daß er im Unrecht ist, und mancher, der glaubte, im Unrecht zu sein, hat allen Grund sich zu freuen, wenn er – zu seiner Überraschung – recht bekommt. Weder der eine noch der andere werden vermutlich als Recht empfinden, was ihnen widerfahren ist. Der eine nicht, weil im Namen des Volkes als Recht verkündet wurde, was er als grobes Unrecht betrachtet, und der andere nicht, weil ihm im Namen des Volkes recht gegeben wurde, obwohl er sich selbst im Unrecht fühlte.

Es ist ein altes Lied, das oft gesungen, aber nicht gern gehört wird: Wer recht hat, muß nicht recht bekommen, und wer recht bekommt, muß durchaus nicht recht haben. Dies mußte nicht nur Michael Kohlhaas erfahren, der sich das Recht, das ihm verweigert wurde, bekanntlich selbst verschaffte. Er konnte sich das leisten, weil er unbeirrbar davon überzeugt war, immer genau zu wissen, was Recht ist. Seine Nachfahren sind bescheidener geworden. Sie preisen sich schon glücklich, wenn dort, wo sie leben, derjenige am ehesten recht bekommt, der am wahrscheinlichsten auch recht hat.

Die Frage, was denn nun eigentlich dieses Recht ist, um das es hier geht, ist damit natürlich nicht beantwortet. Schon in der Bibel steht zwar geschrieben: »Denn Recht muß doch Recht bleiben«, was das aber für eine Sache ist, die bleiben soll, wie sie ist, erfährt der fromme Leser leider nicht.

Viel weiter sind wir seitdem nicht gekommen. Die modernen Rechtsphilosophen und Gelehrten der Rechtswissenschaft pflegen die Antwort auf die Frage nach dem Wesen des Rechts mit der Feststellung einzuleiten, daß es darauf keine kurze Antwort gebe. Die sehr langen Antworten, die man dann von ihnen zu hören bekommt, sind allerdings meist nichts anderes als erhabene Beschreibungen dessen, was man unter Recht verstehen könne oder solle. Tiefsinnig klingende Postulate erweisen sich dabei oft als Schlagworte, Pathos muß ersetzen, was man nicht definieren kann, und übrig bleiben, wenn man es genau betrachtet, irrationale Größen des Glaubens, der Überzeugung oder einer Meinung. Man kann natürlich die Feststellung »Das Recht ist eine soziale Ordnung« für den Gipfelpunkt philosophischer Erkenntnis halten. Erklärt wird damit alles und nichts. Und wenn – was gleichfalls sehr beliebt ist – die Begriffe von Recht und Gerechtigkeit miteinander verbunden werden und beispielsweise verkündet wird: «Das Recht will eine gerechte soziale Ordnung verwirklichen helfen«, weiß man zwar wenigstens, was das Recht soll, nämlich der Gerechtigkeit dienen. Da es aber darüber, was gerecht ist, bekanntlich grundverschiedene Auffassungen gibt, ist man nicht viel klüger als zuvor.

Von der Idee, daß das Recht ein von den Menschen unabhängiges Prinzip sei, das sich auch ohne menschliches Zutun verwirklicht, hat sich die Rechtsphilosophie inzwischen ebenso gelöst wie von den Versuchen, es aus einem Grund allein heraus zu erklären, aus Gottesplanung etwa, aus Macht- und Interessenkämpfen oder dem Willen der herrschenden Klasse. Man wandelt auch nicht mehr so hartnäckig wie in früheren Zeiten auf den Spuren methaphysischer Hintergründe, sondern orientiert sich an sittlichen Werten, die das Recht verwirklichen soll, oder deutet, wie Marx es getan hat, das Recht lediglich als Überbau ökonomisch-gesellschaftlicher Prozesse. Einige Rechtsphilosophen halten auch einen solchen intellektuellen Aufwand für überflüssig. Sie tun die ganze sogenannte Gerechtigkeit als bloße Ideologie ab.

Der schlichte Bürger fängt mit allen diesen und ähnlichen Philosophien wenig an. Er sieht wie rasch sich das, was man Recht nennt, ändern kann, mit welch atemberaubender Geschwindigkeit sich Vorstellungen darüber, was rechtens und was nicht rechtens ist, wandeln. Was in Deutschland noch vor wenigen Jahrzehnten als unumstößliche Rechtsbasis galt (»Recht ist, was dem Volke nützt«), wird heute als Ausgeburt totaler Rechtlosigkeit verwünscht und verurteilt. Und was sich heute seinen lieben Landsleuten in der Deutschen Demokratischen Republik als Recht präsentiert, ist für den Bundesdeutschen eher das krasse Gegenteil davon. Er braucht also seine Blicke gar nicht so weit schweifen zu lassen, um zu erkennen, wie unterschiedlich ist, was unter Recht verstanden wird und welche verschiedenen Formen es annehmen kann. Wie leicht es außerdem aus den Angeln zu heben ist, wird ihm in letzter Zeit immer häufiger vor Augen geführt. Eine Handvoll politischer Desparados ist mühelos in der Lage, durch eklatante Rechtsbrüche zu erreichen, daß der Staat selbst das von ihm verkündete und feierlich beschworene Recht außer Kraft setzt. Im übrigen halten sich mitunter auch fanatische Verfechter der Rechtsstaatlichkeit nur so lange an die gesetzten Regeln, als sie das, was sie für ihr Recht ansehen, auch gerichtlich bescheinigt bekommen. Ist das nicht der Fall, ist für sie selbst der Spruch eines höchsten Gerichts plötzlich nicht mehr bindend. Ein Beispiel: Das Oberlandesgericht München hatte den *Spiegel*-Herausgeber Augstein verurteilt, »durch eine eigenhändig unterzeichnete schriftliche Erkläklärung« einige Behauptungen über Franz Josef Strauß zu widerrufen und Strauß außerdem ein Schmerzensgeld von DM 25 000,– zugesprochen. Als der Sechste Zivilsenat des Bundesgerichtshofs den Revisionsantrag Augsteins gegen dieses Urteil ablehnte, erklärte der *Spiegel* schlicht und einfach: »Das Urteil ist rechtskräftig ... aber die Prognose sei riskiert: Unterschreiben wird er (Augstein) sicherlich nicht.«

Auf der anderen Seite bleibt dem Bürger nicht verborgen, daß sich Rechtsanschauungen und Rechtsverfahren am Leben erhalten, die eher ins Panoptikum der Geschichte als in die heutige Zeit zu passen scheinen. Eine allzu rasche Anbiederung des Rechts an den augenblicklich herrschenden Zeitgeist auf der einen, eine sklavische Unterwerfung unter starre Formen der Vergangenheit auf der anderen Seite – keine dieser beiden für das Recht offensichtlich typischen Erscheinungsformen ist dazu angetan, das Vertrauen des Bürgers in die Institution des Rechts und das heißt praktisch in die Rechtsprechung und Rechtspflege zu erhöhen.

Dieses Vertrauen ist, wie das Institut für Demoskopie in Allensbach ermittelt hat, in der Tat nicht besonders groß. Zwar ist seit zehn Jahren der Anteil der Bevölkerung, der glaubt, man könne zu deutschen Richtern und Gerichten volles Vertrauen haben, von 26 auf 32 Prozent gestiegen, doch hat sich gleichzeitig auch der Kreis derjenigen, denen es an diesem Vertrauen fehlt, von 28 auf 32 Prozent erweitert, und ein ganzes Drittel der Bevölkerung vertraut der Justiz nur »teils-teils«[1].

Eng verflochten mit dem Unbehagen an der deutschen Justiz, das aus diesen Zahlen spricht, ist die Distanz, in der sich Justiz und Bürger gegenüberstehen. Man mag es beklagen oder bestreiten, die Justiz nimmt im Bewußtsein der Bevölkerung bei weitem nicht jenen Rang ein, der ihr nach Verfassungsauftrag und gesellschaftlicher Funktion zukäme. Trotz der überragenden Bedeutung, die in der Bundesrepublik dem Recht als Mittel der sozialen Kontrolle über die Organisation und Gestaltung der Gesellschaft eingeräumt wird, wirkt sie innerhalb der Gesellschaft fast wie ein Fremdkörper, steht sie eher am Rand dieser Gesellschaft als in ihrem Mittelpunkt.

Diese Entrücktheit, diese innere Beziehungslosigkeit ist um so erstaunlicher, als die Justiz unmittelbar und in vielfältigen Formen in das Leben von Millionen Menschen eingreift, über Schicksal, Besitzverhältnisse und materielle Ansprüche von Millionen Menschen entscheidet. Jeder zweite Bundesbürger kam oder kommt auf irgendeine Weise mit ihr in Berührung[2].

1 Wenn man seinerseits den Allensbachern trauen darf, wächst das Vertrauen in die Justiz mit zunehmendem Alter. Gegenüber nur 29 Prozent der Befragten im Alter von 16 bis 29 Jahren bescheinigen 36 Prozent der Personen, die älter als 50 Jahre sind, Richtern und Gerichten ihr volles Vertrauen. Das meiste Mißtrauen hegen die 30- bis 40jährigen Bürger (36 Prozent). Ob das Vertrauen in die Justiz groß oder weniger groß ist, hängt offensichtlich auch von der beruflichen Stellung ab. Während 43 Prozent der Landwirte und 40 Prozent der Beamten und leitenden Angestellten Vertrauen in die Justiz äußerten, stehen ihr 38 Prozent der Facharbeiter und 40 Prozent der Selbständigen und freiberuflich Tätigen mißtrauisch gegenüber.

2 Die Hälfte der Bundesbürger, die Kontakte mit Gerichten hatten, sammelte Erfahrungen mit der freiwilligen Gerichtsbarkeit, 27 Prozent (das sind 16 Prozent aller Bundesbürger) waren an einem Zivilstreit beteiligt, ebenso viele hatten in einer Straßenverkehrssache mit dem Gericht zu tun und 17 Prozent (das sind 10 Prozent aller Bundesbürger) waren – nach eigenen Angaben – in ein Strafverfahren verwickelt. Dies ergibt

Gern hat aber niemand mit ihr zu tun.

Vor die Frage gestellt: »Nehmen Sie einmal an, Sie haben nach einem Unfall Schwierigkeiten mit der Versicherung. Die Versicherung will nur die Hälfte des Schadens bezahlen. Würden Sie sich damit zufriedengeben, obwohl Sie glauben, daß Sie im Recht sind, oder würden Sie es auf einen Prozeß ankommen lassen?« geben sich, wenn diesbezügliche Meinungsumfragen stimmen, 45 Prozent der Bevölkerung mit dem Angebot der Versicherung zufrieden. Noch größer ist der Prozentsatz bei denjenigen, die schon einmal in einen Zivilprozeß verwickelt waren, also persönliche Erfahrungen mit der Justiz gesammelt haben. Mehr als die Hälfte von ihnen, nämlich 54 Prozent, würden sich lieber außergerichtlich arrangieren und mit der von der Versicherung angebotenen Hälfte der Schadenssumme begnügen, statt ihr Recht vor Gericht zu suchen.

Nicht viel anders sieht es aus, wenn Menschen durch kriminelle Delikte um ihr Geld kommen. In einem Fall, von dem Theo Rasehorn berichtet, hatte ein Vertreter Schreibmaschinen verkauft, indem er den Käufern vortäuschte, sie könnten durch Schreibarbeiten Nebeneinkünfte erzielen. Diese Zusicherung war ein glatter Betrug, die abgeschlossenen Kaufverträge daher nichtig und die Schreibmaschinen für die Käufer wertlos. Trotzdem hatten, wie sich in der Gerichtsverhandlung gegen den betrügerischen Vertreter herausstellte, von 80 Käufern nur 10 gegen die vom Produzenten der Schreibmaschinen geforderte Zahlung des Kaufpreises Einspruch erhoben, nur 5 von diesen 10 hatten gegen den Zahlungsbefehl der Schreibmaschinenfirma Widerspruch eingelegt, und nur ein einziger das Verfahren bis zum Urteil durchgeführt.

Mit Gerichten will man also selbst dann lieber nichts zu tun haben, wenn man sich nicht nur im Recht fühlt, sondern eindeutig auch im Recht ist. Und es spricht nicht eben für die Justiz, daß diejenigen, die bereits persönliche Erfahrungen mit

sich aus einer repräsentativen Meinungsumfrage, die der Arbeitskreis für Rechtssoziologie an der Universität Köln im Sommer 1970 durchgeführt hat.

Gerichten gesammelt haben, der Justiz am distanziertesten gegenüberstehen, gleichgültig, ob sie die Prozesse, die sie führten, gewonnen oder verloren haben.

Diese Einstellung ist zum Teil sicher dadurch bedingt, daß das Bild von der Justiz hauptsächlich von der Strafjustiz geprägt wird. Obwohl die Zahl der Zivilrichter mindestens doppelt so groß ist wie die der Strafrichter und auch die Zahl der zivilen Spruchkammern die Zahl der Strafkammern beträchtlich übersteigt, erscheint in den Augen der Bevölkerung die Justiz in erster Linie als strafende Justiz. Häufig werden daher auch schon Kontakte mit Zivilgerichten als ehrenrührig empfunden und nach Möglichkeit vermieden.

Das Zweite Deutsche Fernsehen bringt seit Februar 1974 Sendungen unter dem Titel: »Wie würden Sie entscheiden?« Die Teilnehmer an diesen Sendungen – es handelt sich jeweils um 42 Leute im Alter zwischen 16 und 60 Jahren, je zur Hälfte Männer und Frauen, die aus Besuchern von Volkshochschulen ausgewählt wurden – werden mit juristischen Tatbeständen, die auf authentischem Material beruhen, konfrontiert, müssen ein Urteil über diese Tatbestände fällen und ihr Urteil begründen. In einem Fall ging es beispielsweise darum, daß ein Geschäftsinhaber, angesehener Bürger eines kleinen Ortes, einen Mann niederschoß, den er beim Aufbrechen eines Zigarettenautomaten ertappt hatte, in einem anderen Fall um eine Fischgroßhandlung, deren Betrieb die Nachbarschaft störte und die daher auf ein anderes Gelände verlagert werden sollte. Im ersten Fall entschieden 38 der 42 Zufallsrichter, daß der Geschäftsmann falsch gehandelt habe, weil der Einsatz einer Schußwaffe und die damit verbundene Gefährdung eines Menschenlebens in keinem Verhältnis zu dem geringen Schaden stand, der verursacht worden war; diese Beurteilung entsprach einer durchaus richtigen Beziehung zur Verhältnismäßigkeit von Schuld und Strafe. Im zweiten Fall war die Mehrheit der Zufallsrichter dafür, daß der Betrieb ausgelagert werden müsse, jedoch nur gegen eine entsprechende Entschädigung, weil der Unternehmer sonst praktisch enteignet werde. Hier wiederum wurden durchaus richtig die Interessen der Allgemeinheit gegen die Interessen des einzelnen abgewogen und eine Entscheidung getroffen, die sowohl der einen wie der anderen Seite gerecht wurde.

Interessant für die Einstellung der Bundesbürger zum Recht ist schließlich das Ergebnis einer Untersuchung, die der Arbeitskreis für Rechtssoziologie an der Universität Köln im Sommer 1970 durchgeführt hat. Es ging dabei nicht nur um die Feststellung, wie weit verbreitet die Kenntnis über das gesetzliche Verbot bestimmter Verhaltensweisen ist, sondern auch darum, ob und in welchem Umfang diese Verhaltensweisen moralisch verwerflich und für strafwürdig gehalten werden.

In den Fällen:

1. Ein Arbeiter entwendet Material im Wert von DM 500,– aus der Firma;
2. Ein Autofahrer sieht einen Verkehrsunfall und fährt weiter, ohne sich um die Verletzten zu kümmern;
3. Jemand hört, daß drei junge Leute einen Banküberfall planen. Er meldet es nicht der Polizei;

wußten fast alle (89–99 Prozent der Befragten), daß die betreffenden Personen gegen ein Gesetz verstoßen hatten. Als moralisch am verwerflichsten wurde das Verhalten des Autofahrers empfunden, der Diebstahl des Arbeiters wurde nur von der Hälfte der Befragten als »Sehr schlimm« bewertet.

In den Fällen:

1. Demonstranten blockieren den Berufsverkehr;
2. Ein Mann hat homosexuelle Beziehungen zu einem anderen Mann;
3. Eine Frau hat ein Verhältnis mit dem Freund ihres Ehemanns;

nahmen – fälschlicherweise – die Hälfte und noch mehr der Befragten an, daß diese Verhaltensweisen gesetzlich verboten seien. Nur eine kleine Minderheit (20–28 Prozent) verurteilte sie allerdings moralisch, und im Fall der homosexuellen Beziehungen waren, trotz der Ansicht, daß sie gegen ein Gesetz verstoßen, 40 Prozent dafür, sie nicht zu bestrafen.

Die Rechtskenntnisse sind also gewiß nicht überwältigend

groß, aber auch wieder nicht so klein, wie es oft dargestellt wird. So dumpf, wie gleichfalls immer wieder behauptet wird, ist auch das Rechtsbewußtsein in der Bevölkerung nicht.

Das Verhältnis zum Recht – oder besser gesagt zu dem, was allgemein als Recht begriffen wird – scheint im Gegenteil besser und gesünder zu sein als das zur Justiz, dem Organ dieses Rechts. Sicher spielt dabei eine Rolle, daß sich die Justiz bei der Erfüllung ihrer Aufgaben in einer undankbaren Position befindet, an der sie von sich aus wenig zu ändern vermag. Wer einen Zivilprozeß verliert, kreidet nun einmal diesen für ihn bedauerlichen Umstand höchstwahrscheinlich eher dem Gericht als sich selbst oder seinem Anwalt an, und zwar ohne Rücksicht darauf, ob er jemals eine Chance hatte, den Prozeß zu gewinnen. Umgekehrt hält derjenige, der den Prozeß gewonnen hat, diesen für ihn erfreulichen Umstand nur für eine Bestätigung seines Rechts und damit für selbstverständlich. Er wird kaum geneigt sein, die Justiz dafür auch noch zu loben. Von einem, der in einem Strafprozeß verurteilt wird, zu erwarten, daß er dem Gericht besonders freundlich gegenübersteht, wäre zuviel verlangt. Und auch wer freigesprochen wird, muß deswegen nicht gut auf das Gericht zu sprechen sein. Wenn er unschuldig war, hat er sich – mit Recht – zu Unrecht verfolgt gefühlt und kann der Justiz wahrscheinlich auch noch vorwerfen, daß sie lange gebraucht hat, seine Unschuld festzustellen. Wer aber freigesprochen wurde, weil die Beweise nicht ausreichten, ihn zu verurteilen, freut sich höchstens, das Gericht übertölpelt zu haben. Sein Respekt vor der Justiz ist dadurch bestimmt nicht gewachsen.

Mit diesen subjektiven Reaktionen allein ist die oft und laut beklagte Justizfremdheit der Bürger jedoch nicht zu erklären. Wenn die Menschen, in deren Namen die Justiz spricht, kein so rechtes Verhältnis zu ihr finden, dann hat das gewichtige objektive Gründe. Dann liegt es zu einem guten Teil am Wesen der Justiz selbst, der Erhabenheit, mit der sie über dem Alltagsleben der Bürger thront, dem weltfremden Formalismus, den sie so oft an den Tag legt, an ihrem selbstgefälligen Unvermögen, sich als tragendes Element unserer Gesellschaftsordnung verständlich zu machen. Und es liegt – nicht zuletzt – an ihrer Organisation.

Die komplizierten Wege der Gerechtigkeit

Von den Deutschen wird zwar immer behauptet, daß sie hervorragende Organisatoren seien. Bei der Organisation ihrer Gerichte ist davon nicht viel zu merken.

Neben den Verfassungsgerichten stehen Ordentliche Gerichte, Arbeitsgerichte, Verwaltungsgerichte, Sozial- und Finanzgerichte gleichberechtigt nebeneinander. Hinzu kommen Disziplinar- und Ehrengerichte sowie in einzelnen Bundesländern (für Bagatellfälle zuständige) Friedens-, Gemeinde- und Ortsgerichte. Im bunten Reigen dieser Gerichtsbarkeiten fehlt nur eine eigene »Militärgerichtsbarkeit«[1]. Dies entspricht aber, wie die Bundesregierung in einem ihrer »Berichte zur Lage der Nation« mit Stolz vermerkt hat, der Auffassung vom Soldaten als »Bürger in Uniform«, hat allerdings auch dazu geführt, daß der Bürger, wenn er Soldat ist, gleichzeitig nicht weniger als drei verschiedenen Gerichtsbarkeiten untersteht. Straftaten von Soldaten werden von den allgemeinen Strafgerichten abgeurteilt. Für Streitigkeiten aus dem Dienstverhältnis des Soldaten ist die allgemeine Verwaltungsgerichtsbarkeit zuständig. Und über Dienstvergehen und Beschwerden von Soldaten entscheidet eine eigene Disziplinargerichtsbarkeit, die von besonderen bei bestimmten Kommandostellen eingerichteten Truppendienstgerichten ausgeübt wird. Komplizierter geht es nicht mehr.

Und nicht gerade unkompliziert ist auch der vertikale Aufbau der Gerichtsbarkeit. Dem rechtsuchenden Bürger sollen zwar grundsätzlich drei Instanzen zur Verfügung stehen[2],

1 Im Grundgesetz ist vorgesehen, daß der Bund »im Verteidigungsfall« eigene Wehrstrafgerichte errichten kann. Ein Ausführungsgesetz dazu wurde bisher nicht erlassen.

2 Die erste Gerichtsstufe soll diejenige sein, die der Bürger zunächst einmal anruft, in der zweiten Stufe soll er die Möglichkeit haben, in tatsächlicher und rechtlicher Hinsicht überprüfen zu lassen, was in der ersten

aber dieser Grundsatz wird häufig durchbrochen. Die Verfassungsgerichtsbarkeit kennt nur eine, die Finanzgerichtsbarkeit zwei Instanzen[1]. Vierstufig aufgebaut ist dagegen die ordentliche Gerichtsbarkeit (Zivil- und Strafgerichte), wobei es – wie könnte es anders sein – auch hier wieder Ausnahmen gibt. So ist ausgerechnet für Kapitalverbrechen, also die mit den schwersten Strafen bedrohten Rechtsbrüche, neben der ersten (Tatsachen-)Instanz nur noch eine zweite (Revisions-)Instanz vorgesehen[2]. Verwirrend ist auch sonst in der Strafgerichtsbarkeit die Vielfalt der Zuständigkeiten und möglichen Rechtswege. Da gibt es in der ersten Instanz neben dem Amtsrichter und dem Jugendrichter das Schöffengericht, das erweiterte Schöffengericht und das Jugendschöffengericht, beim Landgericht die kleine und die große Strafkammer als erste Instanz, die große Strafkammer als Berufungsinstanz, die Jugendstrafkammer als Berufungsgericht, die Staatsschutzkammer, das Schwurgericht, den Strafsenat des Oberlandesgerichts als Revisionssenat, den Strafsenat des Oberlandesgerichts als erste Instanz und schließlich die Strafsenate des Bundesgerichtshofs in Revisionssachen.

Man kann beim besten Willen nicht behaupten, daß dieses ganze Gewebe von Rechtswegen und Instanzenzügen für den

Stufe entschieden worden ist, und eine dritte und letzte Instanz soll die mit der Sache zusammenhängenden rechtlichen Fragen endgültig klären.

1 Zwei Instanzen sind seit 1969 auch für alle Staatsschutzstrafsachen eingeführt worden, in denen bis dahin der Bundesgerichtshof als erste und einzige Instanz tätig war. In erster Instanz wird diese Gerichtsbarkeit jetzt im Auftrag des Bundes von den Ländern ausgeübt. Zuständig dafür sind im allgemeinen diejenigen Oberlandesgerichte, in deren Bezirk die Landesregierungen ihren Sitz haben.

2 Das heißt: Während ein Angeklagter, der wegen eines Diebstahls verurteilt wurde, in die Berufung gehen und dort neue Tatsachen vorbringen oder Tatsachen überprüfen lassen kann, die von der ersten Instanz nicht genügend oder überhaupt nicht berücksichtigt wurden, besteht in Mordfällen lediglich die Möglichkeit, durch die Revisionsinstanz nachprüfen zu lassen, ob rein formell und rechtlich alles mit rechten Dingen zugegangen ist. Schon aus praktischen Gründen ist aber mehr als zweifelhaft, daß sich an dieser in der Tat widersinnig erscheinenden Regelung etwas ändern wird. Die Einführung einer zweiten Tatsacheninstanz als Berufungsinstanz würde nämlich bedeuten, daß Prozesse, die schon in der ersten Instanz oft 6 bis 7 Monate gedauert haben, in der zweiten Instanz nochmals eine so lange Zeit beanspruchen. Und dafür gibt es zu wenig Richter.

schlichten Bürger überschaubar ist. Je weniger er aber in der Lage ist, zu begreifen, wie der Justizapparat funktioniert, um so fremdartiger muß ihm dieser Apparat erscheinen, und je dunkler für ihn die Wege sind, auf denen er sein Recht suchen muß, um so zwiespältiger sind seine Beziehungen zu jener Gewalt, die ihm dieses Recht verschaffen soll. Er bekommt das Vertrackte, das Undurchsichtige, Unverständliche deutscher Gerichtsorganisation überdies noch auf eine andere, sehr bittere Weise zu spüren: Er muß, um zu seinem Recht zu kommen, oft sehr lange Zeit warten, bis er dieses Recht bekommt.

Ein mittlerer Schadensersatzprozeß, etwa aus einem Verkehrsunfall, kann ohne weiteres fünf bis sechs Jahre dauern, wenn nur eine Partei Geld genug hat, ihn bis zur höchsten Instanz durchzufechten.

Den Arbeitsgerichten lagen Anfang 1974 70 000, Ende 1974 97 000 unerledigte Klagen vor. Bei den Landesarbeitsgerichten vergehen im Durchschnitt 8 Monate allein bis zum ersten Verhandlungstermin. In Mutterschutzsachen wird häufig erst nach der Geburt des Kindes entschieden und Klagen auf Herausgabe von Arbeitspapieren können sich solange verzögern, daß der Kläger seine neue Stellung wegen der fehlenden Unterlagen erst Monate später antreten kann.

Bei den Verwaltungsgerichten waren Anfang 1974 43 000, Ende 1974 50 000 unerledigte Verfahren anhängig. Genau besehen ist es fast das Geschäftsvolumen eines ganzen Jahres, um das die Verwaltungsrichter schon seit Jahren im Rückstand sind, so daß der Bürger oft jahrelang darauf warten muß, bis er im Rechtsstreit mit Behörden, etwa über eine Baugenehmigung oder einen Abgabebescheid, ein Urteil erhält.

Nicht besser, sondern eher noch schlechter steht es bei den Sozialgerichten, wo 1974 von 289 000 in der ersten Instanz anhängigen Klagen 145 000, und von 31 000 in der Berufung anhängigen Klagen 14 000, also jeweils nur knapp die Hälfte entschieden wurden, und wo dieses Verhältnis zwischen anhängigen und erledigten Verfahren normal zu sein scheint; so sah es nämlich bereits 1960 aus. Normal ist daher auch, daß sich auch in diesem löblichen Zweig deutscher Gerichtsbarkeit die Verfahren jahrelang hinziehen und selbst dringendste Fälle, wie z. B. die Prüfung von Rentenansprüchen wegen Berufs- und Erwerbsunfähigkeit oder von Entschädigungen nach Betriebsunfällen, eineinhalb Jahre und mehr bis zu ihrer Entscheidung brauchen. Dabei geht es gerade hier um das Schicksal kranker oder alter Menschen, die aus Existenzgründen auf eine rasche Entscheidung des Gerichts angewiesen sind[1].

Bei den Finanzgerichten dauert die Hälfte der Prozesse länger als drei Jahre. Allein der Bundesfinanzhof schob im Jahr 1975 einen Bestand von 4000 unerledigten Fällen vor sich her. Und geradezu typisch für das Tempo, mit dem die Finanzgerichtsbarkeit arbeitet, ist der Fall eines Steuerberaters, in dem nur noch beschlossen werden mußte, ob eine schon früher zugesprochene Prozeßvergütung auch der Höhe nach gerechtfertigt war. Der zuständige Senat, drei hohe Richter, brauchten fast zwei Jahre dazu, um über die Frage zu entscheiden, ob besagtem Steuerberater 400 DM oder nur 350 DM zustanden.

Für die Justiz ist das billigste gut genug

Was immer man aber gegen die Justiz ins Treffen führen kann, was immer an ihr umstritten, bedenklich oder fragwürdig sein mag, den Vorwurf, daß sie uns viel Geld kostet, kann man ihr beim besten Willen nicht machen. Im Jahr 1974 entfielen vom gesamten Bundeshaushalt in Höhe von 134 Milliarden DM nur 223 Millionen Mark auf das Ressort des Bundesjustizministeriums. Bei einem Gesamthaushalt von 19 Milliarden Mark gab das Land Bayern im gleichen Jahr 384 Millionen Mark für seine Justiz aus, das Land Hessen bei einem Gesamthaushalt von 11 Milliarden Mark 180 Millionen Mark.

1 Die lange Prozeßdauer fällt um so mehr ins Gewicht, als die Bürger, die das Gericht zur Durchsetzung ihrer Ansprüche anrufen, verhältnismäßig oft Recht bekommen. So entschied beispielsweise das Münchner Sozialgericht in der Zeit vom 1. Januar bis 31. August 1975 in 40 Prozent der Fälle ganz oder teilweise zugunsten der Kläger gegen die gesetzlichen Versicherungsträger.

Haushaltszahlen der Justizministerien im Jahre 1974

	Einnahmen	Ausgaben	Zuschuß
	in Millionen DM		
Bund	114,0	223,0	109,0
Baden-Württemberg	282,4	702,7	419,7
Bayern	235,0	619,0	384,0
Hessen	155,4	335,6	180,8
Niedersachsen	156,5	389,7	233,2
Nordrhein-Westfalen	410,0	1144,4	734,4
Rheinland-Pfalz	86,7	243,6	156,9
Schleswig-Holstein	64,7	166,5	101,8
Bremen	22,0	76,0	54,0
Hamburg	66,7	189,0	122,3
Berlin	63,2	236,6	173,4

Von den insgesamt 270 Milliarden Haushaltsmitteln, die im Jahr 1974 von Bund und Ländern aufgebracht wurden, waren ganze 2,7 Milliarden Mark dafür bestimmt, in der Bundesrepublik Recht zu finden, Recht zu sprechen und Recht zu vollziehen. Im selben Jahr gab im Vergleich dazu allein der Bund mehr als eine halbe Milliarde Mark aus, nur um den Bauern einen billigeren Einkauf von Dieselöl zu ermöglichen, und nicht viel kleiner war der Betrag, den er zahlte, nur damit Angehörige der Bundeswehr billig wohnen können.

Auch personell gesehen präsentiert sich die Justiz, gemessen am sonstigen personellen Aufwand des öffentlichen Dienstes, sehr bescheiden. Die Zahl der Richter und Staatsanwälte war im Jahr 1974 mit 16 000 Personen nicht viel höher als im Jahr 1965 (13 600), und selbst wenn man alle Beamten, Angestellten und Arbeiter hinzuzählt, die in der Justizverwaltung tätig sind (66 000), ist in der Bundesrepublik das gesamte Personal des Justizdienstes kleiner als die Zahl der Friseure oder Metzger.

Das Kompliment, mit verhältnismäßig wenig Geld und wenig Personal auszukommen, ist allerdings nicht so schmeichelhaft, wie es auf den ersten Blick erscheint. Hinter ihm verbirgt sich nämlich die Tatsache, daß die Justiz, um die ihr gestellten Aufgaben erfüllen zu können, sowohl mehr Geld als auch mehr Personal bräuchte, – und daß sie weder das eine noch das andere erhält, weil sie zu schwach ist, ihre Ansprüche durchzusetzen.

Diese Schwäche hat verschiedene Gründe, von denen keiner erfreulich ist.

Zum ersten nimmt die Justiz – allen gegenteiligen öffentlichen Bekundungen zum Trotz – in der Prioritätenskala der staatlichen und politischen Führung einen sehr niedrigen Platz ein, rangiert sie mit Sicherheit hinter dem Verkehrs-, dem Gesundheits- oder Bildungswesen. Die Parteipolitiker, die aus parteitaktischen oder koalitionstechnischen Gründen mehr oder weniger zufällig an den Schalthebel deutscher Rechtspolitik geraten, betrachten das Amt des Justizministers oft nur als Durchgangsstation, als Sprungbrett für ehrgeizigere politische Pläne. Sie verlassen es so gerne, wie ungern sie es angetreten haben. Das Justizressort hat aber auch dann nur ein verhältnismäßig geringes politisches Gewicht, wenn es von Männern geleitet wird, die sich vehement für die Belange der Justiz engagieren. Es ist nun einmal kein Feld, auf dem viel Lorbeer zu ernten ist oder auf dem man sich mit ein paar Schlagworten populär machen kann. Es ist ein Feld, auf dem man leichter Federn lassen als Furore erregen kann, und es fordert stille und geduldige Arbeit, die sich nur sehr langsam in sichtbaren für die Bevölkerung greifbaren Ergebnissen niederschlägt.

Man ist nach außenhin peinlich darauf bedacht, den Eindruck zu erwecken, daß die Justiz von der Exekutive völlig unabhänigig ist, daß sie jene Unabhängigkeit besitzt, die ihr im Grundgesetz feierlich verbrieft worden ist. Faktisch steht sie jedoch – und dies ist der zweite Grund für ihre Schwäche – unter der ausgesprochenen Vormundschaft der Exekutive. Selbst in Fragen, die sie unmittelbar betreffen, kommt sie nur über die exekutive an die legislative Gewalt heran, hat sie weder unmittelbaren Zutritt zur Gesetzgebung noch die Möglichkeit, selbst über ihre Geschicke zu bestimmen. Sie muß hinnehmen, daß ihre Anliegen der Legislative nur in einer Form präsentiert werden, die der Exekutive ins Konzept paßt, und kann wenig dagegen tun, wenn diese Form in wesentlichen Punkten von ihren eigenen Vorstellungen abweicht. Selbst wenn es daher um ureigenste Angelegenheiten der Rechtssprechung geht, wie etwa um Gerichtsorganisation, Gerichtsverfahren oder materielles Recht, haben im Endeffekt diejenigen das geringste Gewicht, die, so sollte man meinen, das meiste davon verstehen. Das gilt auch für Fragen der Selbstverwaltung. Die Justiz wird zwar höflich befragt, wie viele Richter sie denn wohl zu benötigen und was an finanziellen Mitteln sie zu brauchen glaubt, aber damit ist ihr Mitspracherecht auch erschöpft. Die Entscheidung darüber fällt woanders. Die Haushaltsforderungen der Gerichte werden gleich mehrfach gesiebt, durch die Justizverwaltung, die Finanzministerien, die Kabinette und zu guter letzt durch die Parlamente. Was dann noch von den ursprünglichen Forderungen der Gerichte übrig bleibt, kann man sich vorstellen. Es bewegt sich gewöhnlich auf der Linie, daß für die Justiz das billigste gut genug ist. Und es bewegt sich damit auf gewohnten, alt hergebrachten Bahnen. Finanzielle Schäbigkeit gehörte in Deutschland schon immer zur Tradition der Justiz.

Nicht umsonst hat sich der Präsident des Bundesgerichtshofs, Robert Fischer, bitter darüber beklagt, daß die Justiz im Staatswesen immer stärker abgewertet wird und daß das Vordringen der Exekutive und deren immer größeres Übergewicht mit Sorge betrachtet werden müssen. Aber das ist wohl unabänderlich, solange die Exekutive über die finanziellen Mittel bestimmt, die der Justiz zur Verfügung gestellt werden, und auch in Personalfragen der Justiz das letzte Wort spricht.

So wenig sich die Justiz aus der hergebrachten Umklammerung durch die Exekutive zu lösen vermochte, so wenig nimmt sie auf die Gesetzgebung Einfluß – sicher nicht ganz ohne eigene Schuld, wie man gleich hinzufügen muß. Denn es gehört offensichtlich nicht zu den hervorstechendsten Eigenschaften der deutschen Richter, sich in irgendeiner Form – und schon gar nicht politisch – zu exponieren. Im deutschen

Bundestag sitzen sie denn auch still und brav auf den Hinterbänken[1]. Und im Rechtsausschuß des Bundestages, dem gesetzgeberischen Herzstück deutscher Rechtspolitik, sind die Repräsentanten der dritten Gewalt seit jeher nur schwach vertreten. In der derzeitigen Wahlperiode beispielsweise sind elf der 27 Ausschußmitglieder Rechtsanwälte, darunter sowohl der Vorsitzende des Ausschusses, Carl-Otto Lenz von der CDU, als auch dessen Stellvertreter, Günther Metzger von der SPD, während nur fünf Mitglieder aus den Reihen der Justiz (vier Richter und ein Staatsanwalt) kommen[2].

Von allen Ecken und Enden, aus dem Mund von Politikern jeder Schattierung, in Presse, Fernsehen und Rundfunk bekommen wir immer wieder zu hören, daß mit der unabhängigen Justiz der demokratische Rechtsstaat steht und fällt, daß eine gut funktionierende und unabhängige Rechtssprechung neben Gesetzgebung und Exekutive der wichtigste Tragpfeiler einer freiheitlichen Demokratie ist.

Die Feststellungen, die wir über die Schwäche der Justiz treffen mußten, sind mit diesen Beteuerungen kaum in Einklang zu bringen. Als tragende Säule der politischen und staatlichen Ordnung wird die Justiz gewöhnlich nur dann entdeckt, wenn politische Führung und öffentliche Verwaltung die Möglichkeit sehen, Aufgaben, mit denen sie selbst nicht fertig werden, an die Justiz abzuschieben. Das gilt nicht nur für hochpolitische Fragen (man braucht in diesem Zusammenhang nur an die Ostverträge oder an das Ringen um den § 218 zu denken), sondern auch für Fragen mit geringer politischer Brisanz (wenn die Verwaltung etwa im Mietrecht infolge schwammiger Sozialklauseln nicht weiterkommt). Abgesehen davon, daß es eine nicht gerade dankbare Aufgabe ist, den Lückenbü-

1 Es sind ihrer auch rein zahlenmäßig nicht viele. Von den 518 Mitgliedern des Deutschen Bundestags sind – ihrer Berufsbezeichnung nach – ganze zehn Richter, von denen drei der SPD, fünf der CDU und zwei der CSU angehören. Ihnen stehen immerhin 29 Rechtsanwälte gegenüber.

2 Dem Ausschuß gehören ferner an: fünf Angehörige des öffentlichen Dienstes, ein Rechtsreferendar, ein Professor für Öffentliches Recht, eine Doktorin der Philosophie, eine Steuerberaterin und eine Säuglingsschwester.

ßer für das Versagen anderer Gewalten zu spielen, muß sich die Justiz bei diesem Verfahren den Vorwurf gefallen lassen, Funktionen auszuüben, die ihr gar nicht zustehen. Auf der einen Seite versagt man ihr also jene Stellung, jene Unabhängigkeit, die ihr im Grundgesetz eingeräumt wurde, auf der anderen Seite unterminiert man ihre Stellung, indem man ihr Aufgaben zuschiebt, die über ihren eigentlichen Verfassungsauftrag hinausgehen.

So gesehen trägt die Justiz in der Tat nicht an allem, was man ihr vorwirft, allein die Schuld. Manches, was sie in den Augen der Bevölkerung herabsetzt, ist letztlich nicht ihr, sondern der Exekutive anzulasten, und manche Mängel, für die man sie verantwortlich macht, liegen nicht in ihr, sondern in schlecht gemachten Gesetzen begründet.

Das heißt aber nicht, daß sie zu der Misere, in der sie sich zugestandenermaßen befindet, nicht selbt zu einem Gutteil beigetragen hat. Man kann sich natürlich auf den Standpunkt stellen, daß das politisch Machbare nur von der Legislative und der Exekutive beherrscht werden dürfe, nicht von der Justiz. Wenn aber die Justiz damit vorliebnimmt, was die anderen Gewalten aus ihr machen, dann darf sie sich über ihr Schicksal nicht beklagen. Dann darf sie sich auch nicht wundern, wenn sie nicht nur mit verbundenen Augen dasteht, was ja allgemein als Symbol wahrer Gerechtigkeit gilt, sondern auch mit gebundenen Händen, was der wahren Gerechtigkeit sicher weniger dient. Indem sie an den Barrieren, die sie vom Volk trennen, fleißig mitgebaut hat, hat sie ihre Stellung gegenüber den anderen Staatsgewalten selbst untergraben. Wenn sie sich im Bewußtsein der Bevölkerung jene Position errungen hätte, die ihr nach Verfassungsrang und praktischer Bedeutung zukommt, dann könnten die anderen Staatsgewalten nicht so mit ihr umspringen, wie es der Fall ist. Wenn sie sich – umgekehrt – den anderen Staatsgewalten gegenüber energischer durchsetzen würde, sich nicht ins zweite Glied drängen ließe, dann stünde sie auch im Bewußtsein der Bevölkerung anders da. Sie müßte sich zumindest nicht als eigenes Versagen ankreiden lassen, was das Versagen anderer ist.

II

Robenträger ohne Glanz und Gloria

Königlicher Richter oder Justitiar der Mächtigen?

Juristen sind ein schreibfleißiges Völkchen. Sie basteln unentwegt an Hunderten von Gesetzen und Verordnungen, schreiben dickleibige Kommentare dazu, kommentieren die Kommentare und versäumen in ihren zahlreichen Fachzeitschriften keine Gelegenheit, sich auch mit recht belanglos erscheinenden Problemen ausführlich und detailliert zu beschäftigen.

Eine Beschreibung des Richters ist ihnen trotzdem noch nicht gelungen, obwohl über die Richter, ihre Stellung, ihre Aufgaben und ihre spezielle Problematik besonders gern und viel geschrieben wird. Offensichtlich fällt es ebenso schwer, den Träger der rechtsprechenden Gewalt zu definieren, wie das Recht überhaupt. Jedermann kann sich allerdings auch ohne juristische Vorbildung vorstellen, wie ein Richter beschaffen, mit welchen Eigenschaften er ausgestattet sein, welche Fähigkeiten er besitzen soll.

Diese Vorstellungen sehen etwa so aus:

Der ideale Richter vereinigt in sich warmherzige Menschlichkeit und strenge Sachlichkeit. Unbestechlich und äußeren Einflüßen unzugänglich, ist er ständig bemüht, mit der ganzen Kraft seiner reifen Persönlichkeit und dem reichen Schatz seiner Erfahrungen die Wahrheit, nichts als die Wahrheit zu finden und Gerechtigkeit, nichts als Gerechtigkeit zu üben. In seinem Auftreten fest und gütig zugleich, ist er ein Mensch, der jedem unvoreingenommen gegenübertritt. Er ist für jedermann zu sprechen, wahrt auf der anderen Seite aber stets eine gewisse Distanz zu Menschen und Dingen und läßt sich nicht zum Spielball der Parteien machen. Ein Mensch, der sich in kurzer Zeit in andere Menschen hineinzudenken, Entwicklungen nachzuvollziehen, die verworrensten Tatbestände zu sichten und zu ordnen vermag.

Das Grundgesetz sieht ihn zwar nüchterner, jedoch nicht weniger eindrucksvoll.

Die Richter sind – nach Artikel 97, Abs. 1 GG – unabhängig und nur dem Gesetz unterworfen. Ihrer Unabhängigkeit sind

Richter in Landes- und Bundesdienst

		Richter[1] Insgesamt	Davon in				
			Ordentlichen[2]	Verwaltungs-	Finanz- Gerichten	Arbeits-	Sozial-
Landesdienst	1960	11 316	9 123	746	165	310	972
	1974	12 727	10 238	919	282	395	926
Schleswig-	1960	487	386	31	7	16	48
Holstein	1974	520	424	30	10	19	37
Hamburg	1960	495	411	42	13	13	32
	1974	596	507	37	22	21	33
Niedersachsen	1960	1 325	1 053	101	26	30	115
	1974	1 379	1 090	120	29	34	106
Bremen	1960	154	115	34	4	9	14
	1974	189	142	24	6	10	13
Nordrhein-	1960	3 097	2 566	178	41	78	234
Westfalen	1974	3 288	2 661	225	73	102	227
Hessen	1960	997	802	74	14	31	76
	1974	1 224	1 003	85	28	42	66
Rheinland-	1960	675	558	49	8	17	57
Pfalz	1974	776	624	56	18	21	60
Baden-	1960	1 268	1 029	74	22	41	102
Württemberg	1974	1 585	1 279	113	26	44	123
Bayern	1960	1 817	1 458	104	28	44	183
	1974	2 083	1 689	141	46	54	153
Saarland	1960	198	141	18	2	5	32
	1974	249	186	20	4	8	31
Berlin (West)	1960	803	604	94	–	26	79
	1974	838	633	68	20	40	77
Bundesdienst	1960	293	108	48	34	17	35
	1970	499	281	46	47	17	44
Insgesamt	1960	11 609	9 231	794	199	327	1 077
	1974	13 226	10 519	965	329	412	970

1 Richter auf Lebenszeit, auf Zeit kraft Auftrags und auf Probe
2 Gerichte für Zivil- und Strafsachen (Amts-, Land- und Oberlandesgericht)
Quelle: Bundesministerium der Justiz

nur insoweit Grenzen gesetzt, als sie nicht gegen die Verfassung verstoßen oder das Recht beugen dürfen. Sie können – nach Artikel 97, Abs. 2 GG – »wider ihren Willen nur kraft richterlicher Entscheidung und nur aus Gründen und in den Formen, welche die Gesetze bestimmen, vor Ablauf ihrer Amtszeit entlassen, dauernd oder zeitweise ihres Amtes enthoben oder in eine andere Stelle oder in den Ruhestand versetzt werden«.

Auch die Dienstaufsicht, die von Gerichtspräsidenten und Justizministern über den Richter ausgeübt wird, darf seine Unabhängigkeit nicht beeinträchtigen. So kann ihm zwar vorgehalten werden, daß er zu Gerichtssitzungen unpünktlich erscheint, sich gegenüber Prozeßparteien unwürdig benimmt oder die Behandlung einzelner Sachen ungebührlich verzögert, zum Beispiel Fristen für die schriftliche Abfassung der Urteile nach ihrer mündlichen Verkündigung nicht einhält. Jeder Richter kann sich aber leicht gegen solche Vorhaltungen wehren, indem er einfach erklärt, sich dadurch in seiner Unabhängigkeit beeinträchtigt zu fühlen. Es gibt, wie man hört, Richter, die schon die Überprüfung einer Reisekostenabrechnung als Verstoß gegen ihre richterliche Würde empfinden, während andere selbst eine Kritik an der Formulierung ihrer Urteile gelassen hinnehmen[1]. Im übrigen steht er, was den Schutz seiner Rechte anlangt, nicht allein auf weiter Flur. Er kann jederzeit das Dienstgericht für Richter anrufen[2], wenn er sich durch eine Maßnahme der Dienstaufsicht in einem seiner Rechte verletzt glaubt. Darüber, daß die Richter »nach Recht und Billigkeit behandelt werden«, haben außerdem die sogenannten Richterräte zu wachen, die bei allen Gerichten des Bundes und der Länder errichtet sind. Diese Räte werden durch die Richter unmittelbar und geheim aus ihrer Mitte gewählt. Sie haben

1 Um unliebsamen Mißverständnissen vorzubeugen, sollte man an dieser Stelle darauf hinweisen, daß keine Regelung darüber besteht, in welcher Zeit ein Richter eine Rechtssache erledigen muß. Er gehört zu den verhältnismäßig wenigen glücklichen Menschen in der Bundesrepublik, die ihre Arbeitszeit frei bestimmen können.

2 Diese Dienstgerichte sind in erster Instanz den Landgerichten, in zweiter Instanz den Oberlandesgerichten und in letzter Instanz als Dienstgericht des Bundes dem Bundesgerichtshof angegliedert.

etwa die gleichen Befugnisse wie die Personalvertretungen im öffentlichen Dienst.

Gründlich, wie die Deutschen sind, ist im Deutschen Richtergesetz auch genau festgelegt, wann was (ohne schriftliche Zustimmung des Richters) überhaupt möglich ist. Sein Amt verlieren oder in ein anderes Amt versetzt werden, kann der Richter nur im Weg einer Richteranklage, im förmlichen Disziplinarverfahren, im Interesse der Rechtspflege und bei Veränderungen der Gerichtsorganisation. Als eine solche Veränderung gilt, um das gleich vorwegzunehmen, nur die Veränderung in der Einrichtung der Gerichte oder ihrer Bezirke, vor allem also die Zusammenlegung oder Aufhebung von Gerichten. Eine eventuelle Einsparungsmöglichkeit von Richtern fällt ebensowenig darunter wie ein geringerer Geschäftsanfall. Im Interesse der Rechtspflege kann ein Richter versetzt werden, wenn Tatsachen außerhalb seiner richterlichen Tätigkeit zu einer schweren Beeinträchtigung der Rechtspflege führen könnten. Das ist etwa dann mit einiger Sicherheit anzunehmen, wenn ein Amtsrichter, glücklicher Vater einer Tochter, plötzlich Schwiegervater eines am gleichen Ort ansässigen Rechtsanwalts wird, oder wenn ein Richter das Pech hat, daß ein Familienangehöriger vom Pfad staatsbürgerlicher Tugend abweicht und strafrechtlich verfolgt wird. Anklage schließlich kann gegen ihn erhoben werden, wenn er in den begründeten Verdacht gerät, das Recht gebeugt zu haben. Vorsätzlich gebeugt, nicht etwa nur fahrlässig. Um ihm einen solchen Vorsatz nachzuweisen, muß er sich wohl entweder selbst dazu bekannt oder vor Zeugen die Absicht dazu geäußert haben, muß also wirklich von allen guten Geistern verlassen oder aber in seiner Geisteskraft so geschwächt sein, daß er nur vermindert zurechnungsfähig ist. Praktisch gehört jedenfalls die Richteranklage ins Raritätenkabinett deutschen Rechtswesens, was man allein schon daraus ersehen kann, daß auch an Richtern, die im Dritten Reich Urteile fällten, die nicht nur aus heutiger Sicht unbegreiflich sind, der Vorwurf der Rechtsbeugung wie an Gummiwänden abprallte.

Bis 1954 waren, wie aus Unterlagen des Bundesjustizministeriums hervorgeht, etwa 80 Prozent aller bis heute rechtskräftig entschiedenen Kriegsverbrecherprozesse abgeurteilt. Und das heißt mit dürren Worten: Die gleichen Richter, die vor 1945 getreulich Hitlers Gesetze befolgt und nach ihnen gerichtet hatten, waren nach 1945 mit erstaunlicher Wandlungsfähigkeit bemüht, als Unrecht zu ahnden, was sie vordem wenn nicht schon als Recht befunden so doch zumindest nicht als Unrecht verfolgt hatten. Die Frage, ob sie sich nicht durch ihre Tätigkeit im Dritten Reich so belastet fühlen mußten, daß sie in der Bundesrepublik nicht mehr unabhängig zu richten vermochten – diese Frage stellte sich offenbar den wenigsten. Man mutete sich ohne weiteres zu, aus treuen Dienern einer Diktatur zu ebenso treuen Dienern eines demokratischen Rechtsstaates zu werden. Manchen mag das auch tatsächlich gelungen sein. Sie liefen allerdings besonders dann, wenn sie sich durch bereitwillige Anpassung an die ideologische Auslegung nationalsozialistischer Gesetze ausgezeichnet hatten, Gefahr, bei ihrer ebenso bereitwilligen Anpassung an das demokratische Rechtssystem übers Ziel hinauszuschießen, um mit allem Nachdruck unter Beweis zu stellen, daß kein Hauch jener trüben Zeit an ihren Roben haften geblieben war. Ihre Besorgnis, ja nicht in den Verdacht zu geraten, nationalsozialistische Verbrechen zu milde anzupacken, konnte daher größer sein als ihre richterliche Unabhängigkeit. Andere vermochten den nahtlosen Übergang von dem einen in das andere System nicht so leicht zu bewältigen; sie blieben Anschauungen verhaftet, die viele Jahre hindurch ihre richterliche Tätigkeit bestimmt hatten. Die Urteile, die sie nach 1945 fällten, konnten unter diesen Umständen nicht unbeeinflußt bleiben von dem Widerstreben, jetzt verfolgen zu müssen, was sie vor 1945 mitgetragen hatten.

Erst 1961, reichlich spät also, rang man sich zu der Erkenntnis durch, daß man eigentlich auch in der Justiz »eine klare Trennung zwischen Vergangenheit und Gegenwart« ziehen müßte. In das Richtergesetz wurde die Bestimmung aufgenommen, daß ein Richter oder Staatsanwalt, der in der Zeit vom 2. September 1939 bis zum 9. Mai 1945 in der Strafrechtspflege mitgewirkt hatte, auf seinen Antrag in den Ruhestand versetzt werden konnte. Ganze 14 Juristen machten von diesem freundlichen Angebot Gebrauch. Offenbar hatte die Zeit inzwischen ihr Werk getan und auch in zart besaiteten Richterseelen das Dilemma verdrängt, mit der gleichen richterlichen Unerschütterlichkeit, der gleichen richterlichen Würde und der gleichen Gesetzestreue sowohl einem Unrechts- wie einem Rechtsstaat dienen zu können.

Allzu schwer wurde ihnen das ja auch nicht gemacht. Denn während der Grundsatz »Befehl ist Befehl« niemals uneingeschränkt galt und die Gehorsamspflicht bei Befehlen zu verbrecherischen Zwecken aufhörte, kennt der Grundsatz »Gesetz ist Gesetz« keine derartige Einschränkung. Im Kielwasser dieses Grundsatzes segeln die Richter, wenn ihnen bescheinigt wird, daß sie auch unter Hitler zu Gesetzestreue verpfichtet waren. Dem KZ-Schergen wird vorgehalten, er hätte sich, um einen verbrecherischen Befehl nicht ausführen zu müssen, an die Front versetzen lassen können. Der Richter ist dank des Gesetzes, an das er gebunden war, einem solchen Vorhalt gar nicht erst ausgesetzt. Er muß sich dafür allerdings die Frage gefallen lassen, die Professor Werner, damals Präsident des Bundesverwaltungsgerichts, im Jahr 1960 gestellt hat: »Liegt nicht für einen nicht lange nachdenkenden Betrachter der Verdacht nahe, daß der Richter in seiner Zuordnung auf das jeweilige Regime ein Instrument für jeden Machthaber ist? Sind, so muß man fragen, die Richter nur eine Art von Justitiaren der Mächtigen?«

Die Legende von der richterlichen Unabhängigkeit

Nach allen möglichen Seiten hin abgesichert, ohne jedwede Befürchtung, von seinem Amt entfernt zu werden oder es gar verlieren zu können, wenn seine Sprüche das Mißfallen der Obrigkeit oder der Öffentlichkeit erregen, jederzeit in der Lage, sich selbst gegen kleinste Eingriffe in seine Amtsführung zu verwahren und praktisch sogar auch dann unangreifbar, wenn er es mit dem Recht einmal nicht so ganz genau nimmt: Ein Richter ist, alles in allem, in der Tat ein großer Mann.

Zumindest könnte, ja müßte er es sein.

Ist er es wirklich? Ist er der »königliche Richter«, wie ihn sich das Volk wünscht und vorstellt, unantastbar in seiner Würde und in seinem Amt? Ist er der unabhängige Sprecher des Rechts, wie die Verfassung ihn sieht, unangefochten in seiner Stellung als Repräsentant jener Gewalt, die über die Rechtsstaatlichkeit unseres Gemeinwesens wachen soll?

Vom preußischen Justizminister Leonhardt stammt die zynische Bemerkung: Die richterliche Unabhängigkeit interessiert mich so lange nicht, wie ich die Richter befördere. Diese Bemerkung wurde um die Jahrhundertwende gemacht. Obwohl seitdem mehr als 80 Jahre vergangen sind, muß man leider – und ohne den leisesten Hauch von Zynismus – feststellen: sehr viel Wahres ist auch heute noch an ihr. Die Richter werden auch heute noch von Leuten »administriert«, die nicht dem Richterdienst angehören und die zumindest nach Meinung der Richter »keine Ahnung von ihm haben«. Trotz aller Garantien für die persönliche Unabhängigkeit der Richter, die weiter gehen als je zuvor in der deutschen Rechtsgeschichte, gibt es in der Justiz wie eh und je Vorgesetzten- und Abhängigkeitsverhältnisse, die mit dem Leitbild des Grundgesetzes vom Richter nicht zu vereinbaren sind. Am allerwenigsten ändert daran – obwohl sie es sollten – die Präsidialräte, die bei allen Beförderungen der Richter beteiligt werden müssen[1]. Sie werden zwar von den Justizministern pflichtgemäß vor

1 Der Präsidialrat beim Bundesgerichtshof besteht aus dem Präsidenten als Vorsitzendem, seinem ständigen Vertreter, zwei vom Präsidium aus seiner Mitte gewählten und drei weiteren Mitgliedern, bei den anderen oberen Bundesgerichten aus dem Präsidenten als Vorsitzendem, seinem ständigen Vertreter, einem vom Präsidium aus seiner Mitte gewählten Mitglied und zwei weiteren Mitgliedern. Die »weiteren« Mitglieder werden von den Richtern des betreffenden Gerichts geheim und unmittelbar gewählt. Bei den Gerichten der Länder setzt sich der Präsidialrat jeweils aus dem Präsidenten des Gerichts als Vorsitzendem und Richtern zusammen, von denen mindestens die Hälfte durch die Richter zu wählen sind. Die Amtszeit des Präsidialrats beträgt im allgemeinen vier Jahre.

jeder beabsichtigten Beförderung eines Richters gehört und äußern sich dann auch brav über dessen persönliche und fachliche Eignung. Damit ist ihr Soll aber schon erfüllt. Wenn sich ein Präsidialrat gegen die Beförderung eines Richters ausspricht und der Justizminister trotzdem auf ihr beharrt, dann geschieht, was der Minister, nicht was die Richter für gut befinden.

Die Bestellung von Wassermann[1] zum Oberlandesgerichtspräsidenten in Braunschweig ist nur ein – allerdings spektakuläres – Beispiel dafür, wie wenig sich die Justizverwaltung, wenn es ihr darauf ankommt, um Ansichten und Stellungnahmen der Richter kümmert. Um effektiver zu sein, müßte der Präsidialrat ein echtes Vetorecht gegen Entscheidungen der Verwaltung haben[2]. Da dies nicht der Fall ist, ist seine Beteiligung an der Beförderung der Richter eine reine Formsache, oft eine Farce.

Nicht viel mehr als eine Formsache ist die richterliche Mitwirkung auch, wenn Richterberufung und Richterbeförderung durch Richterwahlausschüsse vollzogen werden. In diesen Ausschüssen, wie sie zur Zeit bereits in den Ländern Hessen, Bremen, Hamburg und Berlin sowie im Bereich der Bundesgerichtsbarkeit bestehen, haben die Richter sehr wenig, die Vertreter der politischen Parteien um so mehr zu sagen.

Charakteristischerweise treten in den Bundesländern, in denen Richterwahlausschüsse noch nicht bestehen, die Parteien, wenn sie an der Regierung sind, gegen, wenn sie in der Opposition stehen, für ihre Installierung ein. Dort, wo man als Regierungspartei das Justizressort in der Hand hat, versucht man nach Möglichkeit zu verhindern, daß die Opposition in die Richterbestallung hineinredet, und gerade das will die Op-

1 Rudolf Wassermann, Verfasser zahlreicher Veröffentlichungen zur Justizreform, war Landgerichtspräsident in Frankfurt, als er gegen den Widerstand der niedersächsischen Richterschaft zum Oberlandesgerichtspräsidenten in Braunschweig ernannt wurde.

2 Ein solches Vetorecht würde allerdings das verfassungsrechtliche Problem aufwerfen, inwieweit Richter durch Richter kontrolliert werden dürfen, die im Gegensatz zum Minister dem Parlament nicht verantwortlich sind.

die Möglichkeit hat, die Richterbestallungen über das Justiz- position über den Richterwahlausschuß erreichen, da sie nicht ressort zu beeinflussen. Eine ausgesprochene Politisierung droht der Richterberufung und Richterbeförderung durch die Richterwahlausschüsse vor allem dann, wenn sich diese Ausschüsse ausschließlich aus parteipolitisch gebundenen Abgeordneten zusammensetzen, wie es heute schon in Hessen der Fall ist oder in Nordrhein-Westfalen der Fall wäre, wenn es nach den Vorstellungen der SPD ginge. Die Frage ist nur, wie man es anders und besser machen kann, um Berufung und Beförderung der Richter sowohl zu entpolitisieren als auch dem Einflußbereich der Exekutive zu entziehen. Auch wenn die Richter autonom, das heißt, selbst über ihre Karriere entscheiden, bleiben viele Bedenken bestehen, werden – wie die Richter selbst zugeben – Einflüsse und Beziehungen wirksam, die zu allem anderen als zu objektiven Entscheidungen führen.

Neben der Abhängigkeit von der Verwaltung engt die Hierarchie innerhalb der Richterschaft selbst die Unabhängigkeit der Richter in mehr oder minder großem Ausmaß ein. Es wird immer und mit Inbrunst von der totalen Gleichwertigkeit richterlicher Tätigkeit gesprochen, und das Bundesverfassungsgericht hat es allen, die daran zweifeln, ausdrücklich bescheinigt, daß bei der Rechtsfindung Aufgabe, Leistung und Verantwortung aller Mitglieder eines erkennenden Gerichts völlig gleich sind. Diese Gleichheit steht aber nur auf dem Papier. In Wirklichkeit sind die Machtpositionen der Richter höchst unterschiedlich; sie hängen von der Position ab, die der Richter in der Hierarchie einnimmt. Der Vorsitzende Richter einer Kammer verfügt, ob man es wahrhaben will oder nicht, über mehr Einfluß als der beisitzende Richter, allein schon dadurch, daß er die dienstlichen Beurteilungen abgibt, von denen die weitere Karriere der beisitzenden Richter abhängt. Auch der Richter einer höheren Instanz hat um einiges mehr Macht als ein Richter einer niedrigeren Instanz, weil er die Urteile dieser Instanz aufheben kann. Und wohl am krassesten ist das Machtgefälle von den Gerichtspräsidenten zu den ihrer Dienstaufsicht unterstellten Richtern.

Wie es um die vielbeschworene richterliche Unabhängigkeit in Wirklichkeit bestellt ist, illustrieren am deutlichsten die sogenannten Richter-Strichlisten, die bei den Präsidenten der Amts-, Land- und Oberlandesgerichte geführt werden und in denen für jeden Richter fein säuberlich aufgezeichnet wird, welche seiner Urteile in der Berufung standgehalten haben und mit welcher Schnelligkeit er die Verfahren abgewickelt hat. Beide Listen entscheiden letztlich über die Karriere des Richters und beide haben höchst unerfreuliche Konsequenzen.

Die erste besteht darin, daß der Richter zunächst einmal bestrebt ist, möglichst rasch zu rechtskräftigen Urteilen zu kommen, weil er damit einerseits vermeidet, daß eine Berufungsinstanz angerufen wird, und er andererseits nicht gezwungen ist, in seiner Urteilsbegründung die Tatbestände haargenau darzustellen und die Beweise eingehend zu würdigen. Das erspart ihm Zeit und Arbeit, auch wenn es auf Kosten der Rechtssicherheit gehen kann. Er wird ferner danach trachten, Fälle, die sich in die Länge zu ziehen drohen, mit einem Vergleich abzuschließen, selbst wenn die Sache möglicherweise noch nicht vergleichsreif ist. Und dies wiederum kann dazu führen, daß sich die Waagschale stärker zuungunsten einer Partei neigt, als es bei einem streitigen Urteil der Fall wäre. Aber was soll's: Wenn ein Prozeß im Frühjahr beginnt und noch im selben Jahr beendet wird, bedeutet das Pluspunkte für ihn. Dauert ein Prozeß länger, bringt ihm das Minuspunkte ein, und er muß außerdem die lange Prozeßdauer in einem speziellen Bericht begründen. Ein reines Vergnügen ist das für ihn nicht.

Die zweite, nicht viel erfreulichere Konsequenz besteht in folgendem: Ein Richter, der Karriere machen will, muß sich, so gut er kann, den Auffassungen seiner nächsthöheren Instanz anpassen.

Da sich über ihn automatisch die Meinung bildet, daß er, wenn seine Urteile dauernd aufgehoben werden, kein guter Jurist ist, orientiert er sich auch dann an Vorstellungen seiner Kollegen von der Berufungsinstanz, wenn diese keineswegs mit den eigenen übereinstimmen. Um auf Nummer sicher zu gehen, daß seine Urteile bestätigt werden, wird er sich außerdem an Entscheidungen höchster Gerichte geradezu anklammern. Eigene Entscheidungskraft wird durch einen Präjudizienkult ohnegleichen, das eigene Denken durch das Denken anderer ersetzt. Es wäre auch, vom Richter aus gesehen, töricht, wenn er anders handeln würde. Denn nur wer akzeptiert, was oben als Recht befunden wird, gilt in den oberen Etagen des Justizdienstes als »guter« Richter, kommt in den Ruf, »sich in der Rechtsprechung auszukennen«. Wer an Urteilen höher und höchster Entscheidungen vorbeigeht, Kritik an ihnen zu üben wagt oder auch sonst wider den Stachel lökt, setzt sich bald dem Verdacht aus, »das Recht nicht zu verstehen«. Da der in Deutschland so beliebte Drang zum Perfektionismus mitunter auch völlig belanglose Angelegenheiten in die geweihten Höhen oberer Instanzen treibt, und um nicht unliebsam aufzufallen und dadurch die ohnehin geringen Möglichkeiten einer Beförderung zu verspielen, scheuen die unteren Instanzen oft selbst in Bagatellfällen eine auf eigenen Vorstellungen beruhende Entscheidung[1].

Auf der Suche nach Urteilen höherer Gerichte, an denen man sich orientieren kann, sind Urteile des Oberlandesgerichts, in dessen Bezirk man amtiert, besonders begehrt. R. Lautmann erzählt von einem früheren Kollegen, dem Richter P., der bei einer Beratung, bevor er ein Urteil des Oberlandesgerichts zitiert, witzig bemerkt: »Und weil wir in Düsseldorf sind, lesen wir eine Entscheidung des Oberlandesgerichts Düsseldorf.« Dieser Witz hat einen ernsten Hintergrund. Schließlich ist die Wahrscheinlichkeit, daß ein Urteil aufgehoben wird, äußerst gering, wenn es sich auf die Entscheidung eines Oberlandesgerichts stützt, das über dieses Urteil zu befinden hat.

Oberen Gerichten wird auch überlassen, in der Rechtsprechung neue Wege zu gehen. Obwohl sicher ebenso gut die unteren Gerichte den Anstoß zu neuen Interpretationen des

1 Dieser Vorwurf trifft nur dort nicht zu, wo sich eine feststehende, sozusagen katalogisierte Rechtsprechung entwickelt hat, von der abzuweichen nun wirklich keinen Sinn hätte und nur unnütze Kosten verursachen würde, wie z. B. in Unterhalts-, Miet-, Verkehrs- und Grundstücksachen.

Rechts geben könnten, wartet man lieber ab, bis sich ein oberes Gericht zur neuen Auslegung eines rechtlichen Tatbestands durchringt und damit zum formellen Programm erhebt.

Man geht leider auch dann nicht neue Wege, wenn man die alten falsch findet. Ein klassisches Beispiel dafür:

Ein verheirateter Mann hat seit fünf Jahren mit einer Freundin zusammengelebt. Er war schwer krank, und sie hat ihn gepflegt. In seinem Testament hat er seine Freundin als Alleinerbin eingesetzt, seiner Frau und anderen Verwandten nur Vermächtnisse zugedacht. Das Testament wird angefochten. Die Kammer, die darüber zu verhandeln hat, erklärt es wegen Sittenwidrigkeit für nichtig, und das Oberlandesgericht bestätigt dieses Urteil. Landgerichtsdirektor F. kommentiert: »Wir haben nach alter Weise, sittenstreng, entschieden.« Er wundert sich zwar, daß die Rechtsprechung des Bundesgerichtshofs noch nicht entgegenkommender geworden ist, und mokiert sich darüber, daß das Oberlandesgericht nicht einmal die Revision zugelassen und einen Streitwert von über 15 000 DM (damalige Revisionsgrenze) festgesetzt hat. Obwohl dieser Vorsitzende also offensichtlich mit einer liberalen Rechtsprechung sympathisiert, wagt er es nicht, sich über von ihm selbst als antiquiert empfundene Auffassungen des Bundesgerichtshofs hinwegzusetzen und einen Weg zu gehen, der seiner Überzeugung entspricht.

Um nicht, wie er wahrscheinlich befürchtet, unangenehm aufzufallen, überläßt er es lieber dem über ihm thronenden Gericht, Breschen in das Gestrüpp veralteter, von der Zeit überholter Vorstellungen zu schlagen. Er selbst ist dazu nicht bereit.

In den meisten Fällen wird der Richter, ohne nach rechts, links und nach oben zu schielen, erst dann nach eigenem Ermessen entscheiden, wenn er glaubt, an einem Punkt seiner Laufbahn angelangt zu sein, den er für den Schlußpunkt seiner beruflichen Karriere hält. Gewöhnlich ist er dann aber schon so alt oder so saturiert, daß er in gewohntem Stil und im alten Gleis weitertrottet. Neue Impulse gehen kaum noch von ihm aus.

Ausbildung mangelhaft

Von Angehörigen eines »elitären« Standes könnte, ja müßte man eigentlich ein anderes Verhalten erwarten. Samt und sonders selbstbewußte, von ihrer Sendung durchdrungene Persönlichkeiten sind die deutschen Richter offenbar nicht.

Aber das ist auch kein Wunder.

Die Tatsache, daß bis 1975 für das Rechtsstudium kein Numerus clausus eingeführt wurde, bildet schon an den Universitäten eine eher negative als positive Auslese[1]. Die Zahl der Studienanfänger an den juristischen Fakultäten, die 1962 bei 4700 lag, war 1970 auf 7900 und 1974 auf 11 000 gestiegen. In diesem Jahr haben also fast ebenso viele Abiturienten das Rechtsstudium begonnen, wie es 1950 überhaupt Rechtsstudenten gab. In direktem Gegensatz zu diesem wachsenden Angebot steht der sinkende Bedarf an ausgebildeten Juristen. Der deutsche Anwaltsverein schätzt, daß im Jahre 1980 Justiz und öffentliche Verwaltung um ein Fünftel weniger Juristen benötigen werden als Anfang der siebziger Jahre, und auch das Bundesjustizministerium ist der Auffassung, daß der Bedarf des Justiz- und der anderen Ressorts in den nächsten Jahren spürbar zurückgehen wird.

Von den absolvierten Juristen strebt nur ein kleiner Prozentsatz eine selbständige Tätigkeit als Rechtsanwalt an, ein etwas größerer Teil geht in die freie Wirtschaft, und der große Rest drängt in den Staatsdienst[2]. An der Frage, ob dabei öffentliche Verwaltung oder Justizdienst gewählt werden, scheiden sich die Geister in höchst eigenartiger Weise[3]. Zwei-

1 Das soll kein Plädoyer für den Numerus clausus sein. Niemand kann aber bestreiten, daß viele Abiturienten das Rechtsstudium nur deshalb wählen, weil sie infolge einer schlechten Benotung in Numerus-Clausus-Fächern nicht unterkommen. Damit ist sicher nicht gesagt, daß darunter verhältnismäßig mehr Minderbegabte sind als in anderen Fächern. Rein zahlenmäßig sind es aber eben mehr.

2 Nach einer im Jahre 1972 veranstalteten Umfrage gingen 45 Prozent der Juristen, die im Jahre 1971 ihr Assessorexamen abgelegt hatten, in den Staatsdienst.

3 Wichtigste Voraussetzung für die Berufung in das Richteramt ist die »Befähigung zum Richteramt« (§ 9, Ziffer 3 des Deutschen Richtergesetzes

fellos übt die Verwaltung eine stärkere Anziehungskraft aus, da sie mehr Aufstiegschancen bietet, technisch besser ausgestattet ist und außerdem den Ruf genießt, daß in ihr weniger gearbeitet wird als in der Justiz. Daraus müßte man eigentlich den Schluß ziehen, daß sich dem Justizdienst in erster Linie junge Leute zuwenden, die sich zum Richter berufen fühlen und um dieser Neigung willen auch geringere Aufstiegsmöglichkeiten und Mehrarbeit in Kauf nehmen. Junge Leute also, die sich weniger von materiellen als vielmehr von ideellen Motiven bestimmen lassen und allein schon unter diesem Gesichtspunkt eine Elite darstellen.

Leider ist diese Annahme zu schön um wahr zu sein.

Schon von vornherein wählen nämlich die meisten jungen Juristen nicht deshalb den Staatsdienst, weil sie sich öffentlichen Aufgaben verpflichtet fühlen, sondern weil sie in ihm einen Job sehen, der ihnen – im Gegensatz zu jeder Tätigkeit in der freien Wirtschaft – einen sicheren Arbeitsplatz mit einer hervorragenden Altersversorgung garantiert. Wer sich aber bereits in jungen Jahren vom Versorgungsdenken leiten läßt, jedem kleinsten Risiko aus dem Weg geht und damit Bequemlichkeit und Sicherheit über alles stellt, gehört schon aus diesem Grund bestimmt nicht zu einer Elite.

Diese Form von Gegenauslese setzt sich bei der Wahl für den Richterdienst fort. Die juristische Ausbildung ist so einseitig auf den Justizdienst ausgerichtet, daß der Rechtsreferendar ziemlich genau weiß, was auf ihn zukommt, wenn er Richter wird. Von dem, was ihn in der Verwaltung erwartet, erfährt er weniger. Gerade bequeme, nicht sehr risikofreudige junge Leute werden daher den Richterdienst vorziehen, weil er für sie ein bekanntes Terrain darstellt, während der Ver-

in Verbindung mit § 5–7), die durch zwei juristische Staatsprüfungen erworben wird, das Referendarexamen am Ende der Universitätsausbildung und das Assessorexamen als Abschluß der Referendarausbildung. Vor der Ernennung zum Richter auf Lebenszeit muß der Richter drei Jahre als »Richter auf Probe« (§ 10, § 12 DRiG) richterliche oder staatsanwaltschaftliche Aufgaben wahrnehmen; er wird als »Gerichtsassessor« bezeichnet. Bundesverfassungsrichter müssen das 40., Bundesrichter das 35. Lebensjahr vollendet haben.

waltungsdienst für sie unbekannt und daher voll versteckter Tücken und Fallen ist. Unter den Bequemen, die aus Bequemlichkeit in den Staatsdienst gehen, können es also durchaus die Bequemsten, unter denen, die jedem Risiko aus dem Weg gehen, die Ängstlichsten sein, die sich für den Richterdienst entscheiden.

Auch die Abschlußnoten des Vorbereitungsdienstes sind alles andere als ein brauchbares Kriterium für eine positive Auslese, besonders dann nicht, wenn sie das einzige Kriterium sind. Hervorragend benotete Assessoren erweisen sich nicht selten und sehr bald als miserable Richter. Und manche, bei denen die Abschlußnote gerade reichte, um mit Müh und Not im Richterdienst unterzukommen, haben sich mit der Zeit zu ausgezeichneten Richtern entwickelt. Damit ist nicht gesagt, daß es für die Qualifikation eines Richters völlig gleichgültig ist, ob er seinen Vorbereitungsdienst mit einer guten oder schlechten Note abgeschlossen hat. Der Nonsens des gegenwärtigen Verfahrens besteht nur darin, die Qualifikation zum Richteramt einzig und allein von dieser Note abhängig zu machen und die Persönlichkeitsstruktur und menschliche Qualifikationen außer Betracht zu lassen. Dieser Nonsens ist um so größer, als die Ausbildung zum Richter rein wissenschaftlich ausgerichtet ist und die praktischen Erfordernisse des Amts völlig vernachlässigt. Obgleich es die wichtigste Aufgabe der Richter ist, Tatbestände festzustellen, wird ihnen die schwierige Kunst, Zeugen zu vernehmen, ebensowenig beigebracht wie die nicht minder schwere Kunst des Protokollierens. Suggestivfragen an Zeugen gehören daher ebenso zur Gerichtspraxis wie die Gewohnheit der Richter, Zeugenaussagen in die eigene Sprache umzufiltern, ihre Aussagekraft dadurch herabzusetzen oder sie gar zu entstellen.

Die künftigen Richter werden nicht einmal mit den technischen Voraussetzungen des Amts vertraut gemacht, das sie einmal souverän beherrschen sollen[1].

1 Typisch dafür ist ein Fall, der sich vor kurzem beim Gießener Arbeitsgericht zugetragen hat. Eine Arbeitsrichterin nahm es hin, daß beim Prozeß des Gießener KPD-Kandidaten Planz gegen einen Zeitungsverlag

Sie werden, als ob die Zeit stehengeblieben wäre, in der gleichen Weise gedrillt wie vor hundert Jahren. Und was sie lernen, ist nicht viel mehr als die Routine, sich einigermaßen geschickt auf Paragraphengerüsten zu bewegen, ohne abzustürzen. Aber auch wenn es die einzige Leistung in ihrem ganzen Leben bleibt, ein gutes Examen absolviert zu haben: Diese gute Note begleitet sie bis zu ihrer Pensionierung und verhilft manchem von ihnen auch dann zu höchsten Richterehren, wenn er im ständigen Kampf gegen das Unrecht wiederholt versagt und sich in der Auseinandersetzung mit gerissenen Verbrechern und Rechtsanwälten mehr als einmal blamiert hat.

Es ist eine groteske Tatsache:

Der richterliche Nachwuchs kann sich erst während seiner richterlichen Tätigkeit ein umfassendes Bild von den Zuständen machen, die in der heutigen Gesellschaft herrschen. Denn wann und wo hat sich ein Richter, bevor er sein Amt angetreten hat, schon im Leben bewährt? Ohne die geringste Lebenspraxis entscheidet ein 28jähriger Assessor, der als Mitglied einer Kammer mit der Wahrnehmung eines Beweistermins beauftragt ist, mit seiner Auffassung über die Glaubwürdigkeit der Zeugen gleich auch praktisch über das ganze Urteil. Aber der Richter hat es auch späterhin schwer. Er findet nicht leicht Zugang zu anderen Gesellschaftsschichten, auch in seiner privaten Sphäre ist und bleibt er oft isoliert. Sein Weltbild formt sich aus den Akten, die auf seinen Tisch kommen und weil das, was in den Akten steht, immer nur unter einem bestimmten Blickwinkel aufgezeichnet wurde, ist die Gefahr groß, daß es ein höchst einseitiges Bild ist, das sich da bildet. Schon von Amts wegen daran gehindert, eine Tätigkeit auszuüben, die sein praktisches Erfahrungsgebiet ausweiten könn-

zwei rote Spruchbänder im Gerichtssaal aufgehängt wurden, die die »Volksdemokratie« und eine »Diktatur der Arbeiterklasse« forderten, Etwa 40 bis 50 Maoisten konnten den Anwalt des beklagten Zeitungsverlegers im überfüllten Gerichtssaal durch Klatschen und Zwischenrufe in seinem Plädoyer behindern. Die Richterin ließ es bei bloßen Ermahnungen bewenden. In einer Stellungnahme, die der Präsident des Landesarbeitsgerichts Frankfurt zu diesem Fall von ihr anforderte, führte sie ihre Unerfahrenheit ins Feld. Dies sei erst ihre zweite Verhandlung gewesen.

te, bekommt er niemals auch nur den Hauch jenes Lebensrisikos zu spüren, das die meisten, die als Partei oder als Angeklagte vor ihm stehen, zeitlebens tragen müssen. In Watte gepackt und keinen äußeren Anfechtungen ausgesetzt, die ihn vom rechten Weg ableiten können, entscheidet er über Schicksale und Situationen, in die er sich nur schwer hineindenken und die er auch kaum nachempfinden kann.

Der deutsche Richterbund hat die Forderung gestellt[1], daß zum Richter nur berufen werden kann, wer nach Abschluß der juristischen Ausbildung mindestens fünf Jahre im Berufsleben gestanden hat. Da von dem Richter »abgewogenes Urteil und zutreffende Beurteilung der Lebenswirklichkeit« erwartet werden, soll der künftige Richter »in einer mehrjährigen Berufstätigkeit Erfahrungen sammeln und sich als Persönlichkeit bewähren«. Die Voraussetzung einer mehrjährigen Berufstätigkeit für die Berufung zum Richter soll zugleich Persönlichkeiten aus allen juristischen Berufen einen Zugang zum Richteramt eröffnen.

In der Tat eine vernünftige Forderung – aber leider ist nicht einmal am Horizont der Schimmer einer Möglichkeit zu sehen, daß sie auch verwirklicht wird. Seit dem Zeitpunkt, in dem sie aufgestellt wurde, sind jetzt mehr als sieben Jahre vergangen, ohne daß sich im antiquierten System der Berufung zum Richter auch nur das Geringste geändert hat oder gar konkrete Schritte in dieser Richtung unternommen worden sind. Verbunden mit der Forderung, daß die Richter grundsätzlich auf Lebenszeit berufen werden und daß es Richter auf Probe oder kraft Auftrags nicht mehr geben soll, ist im Gegenteil von vornherein auch weiterhin ausgeschlossen, Richter, die sich als unfähig erwiesen haben, aus dem Dienst zu entfernen. Eine bessere Auslese wäre aber nur durch solche Radikalkuren zu erreichen. Welch klägliche Figuren mitunter auf Richterstühlen sitzen, hat sich – der gesamten Öffentlichkeit weithin sichtbar – in den Prozessen gegen Anarchisten gezeigt. Da war nichts von der Würde und der Souverä-

1 Leitsätze zum Richterschaftsamt, erarbeitet von der Richteramtsrechtskommission des deutschen Richterbunds im April 1968.

nität eines »königlichen Richters«, da war nichts als die Hilflosigkeit eines kleinen Beamten, der seiner Aufgabe nicht gewachsen ist. Richter von dieser Statur gibt es mehr, als die deutsche Justiz wahrhaben will. Sie geraten nur nicht in das Rampenlicht der Öffentlichkeit, sondern residieren mehr oder minder unbeachtet in kleinen Gerichtssälen, wo sie mit Menschen zu tun haben, die noch hilfloser, noch unsicherer und noch würdeloser sind als sie selbst.

Richter sind auch nur Menschen

Was für Menschen – das muß man sich jetzt und an dieser Stelle fragen – sind denn nun eigentlich diese Richter, von denen hier die Rede ist, welcher Herkunft sind sie, welche persönlichen Interessen und Neigungen haben sie, und – last not least – wie sind sie finanziell gestellt?

Landläufigen Vorstellungen entspricht die soziale Herkunft der Richter. Aus der oberen Mittelschicht, die fünf Prozent der Bevölkerung ausmacht, stammen 46 Prozent, also fast die Hälfte der Richter, aus der unteren Mittelschicht etwa ebenso viele. Auch bei der Wahl ihrer Ehefrau steigen sie nicht unter ihr gesellschaftliches Niveau: Die soziale Schichtung ihrer Schwiegerväter entspricht fast spiegelgleich der ihrer Väter. Die Struktur ihrer Herkunft mag sich in den letzten Jahren zugunsten der unteren Schichten verschoben haben, wesentlich verändert hat sie sich nicht. In umgekehrter Richtung mögen auch innerhalb der Gesamtbevölkerung die Grenzen zwischen den einzelnen Schichten nach oben gerückt, der Anteil der Mittelschicht gewachsen und der Anteil der Unterschicht zurückgegangen sein. Die Diskrepanz zwischen der sozialen Schichtung der Richter und dem sozialen Querschnitt der Bevölkerung ist weiterhin so groß wie eh und je. Der Beruf des Richters ist ein Beruf der Oberschicht geblieben. Aus den unteren sozialen Schichten, zu denen etwa 40 Prozent der Bevölkerung gezählt werden müssen, kommen allenfalls acht Prozent der Richter.

Herkunft der Richter und ihrer Ehegatten

in Prozent

Soziale Schicht	Väter	Schwieger-väter	Gesamte Bevölkerung
① Obere Mittelschicht	46	46	5
② Untere Mittelschicht	45	49	39
③ Obere Unterschicht	5	5	13
④ Untere Unterschicht	1	0	38
⑤ unbestimmbar	3	–	5

① Freie Berufe, Beamte des höheren Dienstes, selbständige Geschäftsleute mit größerem Betrieb, leitende Angestellte.
② Beamte des gehobenen, mittleren und einfachen Dienstes, selbständige Gewerbetreibende und Handwerker, mittlere Angestellte, selbständige und mithelfende Familienangehörige in Land- und Forstwirtschaft.
③ Gelernte Arbeiter, Facharbeiter, abhängige Handwerker.
④ Angelernte und ungelernte Arbeiter in Fabriken, Werkstätten und in persönlichen Diensten, abhängig Beschäftigte in Land- und Forstwirtschaft.

Quellen: Janowitz, »Soziale Schichtung und Mobilität in Westdeutschland«, zitiert in: Walter Richter »Zur Soziologie der Deutschen Richterschaft«, Stuttgart 1968.

Für die weiblichen Richter gilt diese Feststellung in noch stärkerem Ausmaß. Ihre Väter gehören ausschließlich der Mittelschicht an, allein der oberen Mittelschicht zu 70 Prozent. Auch hier mögen sich die Verhältnisse inzwischen etwas geändert haben, gewiß aber nicht so sehr, daß der Anteil der weiblichen Richter, die aus den unteren sozialen Schichten stammen, über Bruchteile eines Prozents hinausgekommen ist.

Welche persönlichen Interessen und Neigungen die deutschen Richter außerhalb ihres Amts haben, geht aus einer Untersuchung hervor, die das Institut für Sozialwissenschaften der Universität Mannheim 1972 durchgeführt hat[1]. Wenn etwas an den Ergebnissen dieser Untersuchung auffallend ist, dann ist es die Tatsache, daß sich das Privatleben der Richter kaum von dem des deutschen Durchschnittbürgers unterschei-

1 Manfred Riegel, Raymund Werle, Rudolf Wildenmann, *»Selbstverständnis und politisches Bewußtsein der Juristen, insbesondere der Richterschaft in der Bundesrepublik«*, Tabellarische Übersicht der Ergebnisse einer Umfrage aus dem Jahre 1972, Mannheim 1974.

det. Elitäre Züge haften ihm jedenfalls nicht an. Wie bei den meisten Deutschen stehen auch bei den meisten Richtern Sport, Reisen und Musik weit an der Spitze ihrer persönlichen Interessen, wie viele Deutsche lieben auch viele von ihnen die Arbeit in ihren Gärtchen und hängen ihr Herz an technische Hobbys. Sie teilen mit dem Durchschnittsbürger nicht nur die Vorlieben, sondern auch die Abneigungen. Recht wenige von ihnen gehen gern und häufig ins Theater, und auch der Politik gilt nur ein verhältnismäßig beschränktes Interesse.

Die Interessengebiete der Richter

Von je 100 Richtern interessieren sich

	Amtsrichter	Landrichter	OLG-Richter	BGH-Richter	Andere Bundesrichter	Verf.-richter
Geschichte	14	14	23	21	38	37
Geisteswissenschaft	8	7	8	12	15	26
Sozialwissenschaft	3	4	3	3	7	7
Rechtswissenschaft	2	0	3	1	10	11
Sonst. Wissenschaften	7	9	9	22	18	11
Lektüre	39	42	35	34	42	37
Kunst	8	11	12	22	11	33
Musik	30	30	28	37	38	48
Theater	6	10	4	4	9	7
Sammeln	7	7	8	7	6	11
Garten	18	17	15	20	17	15
Techn. Hobby	18	14	20	16	17	0
Reisen/Wandern	28	28	34	28	29	33
Sport	46	46	30	36	34	26
Politik	12	7	12	7	15	15
Sonstiges	27	23	21	21	16	19

Nur in zwei – allerdings wesentlichen – Punkten weicht der persönliche Lebensstil der Richter von dem des bundesdeutschen Durchschnittsbürgers ab.

Das ist einmal in ihrem Verhältnis zur Kirche der Fall. Wenn jeder fünfte von ihnen regelmäßig die Kirche besucht und nur ein Viertel von ihnen erklärt, selten oder nie zur Kirche zu gehen, dann spricht das von einer Kirchenfreudigkeit der deutschen Richter, über die unsere Kirchenfürsten nur hell begeistert sein können. Die große Mehrheit der Deutschen ist von einer solchen aktiven Beteiligung am kirchlichen Leben weit entfernt.

Die Richter als Kirchenbesucher

Von je 100 Richtern besuchen die Kirche

	Amtsrichter	Landgerichtsrichter	OLG.-richter	BGH.-Richter	Andere Bundesrichter	Verf.-richter
Wöchentlich	25	18	15	23	19	22
Monatlich	17	11	21	10	18	15
Mehrmals im Jahr	23	26	26	23	23	19
Einmal im Jahr	9	14	13	8	10	18
Seltener	11	13	11	17	8	4
Nie	11	17	12	18	15	22
Keine Angabe	3	1	2	1	7	0

Quelle: Institut für Sozialwissenschaften der Universität Mannheim, 1972.

Zum andern steht das im allgemeinen nicht allzu große Interesse an politischen Fragen in auffallendem Gegensatz zu der Tatsache, daß bis zu 16 Prozent der Richter an den Gerichten der Länder, mehr als 20 Prozent der Bundesrichter

Parteizugehörigkeit der Richter

Von je 100 Richtern gehören an

	Assessoren	Amtsrichter	Landgerichtsrichter	OLG.-Richter	BGH.-Richter	Andere Bundesrichter	Verfassungs-Richter	Rechtsanwälte	Verwaltungs-Juristen
Keiner	82	84	86	83	89	78	48	83	61
SPD	11	7	6	6	8	16	30	4	24
CDU/CSU	4	9	6	9	3	4	18	11	14
FDP	1	0	1	1	0	0	4	2	0
Keine Angabe	2	0	1	1	0	2	0	0	1

Quelle: Institut für Sozialwissenschaften der Universität Mannheim, 1972.

und sogar mehr als die Hälfte der Verfassungsrichter Mitglieder einer politischen Partei sind. Das sind Prozentsätze, die weit über dem Bevölkerungsdurchschnitt in der Bundesrepublik liegen. Verwunderlich sind sie jedoch nicht.

Der Grund für die rege parteipolitische Aktivität der Verfassungsrichter liegt auf der Hand. Offensichtlich wächst nämlich die Chance, oberster Hüter der Verfassung zu werden, mit dem Grad des parteipolitischen Engagements. Das gilt ganz besonders für den Bereich des Bundesverfassungsgerichts. Die im Grundgesetz verankerte Vorschrift, daß sowohl die vom Bundesrat als auch die vom Bundestag zu wählenden Richter mit einer Zweidrittel-Mehrheit gewählt werden müssen, nutzen Landesregierungen und politische Parteien zu einem richtig gehenden Kuhhandel aus. Im Bundesrat ist es zur lieben Gewohnheit geworden, daß die einzelnen Landesregierungen ausschließlich Richter vorschlagen, die aus der Justiz ihres Landes kommen, auch wenn zum Zeitpunkt der Wahl in anderen Ländern qualifiziertere Persönlichkeiten zur Verfügung stehen. Jedes Land achtet sorgfältig darauf, daß ihm keine Richterstelle verlorengeht, und dies führt dazu, daß ein für das Amt hervorragend geeigneter Mann nur deshalb nicht zum Zug kommt, weil er z. B. im Justizdienst von Baden-Württemberg steht, die freie Stelle aber von Bayern beansprucht wird.

Ähnliche, wenn nicht noch schlimmere Formen hat die Wahl der Verfassungsrichter angenommen, die vom Wahlmännerausschuß des Deutschen Bundestags, also von den politischen Parteien vorgenommen wird. Die eine große politische Partei akzeptiert die von der anderen großen Partei vorgeschlagenen Kandidaten nur, wenn gleichzeitig die von ihr selbst präsentierten Kandidaten akzeptiert werden. Dieses parteipolitische Proporzdenken bestimmt denn auch weitgehend die Zusammensetzung des höchsten deutschen Gerichts. Man behauptet zwar immer, daß die Richter ihr Parteigewand, sofern sie eines besitzen, abstreifen, wenn sie die Robe überziehen. Daran mag einiges wahr sein, und es gibt auch einige Beispiele dafür. In manchen Bereichen wird aber, durch die politische Grundanschauung zweifellos schon von vornherein fixiert, wie der Rechtsspruch ausfallen wird. Man braucht in diesem Zusammenhang nicht nur an den Komplex des Paragraphen 218 zu denken. Der Richter bildet sich auf Grund seiner politischen Anschauung sein Urteil und fundiert es dann nur noch rechtstechnisch mit den dazu passenden Paragraphen.

Nun kann politische Erfahrung der Verfassungsrichter durchaus ein positives Element sein, muß die unverkennbare Tendenz vom ursprünglich wissenschaftlich orientierten Richter zur Politisierung des Gerichts nicht nur vom Übel sein. Ärgerlich wird die Sache, wenn aus der Gebundenheit an eine politische Grundanschauung eine rein parteipolitische Bindung, eine Bindung an die Strategie und Taktik einer bestimmten politischen Partei wird. Dann noch von einer souveränen Unabhängigkeit der obersten Verfassungshüter zu sprechen, grenzt an blanken Hohn.

Das Gerangel der Parteien um einzelne Richterposten gerade zu der Zeit, als die Ostverträge zur Debatte standen, hat nicht eben dazu beigetragen, das Ansehen des höchsten deutschen Gerichts zu erhöhen. Und es können nicht ein ganzes Jahr lang, wie es Gerd Jauch formuliert hat, »ein paar Parteileute das Paket der Richterwahl abwechselnd zu- und wieder aufschnüren«, ohne sich dem Verdacht auszusetzen, daß an die Person bestimmter Richter auch bestimmte Erwartungen an ihre Richtersprüche geknüpft werden. Unverkennbar ist jedenfalls, daß bei der Auswahl der Richter in zunehmendem Umfang Parteiverdiensten größeres Gewicht zukommt als fachliche Qualifikation und daß in wachsendem Umfang reine Parteileute ohne Rücksicht auf ihre Eignung ins Bundesverfassungsgericht berufen wurden. Kandidaten von hohem wissenschaftlichem Rang wurden immer rarer.

Was für die oberste gilt auch für die niedrigeren Etagen des Richterdienstes. Viele Richter erhoffen zweifellos auf Grund ihrer Parteimitgliedschaft eine Förderung ihrer beruflichen Karriere. Im Hinblick auf den großen Einfluß, den die Exekutive auf die Beförderung der Richter hat und auch im Hinblick auf die politische Zusammensetzung der Richterwahlausschüsse (von der schon die Rede war), ist das sehr oft keine vergebliche Hoffnung. Es kann, so wie die Dinge liegen, jedenfalls nicht schaden, einer politischen Partei als mehr oder weniger aktives Mitglied anzugehören – es muß nur die richtige sein.

Daß unter den Richtern, die Mitglieder einer Partei sind, mehr Parteigänger der Sozialdemokratischen Partei Deutschlands als der Christlich-Demokratischen Union bzw. der Christlich-Sozialen Union sind, sollte nicht zu der Vorstellung verführen, daß die gesamte deutsche Richterschaft parteipolitisch ähnlich orientiert ist. Es deutet nur darauf hin, daß die »bürgerlichen« Richter politisch weniger aktiv sind als ihre mehr links angesiedelten Kollegen, und weniger als diese dazu neigen, ihre politische Auffassung auch durch den Beitritt zu einer Partei zu dokumentieren. Aber mit Erscheinungen dieser Art unterscheidet sich der Berufsstand der Richter kaum von vielen anderen Berufsständen in der Bundesrepublik.

Er fällt auch nicht damit aus dem üblichen Rahmen, daß der Kreis der Richter, die sich aktiv in der Standespolitik betätigen, sehr klein ist. Genaugenommen ist es nur eine Handvoll Männer, die sich darum bemühen, der Sache des Richters in der Rechtspolitik der Bundesrepublik Geltung zu verschaffen, die Anliegen der Richter in Verwaltung und Parlamenten zu Gehör zu bringen und die Forderungen der Richter nach außen hin zu vertreten.

Auf der rechten, mehr konservativen Seite sind es der Vorsitzende des Deutschen Richterbundes, von Kenne, Dr. Bender, Landesgerichtspräsident in Bayreuth, Landgerichtspräsident Kuthning in Braunschweig und Jürgen Kratz, Oberlandesgerichtsrat in Düsseldorf. Sie stützen sich auf den Bundesarbeitskreis Christlich-Demokratischer Juristen (mit seinem Vorsitzenden Friedrich Vogel) und auf den Arbeitskreis Juristen der Christlich-Sozialen Union (mit seinem Vorsitzenden Josef Bauer).

Ihre Gegenspieler auf der »linken« Seite, die sich selbst zur

»progressiven« ernannt haben, sind vor allem Dr. Stalljohann, Oberlandesgerichtspräsident in Oldenburg, Oberlandesgerichtsrat Rogge in Düsseldorf, Jan Wolfgang Berlit vom Justizministerium in Hannover und Theo Rasehorn, Senatspräsident des Oberlandesgerichts in Frankfurt. Ihren politischen Rückhalt finden sie hauptsächlich im Arbeitskreis Rechtswesen der SPD, an dessen Spitze die Bundestagsabgeordneten Hermann Dürr und Müller-Emmert stehen. Die Freien Demokraten haben in diesem Kreis verhältnismäßig wenige Eisen im Feuer. Eins davon ist der durch seinen Rechtsstreit mit dem Land Hessen bekanntgewordene Amtsgerichtsrat Pulch, von dem allerdings seine eigenen Kollegen behaupten, man wisse niemals genau, wo er gerade steht. Glaube man, daß er rechts sagen würde, sage er links und umgekehrt.

Standespolitik macht dann auch noch eine Gruppe von Männern, die auf Grund ihrer standespolitischen Betätigung ohne und mitunter sogar gegen ihren Willen zu justizpolitischen Aktionen gedrängt wurden oder auch infolge ihrer hervorragenden Sachkenntnisse unversehens auf exponierte Stellen geraten wie beispielsweise der Bundesrichter Willms vom Bundesgerichtshof als Vorsitzender des Strafrechtsausschusses im Deutschen Richterbund oder Dr. Kleinrahm vom Justizministerium Düsseldorf als Vorsitzender des justizpolitischen Arbeitskreises der CDU von Nordrhein-Westfalen.

Über eine Standespolitik der kleinen Schritte, die nicht selten eine reine Stammtischpolitik ist, sind die Richter kaum jemals hinausgekommen. Große Konzepte sind nicht gefragt und werden auch nicht entwickelt, man begnügt sich damit, »pragmatisch« zu handeln und, wie es so schön heißt, dem Gebot der Stunde zu folgen. Die Richter tragen unter diesen Umständen wenig dazu bei, ihre gesellschaftliche Funktion faktisch und im Bewußtsein der Bevölkerung aufzuwerten. Erstaunlich ist dabei ihre mangelhafte Solidarität, ihr Unvermögen, eine gemeinsame Basis für ein gemeinsames Handeln zu finden. Wenn sie sich schon nach langem Hin und Her über das Wesen einer Sache klar und einig geworden sind, dann können sie sich mit Sicherheit nicht über die Form ihrer Realisierung einigen. Statt ein Motor zu sein, der die Dinge vorantreibt, wird der Richterbund auf diese Weise oft zu einer Bremse, die den Lauf der Dinge hemmt. Rechtspolitische Entwicklungen, die im ureigensten Interesse der Richter und ihrer Stellungen liegen, geraten dadurch ins Stocken oder kommen völlig zum Stillstand.

Was die Richter verdienen

An einem Strick ziehen alle nur, wenn es um die Besoldung geht. Die Erfolge, die sie erzielen, sind aber selbst hier bescheiden. Die Richterlobby kann sich, was ihre Durchschlagskraft und ihre Wirksamkeit betrifft, auch nicht im entferntesten mit der Beamtenlobby messen. Dementsprechend sieht auch die Honorierung der rechtsprechenden Gewalt aus.

Der Richter am Amtsgericht (früher Amtsgerichtsrat genannt) und der Richter am Landgericht (früher als Landgerichtsrat tituliert) sind in den Besoldungsgruppen A 13 und A 14 eingestuft. Sie kommen (verheiratet mit 2 Kindern) auf ein monatliches Bruttoeinkommen von 2860 DM bis 3220 DM. Das gleiche Einkommen haben unter anderem Gartenober-

Monatliches Netto-Einkommen der Richter

Von je 100 Richtern verdienen

	Amts-richter	Land-richter	OLG-richter	BGH-richter	Andere Bd.-R.	Verf.-richter
bis 1500 DM	2	1	0	0	0	0
1600–2000 DM	15	20	1	1	0	0
2100–2500 DM	36	30	11	0	0	4
2600–3000 DM	33	27	40	1	2	4
3100–3500 DM	4	10	26	5	6	4
3600–4000 DM	2	3	9	33	26	15
4100–4500 DM	0	0	1	36	22	11
4600–5000 DM	0	1	1	13	27	11
5100–6000 DM	0	0	0	7	9	33
6100–7000 DM	0	0	0	0	1	7
über 7000 DM	0	0	1	1	0	11
keine Angabe	8	8	9	3	7	0

Quelle: Institut für Sozialwissenschaften der Universität Mannheim, 1974.

baulehrer, Taubstummenoberlehrer, Sporträte, Oberforstmeister und Landtagsstenographen.

Die vorsitzenden Richter am Landgericht (früher mit dem Titel Landgerichtsdirektor ausgezeichnet) sowie die Beisitzer an Oberlandesgerichten rangieren in den Besoldungsgruppen A 15 und A 16 und beziehen mit 3700 bzw. 4600 DM im Monat das gleiche Gehalt wie Branddirektoren und Archivdirektoren oder wie leitende Regierungsdirektoren und Ministerialräte. Sie verdienen weniger als die Abteilungsleiter bei einer Bezirksregierung oder die Gruppenleiter in den Ministerien.

Die vorsitzenden Richter am Oberlandesgericht sind der gleichen Besoldungsgruppe zugeordnet wie beispielsweise die leitenden Ministerialräte oder die Inspektoren der Schutzpolizei (B 3). Mit den rund 5100 DM im Monat, die sie als Bruttogehalt beziehen, stehen sie schlechter da als der Polizeipräsident einer größeren Stadt, der auf 5400 DM kommt, oder der Präsident einer Oberpostdirektion, der es auf 6000 bis 6300 DM im Monat bringt[1].

Ganz besonders bekümmert es die Richter natürlich, daß es ihnen nicht gelungen ist, bei dem Höhenflug der Beamtengehälter mitzuhalten, und sie auf ihren alten Gehaltsstufen sitzengeblieben sind.

Der Abteilungsleiter bei einer Bezirksregierung, noch vor wenigen Jahren dem vorsitzenden Richter am Landgericht gehaltsmäßig gleichgestellt, verdient heute als Abteilungsdirektor 4820 DM, als Abteilungspräsident sogar 5100 DM und damit monatlich um 300 DM bis 500 DM mehr als sein richterlicher Kollege auf dem Direktorenstuhl. Der wohl prägnanteste Ausdruck für diese sichtliche Bevorzugung der Beamten ist die erstaunliche Tatsache, daß der Präsident des Bundeskriminalamts höher eingestuft ist als der Präsident des Bundesgerichtshofs. Im Jahr 1880 (was waren das doch goldene

1 Während die Kernämter im ganzen Bundesgebiet einheitlich besoldet werden, ist die Besoldung der Justizverwaltungsämter unterschiedlich. Ein Oberlandgerichtspräsident in Bayern z. B. ist eingestuft in B 7 (monatliches Bruttoeinkommen 6300 DM), in Baden-Württemberg in B 8 (monatliches Bruttogehalt 6600 DM) und in Niedersachsen in B 9 (monatliches Bruttoeinkommen 7100 DM).

Zeiten für Richter) hatte der Präsident des Obersten Bayerischen Landesgerichts ein höheres Gehalt als ein bayerischer Minister. Heute verdient er weniger als ein Ministerialdirektor.

An diesen Verhältnissen wird auch das zweite Bundesbesoldungs-, Vereinheitlichungs- und Neuregelungsgesetz nicht viel ändern, das auf eine Empfehlung des Bundesverfassungsgerichts zurückgeht. Das Gesetz soll zwar die Richterbesoldung strukturell verbessern, da es aber ungeachtet der Feststellung des Bundesverfassungsgerichts, daß eine pauschale Besoldungsordnung von Beamten und Richtern verfassungswidrig ist, auch weiterhin die Richterbesoldung im Rahmen der Beamtenbesoldung hält, kommt dabei praktisch nichts anderes heraus als eine Umfirmierung der einzelnen Besoldungsstufen[1]. Von einer eigenständigen Richterbesoldung, die das Bundesverfassunggericht gefordert hat, kann nach wie vor keine Rede sein. Die Richter bleiben in ein hierarchisch aufgebautes Besoldungssystem eingebunden, das der grundsätzlichen Gleichwertigkeit aller richterlichen Entscheidungen zuwiderläuft. Sie sind weiterhin schlechter gestellt als die Beamten, weil die Hierarchie des Beamtenapparats den Aufstieg in höhere Ränge erleichtert, während die Mehrheit der Richter zeitlebens nicht über die Eingangsstufe hinauskommt, und die Höherstrukturierung ihrer Besoldung, die allein einen Ausgleich für die geringeren Beförderungsmöglichkeiten schaffen würde, unterblieben ist.

Nicht zuletzt ist das ein Verdienst des Deutschen Beamtenbundes, der sorgsam darauf achtet, daß den Richtern nicht

1 Die Richter an Amtsgerichten und Landgerichten (also die früheren Amts- und Landesgerichtsräte) werden aus ihren derzeitigen Besoldungsstufen A 13/14/15 herausgenommen und in die neue Besoldungsstufe R 1 gesteckt. Das bringt ihnen Gehaltserhöhungen zwischen 50 und 100 DM im Monat ein. Die Umgruppierung der vorsitzenden Richter am Landgericht und der beisitzenden Richter an den Oberlandesgerichten aus ihren alten Besoldungsstufen A 15/16 in die neue Besoldungsstufe R 2 bedeutet eine Verbesserung des Gehalts um 6,49 DM und bei den vorsitzenden Richtern an Oberlandesgrichten bleibt überhaupt alles beim alten. Die Besoldungsgruppe, in der sie jetzt eingestuft sind, heißt nur nicht mehr B 3, sondern R 3.

Vorteile eingeräumt werden, in deren Genuß nicht auch die Beamten kommen. Und es ist außerdem ein weiterer Beweis für die schwache Position der Justiz in unserem Rechtsstaat. Die vom Rechtsausschuß des deutschen Bundestags entwikkelte und einhellig gebilligte Besoldungskonzeption, die eine eigenständige, von der Beamtenbesoldung deutlich abgegrenzte und der Struktur der richterlichen Tätigkeit angepaßte Besoldung vorsah, scheiterte am Widerstand des Innenausschusses, der besoldungstechnische Zugeständnisse an die Richter mit dem Argument ablehnte, daß man die gleichen Zugeständnisse dann auch den Lehrern und Polizisten machen müsse. Klarer konnte man wirklich nicht dokumentieren, daß die Stellung, die man dem Richter nach außen hin zuschreibt, nur auf dem Papier steht. Wenn die Richter jene berühmte unabhängige Gewalt repräsentieren, von der, wie man nicht oft genug beteuern kann, das rechtsstaatliche Wesen unserer Gesellschaft abhängt, dann sind Ansprüche, die sie auf Grund ihrer Stellung in der Gesellschaft erheben, nicht gleichzusetzen mit Ansprüchen anderer Gesellschaftsgruppen, die diese Stellung nicht haben, dann kann man ihre Ansprüche nicht mit den Ansprüchen der Lehrer und Polizisten in einen Topf werfen. Es wäre die selbstverständlichste Sache der Welt, wenn die herausragende Stellung des Richters innerhalb unseres Verfassungssystems auch durch eine herausragende Honorierung richterlichter Tätigkeit untermauert würde. Aber wenn es ums Geld geht, ist der Richter plötzlich nicht mehr das, was er sein soll.

Die Weigerung, seine besondere Stellung auch durch eine besondere Besoldungsordnung anzuerkennen, steht in merkwürdigem Gegensatz zu der Bereitschaft, seiner besonderen Stellung dort Rechnung zu tragen, wo es nichts kostet. Es drängt sich dabei allerdings der Eindruck auf, daß man gar nicht so ungern gerade solche Forderungen der Richter verwirklicht, die zwar dem Sinn richterlicher Tätigkeit entsprechen, im Effekt aber die Position der Richter gegenüber den anderen Gewalten eher schwächen als stärken, da nicht auch jene Forderungen erfüllt werden, mit denen zusammen sie eine effektive Stärkung der rechtsprechenden Gewalt bedeuten würden. In diesem Sinn hatte auch der deutsche Richterbund die Abschaffung der Richtertitel, den Übergang zu Einzelrichtern, die Stärkung der Richterpersönlichkeit und die Möglichkeit gefordert, qualifizierten Juristen auch ohne den bisherigen formellen beruflichen Werdegang eines Richters den Weg in den Richterdienst zu ebnen. Übrig geblieben ist von diesen Forderungen die Vereinheitlichung der Richtertitel, die zwar der Gleichwertigkeit richterlicher Tätigkeit Rechnung trägt, zweifellos aber auch eine weitere Nivellierung des richterlichen Dienstes herbeiführt. Und übriggeblieben ist die Tendenz zum Einzelrichter, die zwar gleichfalls zu einer höheren Effizienz der Rechtsprechung beitragen mag, gleichzeitig aber auch für die Richter eine neuerliche Einschränkung ihrer Aufstiegsmöglichkeiten bedeutet.

Friedliche und weniger friedliche Verhältnisse

Leicht hat er es jedenfalls nicht, der Richter. Nur gut, daß seine Gegenspieler nicht unbedingt darauf erpicht sind, ihm das Leben noch schwerer zu machen. Die Staatsanwälte haben von vornherein kein sonderliches Interesse, sich in eine ständige aufreibende Frontstellung zu ihm zu begeben, da sie es ja immer wieder mit ihm zu tun haben und ein gespanntes Verhältnis zwangsläufig Belastungen und Unbequemlichkeiten mit sich bringt, die sich jeder nach Möglichkeit erspart.

Und auch das Verhältnis zwischen Richter und Rechtsanwalt ist im allgemeinen dadurch gekennzeichnet, daß beide Seiten bemüht sind, möglichst reibungslos zusammenzuwirken und dadurch zusätzliche Arbeitsbelastungen zu vermeiden.

Um der guten Zusammenarbeit willen werden sogar Verstöße gegen das formelle Verfahrensrecht mit dem Mantel juristischer Nächstenliebe zugedeckt. Rüdiger Lautmann erzählt aus seiner Gerichtspraxis beispielsweise von folgendem Fall:

In einer Ehesache war für die Parteien das Armenrecht für die Scheidungsklage bewilligt. Das Armenrecht hat den Nebeneffekt, daß der Anwalt schnell und sicher zu seinem Honorar kommt, weil er aus der Staatskasse bezahlt wird. Im Termin schließen die Parteien auch noch einen Vergleich über Vermögen, Hausrat und Wohnung. Als die Verhandlung schon geschlossen ist und die Parteien bereits gehen, fragt ein Anwalt: »Ist überhaupt das Armenrecht auch für den Vergleich bewilligt?« Es wird festgestellt, daß dies nicht der Fall ist. Ein Richter sagt: »Jetzt ist es zu spät.« Der Vorsitzende diktiert aber bereits im Protokoll, daß das Armenrecht bewilligt wird. Nachher sagt er zu dem Richter: »Sie hatten recht – natürlich war es zu spät!« Ähnliches wiederholt sich in einer anderen Verhandlung am selben Tag, wobei Vorsitzender und Rechtsanwalt einander zuzwinkern und sich darüber verständigen, der Antrag auf Bewilligung des Armenrechts sei schon früher gestellt worden.

Es gibt aber auch Richter, die sich nur den Anschein geben, als ließen sie den Anwalt die ihm zukommende Rolle spielen. In Wirklichkeit kümmern sie sich kaum darum, was er vorbringt. Sie vergeben sich damit auch nicht viel, wenn die von den Anwälten vorgelegten Schriftsätze so unzulänglich sind, daß sie weder faktisch noch rechtlich Licht in die Sache bringen. Wenn das gleiche Schicksal allerdings sorgfältig ausgearbeitete Schriftsätze trifft, die besondere Aspekte des Falls herausstellen, dann ist es schon mehr als ärgerlich, wenn der Richter darüber hinweggeht, als wären sie niemals geschrieben worden. Dann wächst sich in höchst unerfreulicher Weise richterliche Arroganz zu richterlicher Präpotenz aus.

Meist werden sich die Anwälte aber selbst in solchen Fällen hüten, aggressiv zu werden. Denn wenn die Richter etwas nicht lieben, dann sind es aggressive Anwälte, mit denen die von ihnen vertretenen Parteien daher auch oft schlechter fahren als unter der Obhut sanftmütigerer Kollegen, die scharfen Kontroversen mit Richtern von vornherein aus dem Weg gehen. Besonders empfindlich reagieren Richter auf Anwälte, die sich zu offener Kritik an ihnen oder ihrer Amtsführung hinreißen lassen. Rüdiger Lautmann kennt aus seiner Praxis auch dazu einen bezeichnenden Vorgang:

Ein Rechtsanwalt stellt mehrere Ablehnungsgesuche gegen die Kammer. Schließlich kommt von ihm auch noch der Antrag hinzu, die Verhandlung auszusetzen. Diese Häufung von Kritik macht den Vorsitzenden sichtlich nervös und ärgerlich. Er bemerkt: »Diesen Anwalt kannte ich bisher nicht, wir müssen uns den Namen merken, wenn der einmal etwas will.«

Das gute äußere Verhältnis, auf das beide Seiten schon aus Gründen der Arbeitserleichterung und Arbeitsentlastung offensichtlich großen Wert legen, entspricht nicht immer der tatsächlichen Wertschätzung, die man einander entgegenbringt. Viele Richter haben, auch wenn sie es sich nach außen hin nicht anmerken lassen, von vielen Anwälten eine ausgesprochen schlechte Meinung, und es gibt umgekehrt nicht wenige Anwälte, die viele Richter für ausgesprochene Nieten halten. Das im großen und ganzen friedliche Verhältnisse zwischen Richter und Rechtsanwalt ist also eher ein auf eigene Vorteile bedachtes Zweckbündnis als eine echte Partnerschaft im Dienst der Gerechtigkeit. Die unterschwelligen Aversionen brechen daher auch immer wieder und oft völlig unvermutet auf und entladen sich in Konflikten, die die wahren Gefühle ans Tageslicht fördern, die man füreinander hegt.

Beziehungen besonderer Art bestehen zwischen hauptamtlichen und ehrenamtlichen Richtern. Die ehrenamtlichen Richter sollen, wie es so schön heißt, »Wissen und Erfahrung über soziale Situationen, Hintergründe und Interessenlagen vermitteln und dazu beitragen, die Folgen einer oftmals einseitigen sozialen Struktur sowie das Fehlen spezieller Kenntnisse der Berufsrichter auszugleichen«. Ihnen stehen die gleichen Mitwirkungsrechte bei der Urteilsfindung zu wie den Berufsrichtern. Wie diese sind sie sachlich und persönlich unabhängig. Gegen ihren Willen können sie nur durch eine gerichtliche Entscheidung von ihrem Amt abberufen werden.

Daß sie trotzdem dem Recht nicht so dienen, wie es sich der Gesetzgeber vorgestellt hat, steht ebenso außer Zweifel wie die Tatsache, daß sie mitunter sogar eine gewisse Gefahr für die Rechtsprechung bedeuten. Im allgemeinen spielen sie weder bei der Rechtsfindung noch beim Urteilsspruch eine besondere Rolle. Bei allem guten Willen fehlt es ihnen gewöhnlich an den notwendigen Rechtskenntnissen und an der Fähigkeit, schwierigere Materien zu durchschauen, zu analysieren und zu bewerten. Sie fühlen sich oft überfordert, scheuen eigene Entscheidungen und sind heilfroh, wenn ihnen diese Entscheidungen von den Berufsrichtern abgenommen werden. Sie schließen sich daher auch in den meisten Fällen der Meinung der Berufsrichter an. Nach außen hin tritt das natürlich nicht in Erscheinung. Die Berufsrichter tun so, als ob sie die Laienrichter vollwertig an dem Verfahren beteiligen würden, und die Laienrichter so, als ob sie das auch glauben[1].

So gesehen ist die Beteiligung von Laienrichtern an der Rechtsprechung ein Etikettenschwindel, eine demokratische Augenwischerei. Als solche wird sie offensichtlich auch von weiten Teilen der Öffentlichkeit empfunden. Denn bei Urteilen, die in der Öffentlichkeit Mißfallen erregen, werden gewöhnlih die Berufsrichter, nicht aber die Laienrichter angegriffen, obgleich diese ja gleichfalls – und angeblich gleichberechtigt – an den Urteilen mitgewirkt haben. Auch in der Öffentlichkeit herrscht also die Überzeugung vor, daß die Laienrichter eine Statistenrolle spielen und normalerweise tun, was ihnen die Berufsrichter vorsagen. Ihr größter Nutzen besteht wahrscheinlich darin, daß der Berufsrichter in der Beratung des Falls seine eigenen Argumente vor sich selbst rechtfertigen kann, indem er sie an den Laienrichtern testet. Unter diesen Gesichtspunkten der Aussprache und der Kontrolle der eigenen Gedankengänge wäre die Institution der Laienrichter auch durchaus positiv zu bewerten. Einen Unsicherheitsfaktor und damit eine gewisse Gefahr bilden sie allerdings immer, da sie leicht von der geschliffenen Dialektik des Anklägers oder des Verteidigers überrumpelt und auch von der öffentlichen Meinung stärker beeinflußt werden können, als es der objektiven Wahrheitsfindung guttut. In solchen Fällen erweist es sich als

1 In Juristenkreisen geht das Wort um, die Schöffen seien »selten nützlich, wenig schädlich, fast immer überflüssig«. Ein recht böses Wort, aber leider zielt es an der Wirklichkeit nicht weit vorbei.

wahres Glück, daß die Laienrichter für die Rechtsprechung nicht jene Bedeutung haben, die ihnen auf dem Papier der Rechtsordnung zugeschrieben ist.

Auch von den Angeklagten wird das so ungern nicht gesehen. Den Berufsrichter akzeptieren sie als Richter, da es ja sein Beruf ist, über sie zu richten. Sie vermögen weniger einzusehen, daß simple Mitbürger, die Hausfrau, die vom Kochtopf weggeholt wird oder der kleine Angestellte, der sonst in seinem Büro bieder Formulare ausfüllt, über ihn zu Gericht sitzen, über sein Tun und Handeln richten sollen.

Das Verhältnis zwischen Richter und Presse kann nicht anders als unglücklich bezeichnet werden.

Zweifellos steht fest, daß sich die Richter nicht immer dem Einfluß der öffentlichen Meinung entziehen können und unter diesem Einfluß Urteile fällen, die sie vielleicht sonst nicht fällen würden. Man sollte sich in diesem Zusammenhang nicht einmal an Vera Brühne erinnern, die in der öffentlichen Meinung schon vor Beginn des Prozesses als Mörderin abgestempelt und verurteilt war, weil dieser Fall zu undurchsichtig ist, um erkennen zu lassen, inwieweit die Richter, die sie lebenslänglich ins Zuchthaus schickten, dem Meinungsbild der Öffentlichkeit folgten.

Es gibt andere Fälle, die das besser zeigen, allerdings gleichzeitig auch zeigen, wie schwankend die öffentliche Meinung ist und wie gut daher ein Richter tut, ihr nicht nachzugeben.

Vor einem Nürnberger Gericht stand eine Frau, die bereits ihr zweites Kind umgebracht hatte. Die Presse stellte sie als armes Opfer unglückseliger Umstände hin, das Leserpublikum schwamm in Rührung, sie selbst verstand es, vor Gericht einen vorzüglichen Eindruck zu machen. Der Staatsanwalt, durch regelmäßige Fernsehauftritte an Popularität gewöhnt und keineswegs bereit, etwas von dieser Popularität preiszugeben, plädierte gleichfalls für Milde. Welcher Richter ist standfest genug, um solchen Strömungen zu widerstehen? Nun, das erste Gericht besaß etwas von dieser Standfestigkeit und verurteilte die Frau zu drei Jahren Zuchthaus. Angeheizt von der

Presse, brach in der Öffentlichkeit ein Sturm der Empörung über das Urteil aus. Es wird infolge eines Formfehlers aufgehoben, das Verfahren an ein anderes Schwurgericht verwiesen. Dieses Gericht ist weniger standfest, folgt der allgemeinen Stimmung und verurteilt die zweifache Kindesmörderin zu einer sechsmonatigen Gefängnisstrafe auf Bewährung. Kurz danach bringt die Frau ein drittes Kind zur Welt und prompt auch dieses um. In der öffentlichen Stimmung tritt ein vehementer Umschwung ein. Die Presse, die noch vor kurzem für eine milde Bestrafung der Frau eingetreten war, fordert jetzt ein hartes Urteil und die Öffentlichkeit, die sich früher vor lauter Rührseligkeit kaum fassen konnte, schäumt vor Zorn. Man sieht: Die Richter würden sich bald völlig unglaubwürdig gemacht und der Lächerlichkeit preisgegeben haben, wenn sie der öffentlichen – oder sagen wir besser der veröffentlichten – Meinung allzu großes Gewicht beilegen und nicht bereit sind, auch härteste öffentliche Urteilsschelten in Kauf zu nehmen.

Auf der anderen Seite spielt die Presse in diesem Spiel oft eine eigenartige Rolle. Eine Zeitung zahlte z. B. besagter Kindesmörderin 40 000 DM für das Recht, ihre Lebensgeschichte zu veröffentlichen, und fiel gleichzeitig über die Richter her, die die Frau zu drei Jahren Zuchthaus verurteilt hatten. Andere Zeitungen verhalten sich in anderen Fällen nicht viel anders. Der Genuß, mit dem eine stattliche Anzahl stattlicher Blätter Fehlurteile von Richtern hochspielt, ist ebenso wenig zu übersehen wie das Vergnügen daran, einen Richter in seiner ganzen Dürftigkeit zu entlarven. Es geht dabei offensichtlich weniger um den Kampf gegen das Unrecht oder um Opfer der Justiz als einfach darum, daß man mit einem in seiner Dummheit bloßgestellten Richter eher Schlagzeilen machen kann als mit einem guten, sein Geschäft souverän beherrschenden Richter. Viele Zeitungen tun daher sehr viel, um in der Öffentlichkeit das Bild vom gerechten Richter zu zerstören, und sehr wenig, um dieses Bild in den richtigen Rahmen zu stellen.

Man kann der Presse nur zugutehalten, daß auch das in den

richtigen Rahmen gestellte Bild des deutschen Richters allzu oft alles andere als erfreulich ist.

Soll und Haben eines Staatsanwalts

Die Institution der Staatsanwaltschaft ist – man sollte es nicht für möglich halten – eine Errungenschaft der französischen Revolution. Der Hauch von Autorität, der sie umgibt, trügt zumindest, was ihre Entstehung betrifft. Er trügt auch in mancher anderer Hinsicht.

Im Vergleich zu dem Staatsanwalt wie er uns z. B. in englischen und amerikanischen Filmen zu unserem mehr oder minder großen Vergnügen vorgeführt wird, ist der deutsche Staatsanwalt eine geradezu bescheidene, ja farblose Figur. Dort ein Mann, der in sein Amt gewählt wird und daher schon seiner Wiederwahl wegen Erfolge anstrebt, indem er mit fanatischer Besessenheit die Schuld des Angeklagten zu beweisen versucht, vor keinen theatralischen Effekten zurückschreckt, um Richter und Geschworene in seinem Sinn zu beeinflussen und sich jeder denkbaren Tricks bedient, um die Verteidigung, auch mit Schlägen unter der Gürtellinie, außer Gefecht zu setzen. Hier – auch in seinem äußeren Habitus – ein Beamter, der monoton die Anklageschrift verliest, während der Verhandlung eher komisch wirkt, wenn er pathetisch wird und sein Plädoyer mit trockener Sachlichkeit und nicht eben meisterlicher Rhetorik vorträgt (Ausnahmen bestätigen nur die Regel).

Rechtsstellung und Funktion des Richters sind im Richtergesetz, Rechtsstellung und Funktion des Rechtsanwaltes in der Rechtsanwaltsordnung geregelt. Ein vergleichbares Gesetz für den Staatsanwalt gibt es nicht. Weder die Väter des Grundgesetzes noch der Landesverfassungen fanden es der Mühe wert, ihn überhaupt zu erwähnen. Im Gerichtsverfassungsgesetz sind nur einige wenige organisatorische Vorschriften über die Staatsanwaltschaft als Behörde und über das Weisungsrecht an Staatsanwälte enthalten. Und in den Schlußvorschriften des Richtergesetzes ist lediglich vorgeschrieben, daß der Staatsanwalt die Befähigung zum Richteramt haben muß, keine Rechtsgutachten erstellen darf und sich im Falle eines gegen ihn eingeleiteten Disziplinarverfahrens vor den Dienstgerichten für Richter zu verantworten hat. Aber das ist auch schon alles. Von einem klaren Berufsbild des Staatsanwaltes kann unter diesen Umständen keine Rede sein. Eingezwängt in eine hierarchische Behördenordnung, deren Gebote und Verbote sein Handeln bestimmen, und gleichzeitig ausgestattet mit jener Flexibilität, die ihm die Strafprozeßordnung innerhalb des Legalitätsprinzips einräumt, nimmt er eine Zwitterstellung ein, die schwer zu beschreiben ist.

Auch seine Funktion ist doppelbödig konzipiert. Obwohl in erster Linie Anwalt des öffentlichen Interesses, soll er gleichzeitig die Interessen der Betroffenen wahrnehmen. Der Rechtsanwalt, so könnte man es formulieren, muß parteiisch, der Staatsanwalt darf es nicht sein. Aber dieser neutrale Staatsanwalt existiert nur in der Theorie. Von Dienstvorgesetzten und auch gleichrangigen Kollegen auf ein bestimmtes Interessenschema eingeschworen, kommt er gar nicht auf den Gedanken, sich diesem Schema zu entziehen und ist faktisch dazu auch nicht in der Lage.

Bezeichnend ist schließlich, daß es in dieser Berufsgruppe deutscher Gerichtsbarkeit keine klassische Karriere gibt. Ein Jurist, der seine berufliche Laufbahn als Staatsanwalt beginnt, dann Oberstaatsanwalt und vielleicht sogar Generalstaatsanwalt wird, ist eine ausgesprochene Ausnahme. In der Regel ist die Staatsanwaltschaft eine Durchgangsstation zu den höheren Weihen eines Ministeriums oder des Richterdienstes, eine Ochsentour, die man durchlaufen muß, um in die begehrten Gefilde ministerialer oder richterlicher Tätigkeit vorzudringen. Der junge Jurist, der sein Assessorexamen bestanden hat, fängt zunächst einmal als Staatsanwalt an, wird, wenn er sich in einem Referat der Staatsanwaltschaft bewährt hat, nach zwei bis drei Jahren Richter und kehrt dann vielleicht in einer höheren Funktion zur Staatsanwaltschaft zurück.

Rein zahlenmäßig stellen die Staatsanwälte eine verhältnismäßig kleine Gruppe dar. In der Bundesrepublik waren am 1. Januar 1975 nicht mehr als ca. 3000 Staatsanwälte tätig, darunter etwa 280 weibliche.

Staatsanwälte im Landes- und Bundesdienst

Stichtag 1. 1.	insgesamt	dar.: weibliche	Andere Vertreter des öffentlichen Interesses[1]
1965	2 392	74	150
1967	2 590	101	155
1969	2 715	118	195
1971	2 709	147	168
1973	2 814	215	182
1975	2 999	277	167

1 In der Verwaltungs- und Disziplinargerichtsbarkeit.

Quelle: Bundesministerium der Justiz.

Ihre Besoldung ist der der Richter angeglichen. Ein »normaler« Staatsanwalt hat etwa das gleiche Einkommen wie ein Richter am Amts- oder Landesgericht, verdient also monatlich zwischen 2800 und 3200 DM. Ein Oberstaatsanwalt ist in der gleichen Besoldungsgruppe eingestuft wie die Vorsitzenden Richter am Landgericht, und kommt auf ein monatliches Bruttoeinkommen von 3700 bis 4600 DM. Wer es glücklich zum Generalstaatsanwalt gebracht hat, hat dieselben Bezüge wie ein Vorsitzender Richter am Oberlandesgericht (ca. 5000 DM) und der dem Dienstrang nach höchste Staatsanwalt, der Generalbundesanwalt beim Bundesgerichtshof gehört mit einem Monatseinkommen von ca. 7800 DM derselben Besoldungsstufe an wie ein Ministerialdirektor. Die Masse der Staatsanwälte tummelt sich in der Eingangsgruppe, die Zahl der Oberstaatsanwälte ist verhältnismäßig klein, die der Generalstaatsanwälte verschwindend gering. Ebenso wenig wie von den Richtern wird man also von den Staatsanwälten behaupten können, daß sie von ihrer Besoldung und ihren Aufstiegsmöglichkeiten her besonders gut gestellt sind.

Sie werden auch, trotz der Bedeutung, die sie für die Strafrechtspflege besitzen und in merkwürdigem Gegensatz zu der Machtposition, die sie praktisch innehaben, von der Öffentlichkeit nicht sonderlich hoch eingeschätzt. Abgesehen von denen, die unmittelbar mit ihnen zu tun haben, führen sie in der bundesdeutschen Gesellschaft ein im allgemeinen wenig beachtetes Dasein. Dies liegt nicht zuletzt daran ,daß sich ihre Tätigkeit mehr hinter als vor den Kulissen der Justiz abspielt. Dem Charakter dieser Tätigkeit entspricht daher auch, daß es der beruflichen Karriere eines Staatsanwalts eher schadet als nützt, wenn er sich allzu sehr in den Vordergrund drängt oder versucht, sich durch publicityträchtige Auftritte einen Namen zu machen. Seinen unmittelbaren Vorgesetzten, die über seine Beförderung zu befinden haben, gefällt das um so weniger, je mehr sie davon überzeugt sind, daß die staatsanwaltschaftliche Tätigkeit, wenn sie erfolgreich sein soll, das Licht der Öffentlichkeit eher zu scheuen hat. Und sein oberster Dienstherr, der Justizminister, der als Politiker auf den Beifall breiter Wählermassen angewiesen ist, freut sich am allerwenigsten, wenn ihm aus den eigenen Reihen die Schau gestohlen wird. Deutsche Staatsanwälte werden daher gewöhnlich nur in negativem Sinn zum Gegenstand von Presseberichten oder Kommentaren. Die Öffentlichkeit erfährt nur von ihnen, wenn sie sich eines persönlichen Vergehens schuldig gemacht haben, wie etwa jener unglückselige Krefelder Staatsanwalt, der durch den Umgang mit Übeltätern selbst in den Dunstkreis von Übeltaten geriet, oder wenn sie in den Mittelpunkt spektakulären Geschehens hineinschlittern, wie jener Münchner Oberstaatsanwalt, der anläßlich einer Polizeiaktion gegen Bankräuber der Polizei einen Schießbefehl erteilte, der einer Geisel das Leben kostete.

Für ihre spezielle Tätigkeit werden die Staatsanwälte ebensowenig ausgebildet wie Richter und Rechtsanwälte. Und da selbst die blutigsten Anfänger unter ihnen von der Möglichkeit, sich von Vorgesetzten eines besseren belehren zu lassen, sehr wenig Gebrauch machen, um sich nicht durch Mangel an Kenntnissen bloßzustellen, ist auch hier die eigene praktische Erfahrung der einzige Weg zur beruflichen Qualifikation. Man sagt zwar, daß die von Staatsanwälten begangenen Fehler nicht ins Gewicht fallen, weil sie von Richtern und Verteidigern ausgebügelt werden können. Aber so einfach liegen die Dinge natürlich nicht. Denn gerade der Staatsanwalt hat, wie wir noch sehen werden, enorme Möglichkeiten, völlig autonom in das Schicksal von Menschen einzugreifen, es in diese oder jene Richtung zu lenken, menschliche und berufliche Existenzen zu zerstören oder vor der Zerstörung zu bewahren. Einem jungen berufsunerfahrenen Staatsanwalt in die Hände zu fallen, kann also ebenso ein Unglück sein wie von einem Rechtsanwalt verteidigt zu werden, der seine Sache nicht versteht oder vor Richter zu geraten, die nicht gerade das Pulver der Gerechtigkeit erfunden haben.

Daß die Ausbildung der Staatsanwälte ausgerechnet in derjenigen Sparte, die für ihre Tätigkeit von besonderer Bedeutung ist, nämlich in der Kriminologie, völlig unzureichend ist, scheint allerdings nicht von ungefähr zu kommen. Man steht in den höheren Etagen der Justizverwaltung offensichtlich auf dem Standpunkt, daß es gar nicht so wünschenswert ist, wenn sich ein Staatsanwalt allzu intensiv mit Dingen beschäftigt, die ihn womöglich dazu verführen könnten, die gesamte Strafrechtsdogmatik in Frage zu stellen. Allzu weit davon entfernt ist er ohnehin nicht, wenn er in seiner Alltagspraxis zu spüren bekommt, wie hilflos das Strafrecht – und damit er selbst – manchen Straftätern gegenübertritt. Schon von vielerlei Zweifeln geplagt, wenn er sich an die von der Gesetzesmechanik vorgeschriebenen Grenzen hält, könnte er ja in seinem Berufsverständnis völlig verunsichert werden, wenn er über diese Grenzen hinaussieht.

Bei den Amtsgerichten vertritt der Staatsanwalt, der die Anklageschrift fertiggestellt hat, gewöhnlich nicht selbst auch die Anklage vor Gericht. Wenn die Akten von seinem Tisch zum Richter gewandert sind, der über die Zulassung der Anklage entscheidet, verschwinden sie aus seinem Gesichtskreis. Kommt es zur Verhandlung, werden zusammen mit diesem Fall in irgendeinem Sitzungssaal vor einem Richter oder einem Schöffengericht vier oder fünf andere Sachen verhandelt, die von verschiedenen Staatsanwälten bearbeitet worden sind. Alle diese Sachen vertritt der sogenannte Sitzungsanwalt, ein für diese Sitzung bestimmter Staatsanwalt, der sich mit der Materie der zur Verhandlung stehenden Fälle in der Regel nur wenig vertraut machen konnte und die Anklageschriften mitunter sogar erst zu Gesicht bekommt, wenn er sie zu Beginn der Verhandlung verliest. Selbst wenn es der Zufall will, daß der Sitzungsanwalt den einen oder anderen Fall, der verhandelt wird, vorher selbst bearbeitet hat, sind ihm die Einzelheiten des Falles kaum noch in Erinnerung. Da sich im Gegensatz dazu der Verteidiger auf seinen Fall speziell vorbereiten konnte und auch die Details aus den polizeilichen Ermittlungen im Kopf hat, verschieben sich die Möglichkeiten, wirksam in den Prozeßverlauf eingreifen zu können, eindeutig zu Ungunsten der Staatsanwaltschaft. Eigentliche Gegner in der Verhandlung sind auf diese Weise nicht Staatsanwalt und Verteidiger, sondern Richter und Verteidiger, die beide optimal informiert sind, zumindest optimal informiert sein können. Bei den Schwurgerichten unter den Strafkammern sieht das anders aus. Hier vertritt in der Regel der Staatsanwalt, der die Anklage erhoben hat, auch die Sache vor Gericht.

Das Ergebnis dieser organisatorisch bedingten etwas eigenartigen Verfahrensweise liegt auf der Hand: in Fällen der Kleinkriminalität ist der Verteidiger dem Staatsanwalt überlegen. In Fällen der Großkriminalität verfügen Staatsanwalt und Verteidiger über den gleichen Informationsstand. Sie stehen sich gleichgewichtig gegenüber, wenn nicht gerade ein ungeschickter Verteidiger auf einen geschickten Staatsanwalt trifft oder ein junger Staatsanwalt einem Strafverteidiger gegenübersteht, der ihm auf Grund seiner vieljährigen Berufserfahrung überlegen ist.

Von vornherein in einer schlechteren Position als Richter und Verteidiger befindet sich in allen Fällen der Staatsanwalt dadurch, daß er als weisungsgebundener Beamter prinzipiell nicht allein entscheiden kann, was er tun oder nicht tun soll. Während der Rechtsanwalt unbenommen jeden Antrag stellen kann, den er für zweckmäßig hält, darf der Staatsanwalt bestimmte Erklärungen ohne vorherige Zustimmung seiner Behörde nicht abgeben. Zu solchen Erklärungen gehört beispielsweise der Rechtsmittelverzicht oder auch das Einverständnis zur Einstellung eines Verfahrens. Diese Weisungsgebundenheit, die Unmöglichkeit, während der Verhandlung allein bestimmte Entscheidungen treffen zu können, läßt den Staatsanwalt im Gerichtssaal alles andere als gleichberechtigten Partner von Richter und Verteidiger erscheinen. Wenn der Richter, freundlich lächelnd, eine Einstellung des Verfahrens nach § 153 StG anregt, bleibt dem Staatsanwalt, höflich lächelnd, nichts anderes übrig, als die Unterbrechung der Sitzung zu beantragen, damit er seinen Vorgesetzten fragen kann, ob er der Anregung des Richters zustimmen darf. Der Staatsanwalt gerät dadurch schon rein optisch in die Rolle eines kleinen, mit unzulänglichen Vollmachen ausgestatteten Beamten, der zum Unterschied von den anderen, dem Richter und dem Rechtsanwalt, nicht selbst so handeln kann, wie er es für richtig hält. Daß sich das für sein Ansehen im Gerichtssaal nicht unbedingt günstig auswirkt, liegt auf der Hand.

Mit dem Weisungsrecht, das auch ältere Staatsanwälte oft wie Schulbuben aussehen läßt, hat es auch sonst seine eigene Bewandtnis[1]. Es wird hauptsächlich innerhalb der staatsanwaltschaftlichen Diensthierarchie ausgeübt, vom Oberstaatsanwalt gegenüber den Staatsanwälten, vom Generalstaatsanwalt gegenüber den Oberstaatsanwälten. Vom Weisungsrecht der politischen Organe gegenüber der Staatsanwaltschaft wird angeblich nur in Ausnahmefällen Gebrauch gemacht. Diese Ausnahmefälle scheinen allerdings häufiger zu sein, als es Justizminister und Staatsanwaltschaften wahrhaben wollen. Mit

1 Ein dankbares Feld für die Ausübung des Weisungsrechts ist – am Rande bemerkt – der Ehrenschutz von Politikern. Hier wird es besonders delikat, wenn der Justizminister, in dessen Hand es liegt, ein Verfahren einstellen oder betreiben zu lassen, von derselben parteipolitischen Couleur ist wie der Politiker, dessen Ehre angegriffen wurde. Es wird niemanden sonderlich überraschen, wenn in diesem Fall das Verfahren gegen den Beleidiger ohne Rücksicht auf Verluste forciert wird. Gehört der beleidigte Politiker allerdings der Opposition an, ist es durchaus denkbar, daß in einem gleich gelagerten Fall das Verfahren eingestellt wird.

Sicherheit wird das Weisungsrecht praktiziert, wenn der Minister eine bestimmte rechtspolitische Linie durchsetzen will, Einflüssen von Interessenverbänden nachgeben muß oder von der öffentlichen Meinung unter Druck gesetzt wird. So führt in der Regel alles, worüber in der Presse spektakuläre Meldungen verbeitet werden und die Öffentlichkeit ausgiebig informiert wird, über die politische Ebene zu Weisungen an die Staatsanwaltschaft: in den letzten Jahren etwa die Behandlung der Rocker-Kriminalität, die Behandlung von Rauschgiftsachen und von Kaufhausdiebstählen.

Gerade das zuletzt genannte Beispiel zeigt allerdings deutlich, zu welchen rechtlichen Widersprüchen das politische Weisungsrecht führen – und wie es in der Gerichtspraxis unterlaufen werden kann. Entsprechend dem neuerdings geübten Brauch, die Kleinkriminalität aus dem Strafrecht heraus- und in den Bereich der Ordnungswidrigkeiten hineinzunehmen, sollten auch Kaufhausdiebstähle bis zu einer gewissen Größenordnung als Ordnungswidrigkeiten behandelt und strafrechtlich nicht verfolgt werden. Da diese Diebstähle aber in letzter Zeit enorm zugenommen haben und Schäden verursachen, die in die Milliarden Mark gehen, gaben die Justizminister dem Druck des Einzelhandelsverbandes nach und wiesen die Staatsanwaltschaften an, Verfahren gegen Kaufhausdiebe grundsätzlich nicht einzustellen. Nun gehören, wie Kriminalpolizei und Staatsanwaltschaft aus Erfahrung wissen, gerade zu dieser Gruppe von Straftätern nicht selten Menschen, die aus einer neurotischen Zwangslage oder, wie bei Frauen in der Menstruationsphase, aus einer spezifischen nicht kontrollierbaren Gefühlslage heraus handeln. In diesen Fällen (und wenn es um den Diebstahl einer Sache geht, deren Verkaufswert vielleicht 15 oder 20 Mark beträgt), müßte der Staatsanwalt also schon von sich aus sagen: Beeinträchtigung des Kontrollvermögens = geringe Schuld = kein öffentliches Interesse an Verfolgung = Einstellung des Verfahrens. Auf Grund ministerieller Weisung ist ihm jedoch die Möglichkeit einer solchen Argumentation versagt. Er muß die Anklage erheben – und kann allerdings mit einiger Sicherheit erwarten, daß das Gericht die Sache ihrer strafrechtlichen Gewichtung nach wieder richtig einordnet und die Eröffnung des Hauptverfahrens ablehnt. Der Bürger mag sich über diesen, nicht nur seiner Ansicht nach völlig unnützen Umweg wundern, aber es ist nun einmal so: Kein Staatsanwalt wird es wagen, sich über ein vom Minister bekundetes politisches Interesse hinwegzusetzen, selbst wenn die Interessen des Straftäters – oder des Tatverdächtigen – in diametralen Gegensatz dazu stehen.

... und seine Macht und Ohnmacht

Man sieht: Der Ermessensspielraum innerhalb des sonst gültigen Legalitätsprinzips ist zwar groß, aber man sieht auch: Der kleine Staatsanwalt ist der allerletzte, der selbständig handeln kann. Ob das öffentliche Interesse die Verfolgung einer Straftat zwingend macht oder nicht, bestimmt nicht er, sondern höhere Gewalten.
Er muß sich der Auffassung beugen, die in den Dienstanweisungen seines Ministers oder seiner unmittelbaren Vorgesetzten zum Ausdruck kommen, ob er nun der gleichen Auffassung ist oder nicht. Man kann es daher auch nicht ihm zum Vorwurf machen, wenn mitunter mehr als seltsame Opportunitätsentscheidungen fallen, wie z. B. im Conterganfall, wo das öffentliche Interesse an einer strafrechtlichen Verfolgung verneint wurde, nachdem den Betroffenen hoher Schadensersatz geleistet worden war, oder wie im Fall des Doktor Mauser, der vermutlich das Opfer eines ärztlichen Kunstfehlers wurde und das strafrechtliche Verfahren gegen Prof. Witt, der diesen Kunstfehler begangen haben sollte, eingestellt wurde, nachdem man sich über ein Schmerzensgeld von einer halben Million Mark geeinigt hatte.

Auch ein anderer Vorwurf, der immer wieder erhoben wird, ist nur zum Teil berechtigt, der Vorwurf nämlich, daß die Staatsanwälte bei ihren Ermittlungen zu sehr bemüht sind, Belastungsmaterial gegen den Tatverdächtigen zusammenzutragen, sich dagegen um Entlastungsmaterial zu wenig zu kümmern.

Richtig ist, daß der Staatsanwalt mit einiger Sicherheit nicht auch Entlastungsmomente ermittelt, wenn er dabei unter Kostengesichtspunkten unökonomisch verfahren würde. Was in der Ermittlung Geld kostet, wird er nach Möglichkeit vermeiden. Er wird also z. B. keinen Psychiater anfordern, wenn der Verteidiger nicht auf diese Idee kommt oder im Verlauf der Ermittlungen nicht auch für einen medizinischen Laien erkennbar wird, daß der Beschuldigte geisteskrank ist. Typisch dafür ist folgender Fall: Ein Mann hat 40 Autos aufgebrochen, ist dabei wiederholt erwischt und verurteilt worden. Ihm droht nach seinem letzten Einbruch Sicherheitsverwahrung. Die Strafkammer, vor der der Fall verhandelt werden soll, zieht die gesamten Vorakten zu und der tüchtige Verteidiger stellt nach Durchsicht dieser Akten zu seinem Erstaunen fest, daß alle begangenen Einbrüche auf einen Wäschefetischismus des Angeklagten zurückzuführen waren. Trotzdem war der Mann immer als voll zurechnungsfähig bezeichnet und auf Grund der von ihm begangenen Eigentumsdelikte verurteilt worden. Jetzt beantragt der Verteidiger noch vor der Hauptverhandlung die psychiatrische Begutachtung des Angeklagten, die dann vom Gericht auch verfügt wird. Erst wenn, wie man sieht, andere aktiv werden, fühlt sich der Staatsanwalt bemüßigt, auch seinerseits einem nur scheinbar klaren Tatbestand mit Mißtrauen zu begegnen. Die Pflicht des Staatsanwalts, gleichermaßen Belastungs- wie Entlastungsmomenten nachzugehen, erschöpft sich daher in der Praxis darin, Entlastungsmomente nicht zu unterdrücken und – im Gegensatz zum amerikanischen Staatsanwalt – auch beiläufig gefundene Entlastungsmomente vorzutragen. Rolf Dahrendorf hat im übrigen treffend dazu bemerkt, daß die Rolle des Staatsanwalts infolge des ihm erteilten Auftrags, auch die zur Entlastung dienenden Umstände zu ermitteln, »aus zwei schwer verträglichen Rollensegmenten besteht«. Bevor der Prozeß beginnt, soll er mit allen ihm zur Verfügung stehenden Mitteln die »Wahrheit« herausfinden. An dem Tag, an dem der Prozeß beginnt, unterzieht er sich einem kuriosen Charakterwandel. Er muß aus der Rolle des unparteiischen Erforschers der Wahrheit in die des natürlicherweise parteiischen Anklägers schlüpfen.

Von alledem abgesehen: Der Vorwurf einseitig geführter Ermittlungen richtet sich, wenn er ausschließlich an die Adresse der Staatsanwaltschaft geht, an die falsche Adresse. In der Strafprozeßordnung heißt es zwar ausdrücklich, daß es die Aufgabe der Staatsanwaltschaft ist, »den Sachverhalt zu erforschen, sobald sie von dem Verdacht einer Straftat Kenntnis erhält«, faktisch ist es aber gewöhnlich die Polizei, die mit strafbaren Tatbeständen oder dem Verdacht solcher Tatbestände zuerst konfrontiert wird. Und faktisch führt die Polizei im allgemeinen ihre Ermittlungen völlig selbständig und ohne Mitwirkung der Staatsanwaltschaft durch. Durch die am 1. Januar 1975 in Kraft getretene Änderung des Strafverfahrensrechts ist dem Staatsanwalt zwar jetzt die Befugnis übertragen worden, »richterliche Vernehmungen« vorzunehmen und zu diesem Zweck Zeugen, Sachverständige und den Beschuldigten vorzuladen, die zum Erscheinen verpflichtet sind. Solange aber der Personalstand der Staatsanwaltschaft nicht beträchtlich erhöht wird – und das wird so bald nicht der Fall sein –, wird die Staatsanwaltschaft nur in Ausnahmefällen in der Lage sein, selbst und in dem vom Gesetz gewünschten Umfang tätig zu werden. An dem Zustand, der seit eh und je das Verhältnis zwischen Staatsanwaltschaft und Polizei charakterisiert, wird sich daher kaum etwas ändern: Die Staatsanwaltschaft erfährt von den meisten Straffällen erst durch den sogenannten Schlußbericht, den die Polizei nach Abschluß ihrer Ermittlungen erstellt und an die Staatsanwaltschaft weiterleitet[1]. Da es praktisch die Polizei ist, die das Tatsachenmaterial beschafft, das einen strafbaren Tatbestand begründet oder

1 Im Besitz dieses Schlußberichts prüft der Staatsanwalt, ob das, was ermittelt wurde, die Voraussetzungen eines strafbaren Tatbestands erfüllt. Eine Weisung an die Polizei, zusätzliche Nachforschungen in bestimmter Richtung anzustellen, ergeht gewöhnlich nur, wenn bestimmte Tatbestände voneinander abgegrenzt werden müssen (z. B. Untreue von Betrug) und dies auf Grund des polizeilichen Schlußberichts nicht möglich ist.

ausschließt, liegt es hauptsächlich an ihr, wenn Spuren einer Straftat nicht voll gesichert, Beweismöglichkeiten nicht voll ausgeschöpft oder Entlastungsmomente nicht verfolgt werden. Zweifellos liegen schon hier die Ansatzpunkte für falsche Entscheidungen nach der einen oder anderen Seite hin, und zweifellos wird schon hier der Grundstein für manchen Freispruch gelegt, der einen Schuldigen laufen läßt, ebenso aber auch für manche Verurteilung, die nur deshalb zustande kommt, weil von allem Anfang an durch die Vernachlässigung entlastender Tatsachen die Beweislage für den Beschuldigten entscheidend verschlechtert wurde.

80 Prozent aller von der Polizei angestellten Ermittlungsverfahren werden von der Staatsanwaltschaft ohne Einschaltung eines Richters eingestellt, die meisten von ihnen deshalb, weil die von der Polizei vorgelegten Beweise nicht ausreichen, um vor Gericht eine Verurteilung des Angeklagten herbeizuführen.

Ein hervorragendes Zeugnis wird der Polizei damit nicht ausgestellt. Aber sie hat es auch nicht leicht. Die meisten ihrer Dienststellen sind personell unterbesetzt und die Zahl der von einem Beamten zu bearbeitenden Fälle ist zu groß, um die Ermittlungen präzis und umfassend durchführen zu können. Weitere ebenso wesentliche wie unrühmliche Gründe für die oft kläglichen Ergebnisse kriminalpolizeilicher Ermittlungstätigkeit sind neben mangelhafter Auslese und unzureichender Ausbildung die unzeitgemäßen Organisationsformen der bundesdeutschen Kriminalpolizei. Das Nebeneinander von elf eigenständigen, zu allem Überfluß auch noch unterschiedlich gegliederten Länderpolizeien und einem nur in Sonderfällen exekutiven Bundeskriminalamt ist ein Übel, das eine wirksame Verbrechensbekämpfung erschwert, wenn nicht gar unmöglich macht und daher an vielen Mißerfolgen kriminalpolizeilicher Arbeit die Schuld trägt. Das weiß man auch, vor allem in den Reihen der Kriminalpolizei. Kein Bundesland ist aber bereit, sich von der im Grundgesetz verbürgten Polizeihoheit »auch nur ein Stückchen abzwacken zu lassen.«

Hinzu kommt, daß es in der Bundesrepublik jedermann unbenommen bleibt, noch während eines laufenden Verfahrens in aller Öffentlichkeit Werturteile abzugeben, (was aus gutem Grund nicht nur in den angelsächsischen Ländern strikt verboten und als »Contempt of Court« streng geahndet wird). Ohne Hemmung können, wie jeder Illustriertenleser weiß, Zeugen im voraus »vernommen« und deren Aussagen veröffentlicht werden, obwohl damit nicht selten eine eklatante Beeinflussung dieser Zeugen verbunden ist. Und nicht selten wird die Aufklärung eines Sachverhalts erschwert, wenn nicht gar unmöglich gemacht, weil die Details bestimmter Ermittlungstätigkeiten oder des Ermittlungsstandes frühzeitig und in aller Breite bekannt gegeben werden. Der Täter oder Tatverdächtige kann sich dann aus der Zeitung bestens darüber informieren, wie seine Sache steht und daraus die Konsequenzen für sein Verhalten ziehen. Arme Polizei, arme Staatsanwaltschaft kann man da nur sagen. Ist es bestimmt schon kein Vergnügen, den Kampf gegen Rechtsbrecher mit zum Teil ungenügend ausgebildeten, zum Teil unzureichenden Kräften aufnehmen[1] und dabei auch noch ständig mit Kompetenzschwierigkeiten kämpfen zu müssen, was für ein Jammer muß es dann erst sein, machtlos mitanzusehen, wie die Wahrheitsfindung, von Staat und Gesellschaft geduldet, durch rein kommerzielle Interessen behindert, eine oft mühselige Kleinarbeit durch sensationell aufgemachte Presseberichte zunichtegemacht wird.

Wer gut oder schlecht ermittelt, ist die Polizei. Wer gut oder schlecht entscheidet, ist der Richter. Der Staatsanwalt hat immer nur eine Zwischenfunktion, dessen eigenständiger Beitrag zu einer guten oder schlechten Leistung der Justiz nur schwer zu bestimmen ist. Jeder Staatsanwalt stößt daher auch sehr rasch an die Grenzen, die seiner Tätigkeit gezogen sind. Er muß erkennen, daß er sich und seinen Beruf in Frage stellt, wenn er diese Grenzen überschreitet. Wie eng der Rahmen ist,

1 Wie aus einer Fragebogenaktion des Landesverbandes Schleswig-Holstein im Bund Deutscher Kriminalbeamten hervorgeht, hält mehr als die Hälfte der Kriminalbeamten Ausbildung und Auslese der Kriminalpolizei für unzureichend.

in dem er sich bewegen darf, würde er z. B. sofort bemerken, wenn seine Anträge zur Strafzumessung aus dem üblichen Rahmen fielen, also viel zu hoch oder viel zu niedrig gegriffen wären. Wenn er in Fällen, die bei seinem Gericht gewöhnlich mit einem Jahr Gefängnis geahndet werden, auf eine Strafe von 4 Monaten plädieren und der Richter prompt eine Strafe von einem Jahr aussprechen würde, ginge ihm bald der Ruf voraus, die »merkwürdigsten« Anträge zu stellen, Anträge, die sozusagen hinten und vorn nicht stimmen. Um sein berufliches Renomee wäre es schnell geschehen. Ebenso wenig wie ein »weicher« Staatsanwalt von seiner Zurückhaltung profitiert ein »harter« Staatsanwalt von seiner Härte. Da sich die Staatsanwälte daher weder nach der einen noch nach der anderen Seite hin mit eigenwilligen Strafanträgen profilieren können, passen sie sich von vornherein den herrschenden Vorstellungen an. Sie bewegen sich in einem von allen Seiten abgesegneten Mittelbereich, der zwar nicht viel Variationsmöglichkeiten zuläßt, dafür aber auch keine besonderen Probleme schafft[1].

Aber das Kapitel über den Staatsanwalt wäre nicht vollständig, wenn der Staatsanwalt nur im Schatten von Richtern und Ministern gesehen, nur als zwiespältige Figur im Getriebe der Justiz gewertet würde, wenn nicht auch die Macht gesehen würde, die er selbst in den verhältnismäßig engen Grenzen seiner Kompetenzen ausüben kann.

Er gebraucht diese Macht normalerweise zum Wohl der Bürger, er kann sie aber auch zu ihrem Weh mißbrauchen.

Dazu als Beispiel folgender Fall:

Im Jahre 1963 wird gegen K. ein Ermittlungsverfahren eingeleitet, von dem K. zunächst nur zufällig erfährt. Erst An-

1 Von diesem nicht gerade imponierenden Bild müssen die Bundesanwälte ausgenommen werden, die mit Rechtssachen oder Staatsschutzsachen befaßt sind. Sie unterscheiden sich sehr wesentlich von der Masse all jener Staatsanwälte, die bei den ersten Intsanzen agieren und zeit ihrer staatsanwaltschaftlichen Tätigkeit nicht über die Behandlung der Durchschnittskriminalität hinauskommen. Die Bundesanwälte, im allgemeinen hervorragend qualifizierte Juristen, sind allerdings auch alles eher als typische Staatsanwälte. In gewissem Sinn stellen sie auf der Ebene, auf der sie sich bewegen, sogar einen ausgesprochenen Gegentyp des Staatsanwalts dar.

fang 1965 wird ihm, der in seinem ganzen Leben weder direkt noch indirekt jemals mit dem Tod eines Menschen zu tun hatte, eine Anklage wegen Mordes zugestellt, die im einzelnen nicht begründet wird, und er wird gleichzeitig zu einer ersten Vernehmung durch den Untersuchungsrichter vorgeladen. Die Vernehmung findet im April 1965 statt. Im darauffolgenden Monat vernimmt der Untersuchungsrichter noch eine Zeugin und gibt dann die Sache an die Staatsanwaltschaft ab. Drei Jahre lang geschieht nichts. Erst im Jahre 1968 beginnt die Staatsanwaltschaft Zeugen zu hören, bis Anfang 1970 sechs an der Zahl. Zwischendurch wird das Münchner Institut für Zeitgeschichte beauftragt, ein zeitgeschichtliches Gutachten abzufassen, und zu diesem Zweck ein Doktorand für drei Monate in die Hauptstadt eines Ostblockstaates geschickt, um dort die notwendigen Unterlagen für das Gutachten zu beschaffen.

Anfang 1970 findet das Schlußgehör von K. statt. Es dauert dann wieder fast ein Jahr, bis die Staatsanwaltschaft Ende 1970 beantragt, K. außer Verfolgung zu setzen. Anfang 1971 gibt die Strafkammer diesem Antrag statt.

Seit Eröffnung des Ermittlungsverfahrens bis zu seiner Einstellung waren damit acht Jahre vergangen, – unverständlich, weil die Zeugen, die zwischen 1968 und 1970 gehört wurden, auch schon zwischen 1963 und 1965 zur Verfügung standen, und das Gutachten des Instituts für Zeitgeschichte ebenso gut 1963, nicht erst 1968 hätte angefordert werden können. Die Firma, bei der K. beschäftigt war und die natürlich von dem gegen ihn laufenden Verfahren Kenntnis erhielt, entließ K. zwar nicht, nützte jedoch die Situation weidlich aus, indem sie während der ganzen Dauer des Ermittlungsverfahrens das Gehalt von K. nicht erhöhte und ihn auch nicht in ihr Versorgungswerk aufnahm. Aufstiegschancen, die er sonst gehabt hätte, wurden ihm versagt. K. mußte fast die gesamten Kosten des Verfahrens tragen. Denn obgleich es im Einstellungsbeschluß der Strafkammer geheißen hatte, daß die notwendigen Kosten des Verfahrens von der Staatskasse zu ersetzen seien, und für K. allein Anwaltskosten in Höhe von 15 000 DM entstanden waren, setzte das Gericht die vom Staat zu ersetzenden Kosten auf nur 1000 DM fest.

Der Fall zeigt die Macht, die die Staatsanwaltschaft auch unbescholtenen Bürgern gegenüber besitzt. Und er zeigt gleichermaßen, wie diese Macht ausgenützt werden kann, einen zu Unrecht beschuldigten Menschen jahrelang unter schwersten seelischen Druck zu setzen, ihm irreparable materielle Schäden zuzufügen, – ohne daß in unseren demokratischen Landen auch nur eine Stimme laut wird, um gegen diesen mit rechtsstaatlichem Denken unvereinbaren Machtmißbrauch zu protestieren.

III

Diener des Rechts oder des Unrechts?

Hilfreich in allen Lebenslagen – die Rechtsanwälte

In der Bundesrepublik sind zur Zeit etwa 25 000 Rechtsanwälte tätig, darunter fast 6000 Anwaltsnotare. Seit 1965 ist ihre Zahl im Jahr durchschnittlich um knapp drei Prozent gewachsen, und man nimmt an, daß diese Entwicklung anhält, nicht zuletzt deshalb, weil im gehobenen Management der freien Wirtschaft Juristen immer weniger gefragt sind. Nach einer Schätzung des Bundesjustizministeriums wird es 1980 in der Bundesrepublik rund 28 000 Rechtsanwälte geben.

Rechtsanwälte und Notare in der Bundesrepublik

1.1.	Rechtsanwälte	Anwaltsnotare	Notare
1965	14 818	4 966	744
1967	15 308	5 235	758
1969	16 874	5 234	774
1971	18 240	5 358	802
1973	19 266	5 740	862
1975	20 860	5 994	901

Quelle: Statistisches Bundesamt.

Rechtsanwalt kann jeder Jurist werden, der mit der Ablegung der zweiten Staatsprüfung die Befähigung zum Richteramt erworben hat, und zwar in jedem Bundesland, unabhängig davon, wo er seine Prüfungen abgelegt hat. Er muß nur, bevor er als Anwalt tätig wird, seine Zulassung zur Rechtsanwaltschaft bei der Landesjustizverwaltung beantragen.

Sich als selbständiger Anwalt niederzulassen, ist dennoch leichter gesagt als getan. Da in den wenigsten Fällen sozusagen mit fliegendem Start, das heißt mit bereits vorhandenen Mandaten begonnen werden kann, braucht der Aufbau einer Kanzlei eine Anlaufzeit von mindestens einem Jahr. Es muß daher schon ein Grundkapital von rund 50 000 DM zur Verfügung stehen, um die notwendigen Investitionen und die in der Anlaufzeit anfallenden Unkosten abzudecken.

Der Aufbau einer Kanzlei wird auch nicht dadurch erleichtert, daß der junge Jurist weder auf der Universität noch während seiner Vorbereitungszeit irgendeine Ausbildung für die Anwaltspraxis erhält. Es fordert seine Zeit und einiges Lehrgeld, bis er Technik und Organisation der Kanzlei in den Griff bekommt.

Zugelassen wird der Anwalt bei demjenigen Gericht der ordentlichen Gerichtsbarkeit, bei dem er die Zulassung beantragt hat. Nur im Bereich dieses Gerichts kann er als Rechtsanwalt tätig werden[1]. Gottlob gilt dies aber nur für die streitige Zivil-, nicht für die Strafgerichtsbarkeit. Denn es wäre ein entsetzlicher Gedanke, wenn Herr Bossi nur in München, Herr Geis nur in Frankfurt oder Herr Schily nur in Berlin um die Unschuld ihrer Klienten kämpfen könnten.

Eine strenge Regel schreibt – sicher nicht zum Mißvergnügen der Anwälte – vor, daß der Bürger in bestimmten Sachen einen Anwalt mit seiner Vertretung vor Gericht betrauen muß. In Zivilsachen besteht dieser sogenannte Anwaltszwang für alle Prozesse vor Landgerichten und den höheren Instanzen, in Strafsachen für alle Fälle der »notwendigen Verteidigung«[2] und des Klageerzwingungsverfahrens[3] und in Sachen der Freiwilligen Gerichtsbarkeit für die »weitere Beschwerde«. Er wird damit begründet, daß die Tätigkeit der Gerich-

1 Jeder Rechtsanwalt ist automatisch Mitglied einer Rechtsanwaltskammer, die von den in einem Oberlandesgerichtsbezirk zugelassenen Rechtsanwälten gebildet wird. Die Rechtsanwaltskammern sind Körperschaften des öffentlichen Rechts und verwalten sich selbst.

2 Nach § 140 der Strafprozeßordnung ist die Mitwirkung eines Verteidigers notwendig, wenn die Hauptverhandlung im ersten Rechtszug vor dem Oberlandesgericht oder dem Landgericht stattfindet, dem Beschuldigten ein Verbrechen zur Last gelegt wird, das Verfahren zu einem Berufsverbot führen kann, der Beschuldigte taub oder stumm ist, und wenn ein Sicherungsverfahren durchgeführt wird. In anderen Fällen bestellt der Vorsitzende einen Verteidiger, wenn wegen der Schwere der Tat oder der Schwierigkeit der Sach- oder Rechtslage die Mitwirkung eines Verteidigers geboten erscheint oder wenn ersichtlich ist, daß sich der Beschuldigte nicht selbst verteidigen kann.

3 Gibt die Staatsanwaltschaft einem Antrag auf Erhebung der öffentlichen Klage keine Folge oder verfügt sie nach dem Abschluß der Ermittlungen die Einstellung des Verfahrens, so steht dem Antragsteller, wenn er zugleich der Verletzte ist, gegen diese Entscheidung die Beschwerde an den vorgesetzten Beamten der Staatsanwaltschaft zu. Wird auch die Beschwerde zurückgewiesen, kann der Antragsteller gerichtliche Entscheidung beantragen. Dieser Antrag muß von einem Rechtsanwalt unterzeichnet sein (§ 172 der Strafprozeßordnung).

te »nicht ohne wirkliches Bedürfnis und nicht ohne Möglichkeit und Wahrscheinlichkeit, daß das erstrebte Ziel auch wirklich erreicht wird, in Anspruch genommen werden soll«.

Der Anwalt soll also eine gewisse Präventivfunktion ausüben, indem er unnütze und für seine Partei aussichtslose Prozesse verhindert, er soll den Ablauf von Prozessen beschleunigen helfen und gleichzeitig zu einer Arbeitsentlastung der Gerichte beitragen.

Ob er diese Funktion erfüllt oder ob der Anwaltszwang in gewissen Fällen nicht eher eine »gesetzlich vorgesehene Teilentmündigung erwachsener Bürger«, ein Übermaß staatlichen Eingriffs in den Freiheitsbereich des Bürgers ist, werden wir noch sehen. In der Bundesrechtsanwaltsordnung heißt es wie in Stein gemeißelt: »Der Rechtsanwalt ist ein unabhängiges Organ der Rechtspflege.« Wir werden sehen, wie weit es mit dieser Unabhängigkeit und damit bestellt ist, daß der Anwalt nicht nur tatkräftig die Interessen seiner Partei vertritt, sondern auch, was von ihm gefordert wird, die »Bedürfnisse der Allgemeinheit« berücksichtigt.

Beginnen wir gleich mit einem Kernpunkt der Sache, mit der materiellen Lage der Rechtsanwälte. Es ist ein Punkt, der nicht gern mit den Standespflichten des Anwalts und seiner Stellung in unserem Rechtssystem in Zusammenhang gebracht wird, aber es ist – machen wir uns nichts vor – der Punkt, auf den es ankommt.

Ein unabhängiges Organ der Rechtspflege kann der Anwalt nur sein, wenn er finanziell unabhängig ist, und den vorgeschriebenen Pfad anwaltschaftlicher Tugenden wird er nur dann nicht verlassen, wenn ihm dieser Pfad eine sichere berufliche Existenz sichert. Folgt man dem Bild, das sich die Öffentlichkeit von dem Einkommen der Rechtsanwälte macht, dann stünde die finanzielle Unabhängigkeit der Anwälte und damit auch ihre Stellung als unabhängige Vertreter des Rechts außer Zweifel. Leider trügt dieses Bild. Der Anwaltsberuf ist bei weitem nicht die Goldgrube, für die er im allgemeinen gehalten wird. Er schneidet im Einkommensvergleich mit anderen freien Berufen überraschend schlecht ab, besonders im Vergleich zu den Ärzten. Die Sorge ums Recht bringt – das steht fest – erheblich weniger ein als die Sorge um die Gesundheit.

Bei mehr als 40 Prozent der Einzelpraxen mit Notariat und bei 50 Prozent der Einzelpraxen ohne Notariat, lag der Umsatz im Jahre 1971 unter der 100 000-Mark-Grenze, und nur jeweils 12 Prozent hatten einen größeren Umsatz als 400 000 Mark jährlich[1]. Entscheidend für die Umsatzhöhe ist die Qualität der Mandate. Eine bekannte, alteingesessene Münchner Rechtsanwaltskanzlei etwa hat mit 500 Mandaten einen jährlichen Umsatz von 600 000 bis 800 000 DM, eine junge Anwaltskanzlei bei der gleichen Anzahl von Mandaten nur einen Umsatz von 120 000 DM. Die Kosten einer Anwaltspraxis liegen im Durchschnitt ungefähr bei 47 Prozent, sie können bei Einzelpraxen mit höheren Umsätzen auch auf 50 Prozent und mehr steigen.

Das aus Umsatz und Kosten errechnete durchschnittliche Bruttoeinkommen ist – zumindest, was die Einzelpraxen betrifft – alles andere als überwältigend. Mehr als die Hälfte aller Rechtsanwälte, die eine Einzelpraxis ohne Notariat ausüben, haben ein Einkommen von höchstens 50 000 DM im Jahr, und nur zehn Prozent von ihnen bringen es auf mehr als 100 000 DM jährlich. Und auch bei Einzelpraxen mit Notariat müssen sich 43 Prozent der Anwälte mit einem Einkommen begnügen, das unter 50 000 DM jährlich liegt. Ein Großteil der Anwälte ist also schlechter gestellt als die Richter, da schon die etwas länger dienenden Richter an Amts- und Landgerichten auf ein Jahresgehalt von runden 40 000 DM kommen, von ihren Bezügen aber – im Gegensatz zu den Anwälten – keinen Pfennig für ihre Altersversorgung abzweigen müssen.

Günstiger sieht das Bild für Anwälte aus, die sich in So-

1 Diese und die nachfolgenden Zahlen beruhen auf einer Kostenstrukturerhebung des Statistischen Bundesamts, die 1971 durchgeführt wurde. Seitdem hat sich die Einkommensstruktur der Anwälte eher verschlechtert, nicht zuletzt infolge der gestiegenen Personalkosten und der erhöhten Kosten für Miete, Telefon und Porto.

Umsatz	Rechtsanwaltspraxen mit Notariat		Rechtsanwaltspraxen ohne Notariat	
	Einzel-praxis	Sozie-täten	Einzel-praxis	Sozie-täten
DM	%	%	%	%
20– 50 000,–	11	–	9	–
50– 80 000,–	20	–	17	5
80–100 000,–	11	–	23	4
100–150 000,–	21	7	12	7
150–200 000,–	15	11	19	8
200–300 000,–	13	25	10	13
300–400 000,–	4	20	5	26
400 000–1 Mio.	5	27	5	11
1–2 Mio.	–	10	–	26

Durchschnittlicher Reinertrag je Praxisinhaber	Rechtsanwaltspraxen mit Notariat		Rechtsanwaltspraxen ohne Notariat	
	Einzel-praxis	Sozie-täten	Einzel-praxis	Sozie-täten
DM	%	%	%	%
bis zu 50 000,–	43	7	62	24
50–100 000,–	36	82	28	50
über 100 000,–	10	11	10	26

Quelle: Statistisches Bundesamt.

zietäten zusammengeschlossen haben, und zweifellos ist auch unter diesem Gesichtspunkt der wachsende Trend zu großen Sozietäten erklärbar und verständlich. Denn hier verdient nur ein knappes Viertel der Praxisinhaber weniger als 50 000 DM jährlich[1].

Sozietäten gehen allerdings auch häufiger auseinander als

1 Ein weiterer wesentlicher Grund für die Bildung von Sozietäten liegt wohl darin, daß sich die komplizierten Fälle insbesodnere aus dem Vertrags- und Gesellschaftsrecht häufen und steuerliche Fragen immer größere Bedeutung gewinnen. Eine Spezialisierung auf bestimmte Fachgebiete ist dadurch unvermeidlich. Das ausgeprägte Standesbewußtsein der Rechtsanwälte hat sich lange Zeit dagegen gesträubt, Steuerberater oder Wirtschaftsprüfer als gleichwertige Partner einer Rechtsanwaltssozietät zu akzeptieren. Assoziierungen dieser Art werden aber jetzt unter dem Zwang der Verhältnisse immer häufiger.

Ehen. Auseinandersetzungen um das liebe Geld, unterschiedliche Arbeitsintensität und Ärger mit der Arbeitsaufteilung führen oft rascher zur Auflösung einer Sozietät, als sie zustande gekommen ist.

Die Einkommensunterschiede bei den Anwälten sind also sehr groß. Zweifellos gibt es Anwälte, die zu den Großverdienern in der Bundesrepublik gehören und wahrscheinlich nur ein müdes Lächeln übrig haben, wenn man ihr jährliches Einkommen auf eine halbe Million schätzt. Außer Zweifel steht aber auch, daß es unter den Anwälten sehr viele Kümmerexistenzen gibt, besonders unter den älteren Anwälten in der Provinz. Und da gut beschäftigte Anwälte normalerweise 60 Wochenstunden, teilweise sogar noch mehr arbeiten, sind selbst Einkommen zwischen 50 000 und 100 000 DM, die in den Sozietäten mit Notariat die Regel und in Sozietäten ohne Notariat sehr häufig sind, im Verhältnis zu der dafür aufgewandten Arbeit nicht so üppig, wie sie auf den ersten Blick hin erscheinen.

Diese für die Anwälte keineswegs erfreulichen Tatsachen haben einen einfachen Grund. Die Anwälte rechnen im allgemeinen ihre Honorarforderungen auf Grund einer bundesweit gültigen Gebührenordnung (BRAGO) ab, die lange Zeit ungeachtet der wirtschaftlichen Entwicklung völlig unverändert blieb und erst im Herbst 1975 revidiert wurde. Bis dahin erhielt der Anwalt für einen Prozeß, bei dem es beispielsweise um 1500 DM ging, eine Prozeßgebühr in Höhe von 92 DM, eine Verhandlungsgebühr in Höhe von 92 DM (ohne Rücksicht darauf, ob eine oder mehrere Verhandlungen stattfanden), eine Beweisgebühr in gleicher Höhe (wenn Beweise erhoben wurden) und eine Vergleichsgebühr, wieder in Höhe von 92 DM, wenn der Prozeß mit einem Vergleich abgeschlossen wurde, zusammen also 368 DM. Dieser Betrag reduzierte sich, wenn eine Beweisführung nicht erforderlich war und der Prozeß mit einem Urteil des Gerichts endete, auf 184 DM. Für dieses Honorar mußte der Anwalt Informations- und Beratungsgespräche mit seinem Mandanten führen, die Klageschrift anfertigen, mit der Gegenpartei korrespondieren und die Termine vor Gericht wahrnehmen. Auch wenn sich der Prozeß ein bis zwei Jahre hinzog, immer wieder neue Verhandlungen wahrgenommen, neue Informationsgespräche geführt und ergänzende Schriftsätze gemacht werden mußten, erhöhte sich das Honorar um keinen Pfennig. Es blieb bei 184 beziehungsweise 368 DM. Dieses Honorar stand zweifellos in keinem Verhältnis zu der Arbeit, die der Anwalt normalerweise geleistet hatte.

Wenn der Rechtsstreit in die Berufung geht, fallen für den Anwalt zwei Gebühren, das waren in unserem Fall 239,20 DM, an. Diese Gebühren schlossen das Einreichen der Berufung, die Berufungsbegründung sowie die Wahrnehmung der Verhandlungstermine mit ein. Wenn Beweiserhebungen notwendig waren, kam eine Beweisgebühr in gleicher Höhe hinzu. Der Anwalt kassierte dann also für das gesamte Berufungsverfahren ein Honorar von 358,80 DM und auch das war nicht gerade überwältigend. Relativ am besten stellte sich ein Anwalt bei niedrigen Streitwerten mit Beratungen oder der Anfertigung von Gutachten, für die er zwar auch nur 2–3 Gebühren verlangen konnte (das waren bei einem Streitwert von 1500 DM 184 DM bis 276 DM), die aber in der Regel bei weitem keinen solchen Arbeitsaufwand erfordern wie die Führung eines Prozesses.

Mit Wirkung vom 15. September 1975 sind die Gebühren der Rechtsanwälte erhöht worden. Bis zu einem Streitwert von 3000 DM sind sie allerdings unverändert geblieben und auch bis zu einem Streitwert von 5000 DM schlagen die Veränderungen kaum zu Buch. In unserem Fall (Streitwert 1500 DM) kassiert der Anwalt nach der Gebührenerhöhung genausoviel (oder so wenig) wie vordem[1].

Bei kleineren Streitsachen stehen daher nach wie vor Arbeit und Honorierung des Anwalts in keinem Verhältnis zueinan-

1 In Verwaltungsgerichts- und Finanzgerichtssachen gelten im großen und ganzen die gleichen Gebührensätze wie in der ordentlichen Gerichtsbarkeit. In der Sozialgerichtsbarkeit liegen die Gebühren in der ersten Instanz zwischen 30 und 360 DM, in der zweiten Instanz zwischen 45 und 540 DM und in der dritten Instanz zwischen 75 und 900 DM.

Streitwert DM	Rechtsanwaltsgebühren (je volle Gebühr) früher DM	jetzt DM
200	20	20
500	40	40
1 200	74	74
2 000	110	110
5 000	230	254
10 000	320	470
50 000	660	1 080
100 000	1 000	1 430
500 000	3 000	3 810
1 Mill.	5 500	5 730

der, obgleich sie oft genug keinen geringeren Arbeitsaufwand erfordern als Sachen mit höheren Streitwerten. Auf den einzelnen Fall bezogen könnte es sich eigentlich, rein wirtschaftlich gesehen, kein Anwalt leisten, mit niedrigen, juristisch komplizierteren Streitsachen vor Gericht zu gehen. Aus diesem Grund werden daher auch, abweichend von der Gebührenordnung, freie Honorarvereinbarungen abgeschlossen, die den Anwalt finanziell besser stellen. Das ist allerdings eine Ausnahme, nicht die Regel. Bei höheren Streitwerten können sich solche Vereinbarungen überdies auch zuungunsten des Anwalts auswirken.

Nicht besser fährt der Anwalt bei Versicherungsfällen. In einem Kraftfahrzeug-Schadensfall beispielsweise mit einer Schadenshöhe von 2000 DM erhält er für die gesamte Korrespondenz, die er mit der Versicherungsgesellschaft geführt hat, einschließlich aller Informationsgespräche, eine 3/4 Gebühr, das sind 82 DM. Nur bei einem Vergleichsabschluß erhöht sich dieses Honorar um eine volle Gebühr, das heißt um 110 DM. Auch Fälle dieser Art decken also kaum die Generalkosten des Anwalts, geschweige denn Zeit- und Arbeitsaufwand, die er für den Fall aufbringen mußte[1].

1 Andere Länder, andere Sitten. Daß in den Vereinigten Staaten von Amerika die Anwälte nach einem System der Honorarbeteiligung bezahlt werden, also im Erfolgsfall recht beachtliche Prozentsätze der vor Gericht erkämpften Beträge als Honorar erhalten, ist bekannt. Weniger bekannt, wenngleich nicht weniger interessant ist die Honorierung der Anwälte in Belgien, wo der Anwalt je nach Wert des Objekts und je nach Schwierig-

Wenn eine Sache außergerichtlich behandelt und erledigt wird, fallen für den Anwalt eine Geschäftsgebühr, eine Besprechungsgebühr und eine Vergleichsgebühr an, bei einem Streitwert von 1500 DM also insgesamt ein Betrag von rund 280 DM. Er verdient dann das gleiche wie in einem Streitverfahren, ohne allerdings dafür soviel Zeit aufbringen und soviel juristische Sachkenntnis investieren zu müssen (da er keine Schriftsätze an das Gericht anfertigen und andere ähnliche Mühsal auf sich nehmen muß). Man kann es also keinem Anwalt verargen, wenn er zum Abschluß auch von Vergleichen neigt, die nicht unbedingt das bestmögliche Ergebnis für seine Klienten bedeuten.

Lohnend wird – dieser Eindruck drängt sich angesichts solcher Betrachtungen auf – ein Fall für den Anwalt erst bei einem Streitwert ab 10 000 DM. Hier beträgt jetzt eine Gebühr 470 DM, bei drei anfallenden Gebühren macht das Honorar also rund 1400 DM aus, und das hört sich schon besser an.

Lukrativ, ohne Rücksicht auf den Streitwert, sind bezeichnenderweise Mandate, die geringen juristischen Sachverstand erfordern, wie beispielsweise das Inkasso rückständiger Forderungen, die von vielen Firmen aus betriebsinternen Gründen nicht selbst eingetrieben werden. Der Antrag auf Erlaß eines Zahlungsbefehls, ein rein schematisches Verfahren, das auch von einer halbwegs intelligenten Bürokraft erledigt werden kann und einen Zeitaufwand von vielleicht einer Viertelstunde benötigt, bringt dem Anwalt eine volle Gebühr ein, das heißt bei einem Streitwert von 1500 DM, um bei diesem Beispiel zu bleiben, 92 DM. Der darauffolgende Vollstrekkungsbefehl – erfahrungsgemäß legen nur zehn Prozent der säumigen Schuldner gegen einen Zahlungsbefehl Widerspruch ein – wird mit einer halben Gebühr honoriert, so daß der Anwalt für einen Arbeitsaufwand von vielleicht 20 bis 30 Minuten, der überdies nicht von ihm selbst geleistet werden muß, fast das gleiche Honorar erhält wie für eine Streitsache mit

keiten des Falls 5–25 Prozent des Streitwerts beanspruchen kann und der Klient die Anwaltskosten auch dann selbst tragen muß, wenn er den Prozeß gewonnen hat. In der Bundesrepublik zahlt diese Kosten bekanntlich die Partei, die den Prozeß verloren hat.

gleich hohem Streitwert, die mit einem erheblichen Zeit- und Arbeitsaufwand verbunden ist.

Wenn ein Anwalt das Beitreibungsverfahren für Kleinkredite in Höhe von 2000 DM bis 3000 DM übernommen hat und im Rahmen dieses Auftrags monatlich 50 bis 60 Zahlungsbefehle losläßt, kann er schon allein davon ganz schön leben. Er kassiert im Monat, ohne sich sonderlich anstrengen zu müssen, 6500 bis 7000 DM.

Gelegentlich kann dem Anwalt das Geld allerdings auch buchstäblich in den Schoß fallen. Zum Leidwesen der Anwälte kommen diese Gelegenheiten aber selten vor. In Auseinandersetzungen um ein Gesellschaftsvermögen beispielsweise, bei denen es um viele Millionen geht, genügt ein einziges Anmahnungsschreiben, das nicht mehr als ein bis zwei Schreibmaschinenseiten umfassen muß, um ein hohes Honorar kassieren zu können. In einem Fall etwa, in dem das Gesellschaftsvermögen 70 bis 80 Millionen DM ausmacht, stehen ihm eine $^{3}/_{4}$ Gebühr und das wären immerhin 200 000 DM zu. Auch wenn ihm dann das Mandat entzogen wird und die Sache für ihn erledigt ist, hat er auf diese Gebühr Anspruch. Es kann also tatsächlich der Fall eintreten, daß er für ganze zwei Schreibmaschinenseiten ein Honorar von 200 000 DM bekommt.

Weniger eng an die knappen Sätze der Gebührenordnung halten sich die Strafverteidiger. Gewöhnlich vereinbaren sie mit ihren Klienten ein bestimmtes Honorar, das erheblich über den Sätzen der Gebührenordnung liegt. Die Leute, mit denen sie es zu tun haben, sind um so eher bereit, Geld locker zu machen, je größer die Zwangslage ist, in der sie sich befinden, vor allem dann, wenn sie in Untersuchungshaft sitzen. Schlaue Anwälte pflegen sich in das Verfahren erst einzuschalten, wenn sie von dem Häftling einen Vorschuß erhalten haben. Die Chance, zu ihrem Geld zu kommen, verringert sich nämlich schlagartig, sowie ihr Klient die Freiheit wiedergewonnen hat. Im allgemeinen weiß der Häftling nicht, welche Anstrengungen notwendig sind, um ihn aus der Untersuchungshaft freizubekommen. Wenn dazu, wie es der Fall sein kann, ein Telefonat mit dem zuständigen Staatsanwalt oder Richter genügt, hat der Anwalt manchmal schon vor dem ersten Schriftsatz 2000 DM oder mehr verdient.

Die frei vereinbarten Honorare sind einklagbar, sie können auch von der Rechtsanwaltskammer daraufhin überprüft werden, ob sie sich in einem vertretbaren Rahmen halten. Aber was heißt hier schon vertretbar? In einem Prozeß wegen Kreditwuchers, der für 31 Verhandlungstage angesetzt war und in dem 150 Zeugen gehört werden sollten, vereinbarte ein bekannter Strafverteidiger, seines Zeichens »Staranwalt«, der den Fall zunächst übernehmen wollte, ein Honorar in Höhe von 62 000 DM (nach der Gebührenordnung hätte er höchstens 3000 bis 4000 DM erhalten) und verlangte und erhielt eine à-Konto-Zahlung von 5000 DM. Obwohl er dann die Sache abgab, behielt er die 5000 DM, was er mit irgendwelchen inzwischen entstandenen Kosten begründete. Die Anwaltskammer, wäre sie angerufen worden, hätte ihrem teuren Kollegen sicher recht gegeben und angesichts der vorgesehenen Verhandlungsdauer und wohl auch im Hinblick auf den Bekanntheitsgrad des betreffenden Anwalts ein Honorar von 62 000 DM für vertretbar gehalten. Man muß dabei nicht einmal an das Sprichwort denken, daß eine Krähe der anderen kein Auge aushackt.

Merkwürdigerweise haben es gerade die Anwälte nicht immer leicht, zu ihrem Geld zu kommen. Während es sonst üblich ist, Dienstleistungen, die man in Anspruch nimmt, auch gleich zu bezahlen, wird eine Anwaltskanzlei häufig als eine Art Vorleistungsbetrieb betrachtet. Man hält es für mehr oder weniger selbstverständlich, daß Anwälte monatelang tätig sind, ohne einen Pfennig dafür zu bekommen und erst nach Abschluß der Sache honoriert werden. Den Anwälten entstehen durch diese Einstellung im Umgang mit ihren Mandanten mitunter recht erhebliche Schwierigkeiten. Größtes Verständnis dafür, daß auch Anwälte nicht von der Luft leben können, haben ausgerechnet diejenigen, die genau wissen, daß sie im Unrecht sind und den Anwalt aufsuchen, um mit Hilfe juristischer Tricks Zeit zu gewinnen oder sich sonst unberechtigte Vorteile zu verschaffen. Wenn es darum geht, aus Unrecht

Recht zu machen, ist man offensichtlich am ehesten bereit, dem Anwalt Geld auf den Tisch zu blättern. Auch der Anwalt, der mit lauteren Idealen seine Tätigkeit begonnen hat, muß also bald erkennen, daß er pleite geht, wenn er sich darauf beschränken würde, nur Leute zu vertreten, die im Recht sind. Die Träume, ein hehres Organ der Rechtspflege zu sein, sind ausgeträumt, wenn er mit den harten wirtschaftlichen Realitäten konfrontiert wird.

Die Korrumpierung des Anwalts vollzieht sich gleichsam automatisch. Weil er finanziell darauf angewiesen ist, vertritt er Klienten, von denen er gute Einkünfte erwartet, auch dann, wenn er das, was er vertritt, für Unrecht hält. Obwohl überzeugt davon, daß sein Klient nichts anderes im Sinn hat, als sich berechtigten Ansprüchen zu entziehen oder andere um deren berechtigte Ansprüche zu bringen, ist er eifrig bemüht, die Dinge auf den Kopf zu stellen oder zurechtzubiegen. Er wird so auf der einen Seite zum Komplizen von Leuten, die im Unrecht sind und gibt sich damit als Handlanger für Machenschaften her, die er moralisch ablehnen müßte. Anderseits ist er vom Gesetz her verpflichtet, die Interessen des Klienten, sei dieser im Recht oder Unrecht, schuldig oder unschuldig, mit allen Mitteln zu vertreten.

Noch schärfer stellt sich das Problem bei Strafsachen. Hier spitzt es sich auf die Frage zu, mit welcher Überzeugungskraft ein Anwalt jemanden vertreten kann, von dessen Schuld er überzeugt ist. Robuste Naturen befreien sich aus diesem schizophrenen Zustand, indem sie wirtschaftlichen Gesichtspunkten eindeutig den Vorrang einräumen, etwa nach dem von dem bekannten Strafverteidiger Egon Geis präzis formulierten Motto: »Ich lehne von Haus aus gar nichts ab, aber vieles scheitert am Sieb des Honorars.« Sensiblere Naturen flüchten sich in die Illusion, es gehe gar nicht um die Schuldfrage an sich, sondern um das Schuldmaß. Wer sich dem Prinzip verschreibt, dem Recht und nur dem Recht zu dienen, wird seine Kanzlei bald schließen können.

Genau genommen läuft das Ganze praktisch darauf hinaus, daß viele Leute, die um ihr Recht kämpfen, aber nicht viel

Geld haben, ins Hintertreffen geraten. Zwangsläufig werden Aufträge, die wenig Geld einbringen, mit einem möglichst geringen Arbeitsaufwand behandelt, jedenfalls bestimmt nicht mit der gleichen Sorgfalt wie diejenigen, bei denen mehr Geld zu verdienen ist[1]. Ein gewisser Ausgleich tritt erst dann ein, wenn ein Anwalt so viele lukrative Mandate hat, daß er es sich leisten kann, sich auch mit solchen Mandaten eingehend zu beschäftigen, die wenig oder nichts einbringen.

In jedem Fall ist jeder Anwalt aus rein finanziellen Gründen darauf angewiesen, möglichst viele und darunter möglichst lukrative Mandate zu bekommen. Und das ist gar nicht einfach. Die Konkurrenz ist groß und hart. Werbung ist, weil standeswidrig, verboten[2]. Gewonnene Prozesse, die oft als beste Visitenkarte eines Anwalts hingestellt werden, kann auch der beste Anwalt nicht immer vorweisen, und im übrigen ist es fraglich, ob die Anzahl der gewonnenen Prozesse wirklich das entscheidende Kriterium für einen Klienten ist, sich an einen bestimmten Anwalt zu wenden. Wichtiger als sachliche Qualifikation und juristische Sachkenntnisse, die der Klient ohnehin kaum beurteilen kann, scheinen Auftreten und damit die Fähigkeit zu sein, sich vor Klienten und Gericht in Szene setzen zu können. Ein Anwalt, der Erfolg haben will, muß mit Menschen sprechen können, muß bei ihnen »ankommen«.

1 Ausnahmen von dieser Regel bilden nur Sachen, die ohne Rücksicht auf ihren Streitwert geeignet sind, das Prestige des Anwalts zu erhöhen und sein Image in der Öffentlichkeit zu verbessern, beispielsweise Presse- und Filmsachen, die gewöhnlich Aufsehen erregen und daher für den Anwalt Reklame machen.

2 Was die Einhaltung dieses Verbots betrifft, scheinen allerdings speziell Strafverteidiger nicht immer gerade pingelig zu sein. Nicht selten beziehen Angehörige solcher Kanzleien vor und in Strafanstalten gleichsam Beobachtungsposten, um mit neu eingelieferten Häftlingen sofort persönlichen Kontakt aufzunehmen und sich ihnen wärmstens ans hilfesuchende Herz zu legen. Zusätzlich werden Gefängniswärter mit Visitenkarten versorgt, die sie den eingelieferten Häftlingen mit entsprechendem Begleittext übergeben. Ähnliche Praktiken werden bei Streifenpolizisten angewandt, damit bei Verkehrsunfällen die Betroffenen möglichst rasch erfahren, an welchen Anwalt sie sich am besten wenden können (die Polizei – Dein Freund und Helfer). Auch in Verwaltungsbehörden soll es Sachbearbeiter mit derartigen Visitenkarten in der Tasche geben, damit der in Unannehmlichkeiten verstrickte Bürger gleich an die richtige Adresse gerät.

Hat er aber Erfolg und schwellen die Aktenberge bei ihm an, schließt sich der Teufelskreis. Die Umstände, unter denen er dann arbeiten muß, haben fast automatisch zur Folge, daß mit steigender Anzahl der Mandate die Qualität der anwaltlichen Tätigkeit abnimmt.

Vormittags muß er bei den Gerichten mehr oder minder lange Wartezeiten in Kauf nehmen, da die meisten Richter die Termine so knapp oder so viele Verhandlungen zu einem Termin ansetzen, daß keine Pausen zwischen den einzelnen Verhandlungen entstehen. Nachmittags nehmen Besprechungen und Telefonate mit Klienten und Gegenparteien so viel Zeit in Anspruch, daß für die eigentliche Arbeit, die Abfassung von Schriftsätzen, wenig Zeit übrig bleibt. Der ständige Zeitdruck, unter den der Anwalt auf diese Weise gerät, macht es ihm praktisch unmöglich, sich mit einzelnen Fällen so sorgfältig und so eingehend zu befassen, wie es im Interesse seiner Klienten notwendig wäre. Das Ergebnis sind Schriftsätze, mit denen das Gericht nicht viel anfangen kann, weil sie am Wesentlichen vorbeigehen und nur einen Wust von Tatsachenmaterial und Rechtsmeinungen präsentieren. Und es kann soweit kommen, daß in einem Prozeß gegen zwei Angeklagte ein Anwalt unmittelbar vor Prozeßbeginn mit wehender Robe in den Verhandlungssaal stürzt und den Richter fragt: »Welcher Angeklagte ist denn meiner?«

Es gehört nicht viel Phantasie dazu, sich vorzustellen, wie dieser Anwalt, der nicht einmal seine eigenen Klienten kennt, auf die Materie, die zur Verhandlung stand, vorbereitet war, und welchen Nutzen seine anwaltliche Tätigkeit haben konnte.

Ein Feld, auf dem der Anwalt von großem Nutzen ist, das aber oft unterschätzt wird, ist seine reine Beratertätigkeit. Hier übt er jene Filterfunktion aus, die er in gerichtsanhängigen Sachen so häufig vermissen läßt, indem er beispielsweise Verstöße seines Klienten gegen die Rechtsordnung verhütet oder irrige Meinungen des Klienten über Verstöße anderer ausräumt. Und hier wirkt er auch, indem er außergerichtliche Vergleiche zustande bringt, konstruktiv an dem Ausgleich unterschiedlicher Interessenlagen mit. Er wird einem außergerichtlichen Vergleich vor allem dann einer gerichtlichen Auseinandersetzung vorziehen, wenn er sich über den Ausgang und die Dauer des Prozesses im unklaren ist, wenn er nicht weiß, welche Stellung die Sachverständigen beziehen, und wenn er daran zweifelt, ob die von ihm benannten Zeugen ihre Aussagen aufrechterhalten. Normalerweise muß er dann auch weniger Zeit und Arbeit in die Sache investieren, als wenn er sie vor Gericht austragen würde. Auch wenn es daher nicht immer selbstlose Motive sind, die ihn den Weg eines außergerichtlichen Vergleichs gehen lassen, im Effekt trägt er zur Entlastung der Gerichte bei und erspart außerdem den beteiligten Parteien überflüssige Kosten. Und damit tut er sicherlich ein gutes Werk – ein besseres jedenfalls, als wenn er seinen Mandanten über die Prozeßaussichten, sagen wir es vorsichtig, schlecht beraten, in unnötige oder riskante Prozesse hineintreiben und durch alle nur möglichen Instanzen jagen würde.

Gewiß nicht wenige Anwälte – und damit rückt wieder die leidige Geldfrage in den Vordergrund – schrecken aber auch vor solchen Methoden nicht zurück. Sie scheuen sich nicht, um eigener finanzieller Vorteile willen Nachteile der Prozeßparteien zu provozieren, auf Kosten der eigenen Mandanten Geschäfte zu machen, und sich gewisser Praktiken zu bedienen, die mit der Wahrung oder Pflege des Rechts rein gar nichts zu tun haben. Alles andere als Organe der Rechtspflege sind beispielsweise Anwälte, die, wie es ein bekannter Staranwalt genannt hat, nach dem Rattenfängereffekt arbeiten. Dieses Verfahren, das nur geringer juristischer Kenntnisse bedarf, läuft nach folgendem, verhältnismäßig einfachem Rezept ab:

1. Der Anwalt gibt seinem Mandanten von vornherein Recht (etwa mit dem Spruch: »Was wollen Sie denn, da gibt es doch ganz andere Sachen«).

2. Er bestätigt dem Mandanten, daß er ihn selbstverständlich aus der üblen Lage, in die er geraten ist, herausholen wird (mit einem anderen schönen Spruch wie: »Da haben wir schon ganz andere Sachen geschafft«).

3. Im Prozeß legt er es weder auf die faktische noch auf die rechtliche Klärung des Tatbestands, sondern ausschließlich darauf an, das Verfahren um jeden Preis zu stören und zu verzögern. Er stellt Anträge, von denen er weiß, daß sie abgelehnt werden, weil sie keinerlei Stützen im Gesetz oder in der Verfahrensordnung haben, schafft immer neue Komplikationen, um in der allgemeinen Verwirrung »die juristische Frontlinie der Staatsanwaltschaft zu durchbrechen«, und sehr häufig gelingt es ihm auf diese Weise auch tatsächlich, den Prozeß zum Platzen zu bringen.

4. Er legt sofort nach der Verurteilung seines Mandanten Berufung ein, ohne Rücksicht darauf, ob sie aussichtsreich ist oder nicht. Im Prozeß vor der Berufungsinstanz geht dann das gleiche Spiel über die Bühne wie vor der ersten Instanz.

Dem Mandanten bringt das ganze Verfahren kaum etwas ein. Der Wirbel, den es erzeugt, sorgt aber dafür, daß sich der Name des Anwalts in einschlägigen Kreisen herumspricht und der Anwalt dadurch neue Klienten gewinnt, was ja auch der eigentliche Zweck der Übung war. Er riskiert mit dieser Übung auch nicht viel. Ein Mandant, der zu einer lebenslangen Freiheitsstrafe verurteilt worden ist, braucht in seinem Leben voraussichtlich keinen Anwalt mehr. Und ein Mandant, der mit einer zeitlich begrenzten Freiheitsstrafe davonkommt, ist von dem Schauspiel, das der Anwalt aufgeführt hat, in der Regel so beeindruckt, daß er annimmt, er wäre sicher zu einer höheren Strafe verurteilt worden, wenn ihm nicht dieses Prachtstück von Anwalt zur Seite gestanden hätte. Er wird ihn, wenn es wieder einmal soweit sein sollte, erneut mit seiner Verteidigung beauftragen.

Die Grenze zwischen der fairen Verteidigung des Rechts und der Begünstigung des Unrechts ist, wie man sieht, oft hauchdünn. Der Anwalt hat viele Möglichkeiten, sich haarscharf an dieser Grenze entlang zu bewegen oder sie nach der einen oder anderen Seite hin zu überschreiten. Er braucht nicht soweit zu gehen und sich zum Komplizen seines Klienten zu machen. Es genügt schon, wenn er sich dazu hergibt, Zeugen zu beeinflussen, indem er ihnen Zweifel einredet, die sie ursprünglich nicht hatten und dadurch Tatbestände, die anfangs völlig klar waren, bis zur Unkenntlichkeit vernebelt; wenn er Zeugen einschüchtert oder ihnen Versprechungen macht, oder wenn er sich der wirtschaftlichen Macht seines Klienten bedient, um den wirtschaftlich schwächeren Gegner in die Knie zu zwingen.

Solche Anwälte dienen zweifellos eher dem Unrecht als dem Recht, und sie können es, wenn sie geschickt sind, ihr Leben lang tun. Wenn sie nicht die Torheit begehen, sich bei ihren Manipulationen in die Hand ihres Mandanten zu begeben und soviel Klugheit aufbringen, mit den offiziellen Standespflichten nicht in Konflikt zu geraten, stehen ihrem Treiben die seriösen Kollegen macht- und sprachlos gegenüber. In diesen Fällen ist auch die Ehrengerichtsbarkeit hilflos, die die Anwälte geschaffen haben, um schuldhafte Verstöße eines Anwalts gegen seine Pflichten in den eigenen Reihen zu ahnden[1].

Bleibt festzustellen: Zwischen der Vorstellung vom Rechtsanwalt als einem unabhängigen Organ der Rechtspflege und ihrer Verwirklichung besteht eine Kluft, die sich auch mit den schönsten Appellen an Standesehre und Standespflichten nicht überbrücken läßt. Die Inthronisierung der Rechtsanwälte zu unabhängigen Organen der Rechtspflege ist eine Schizophrenie, solange es mit der finanziellen Unabhängigkeit der Anwälte nicht weit her ist. Solange der Einsatz juristischen Sachverstands allzuoft in keinem richtigen Verhältnis zum wirtschaftlichen Ertrag steht, solange wird der Anwalt zur Kommerzialisierung seines Berufs und damit zur Mißachtung von Prinzipien gezwungen, die ihm eigentlich als sittliche Grundlage seines Berufs dienen sollen. Man sollte ihn daher auch nicht zu einer Figur hochstilisieren, die er nicht ist

1 Am Sitz der Rechtsanwaltskammern sind Ehrengerichte für Rechtsanwälte (mit drei Rechtsanwälten als Mitgliedern), am Sitz der Oberlandesgerichte Ehrengerichtshöfe (mit drei Rechtsanwälten und zwei Berufsrichtern als Mitgliedern) und beim Bundesgerichtshof als oberster Instanz ein Fachsenat für Anwaltssachen (mit zwei Rechtsanwälten und drei Berufsrichtern als Mitgliedern) eingerichtet. Dadurch, daß die Überprüfung des Verhaltens von Rechtsanwälten der Justizverwaltung entzogen wurde, soll ihre gesetzlich gewährleistete Unabhängigkeit gesichert werden.

und nicht sein kann, weil er, wie es heute tatsächlich der Fall ist, unternehmerisches Risiko tragen muß, ohne sich auch unternehmerisch verhalten zu dürfen. Der Widerspruch, der darin liegt, ist unauflöslich.

Wir sollten aber nicht vergessen hinzuzufügen: Der Rechtsanwalt ist mit all seinen schon in der Struktur seines Berufs liegenden Schwächen und Fehlern ein eminent wichtiges Glied in unserem Rechtssystem: selbst dann, wenn er sich für etwas einsetzt, was er nur deshalb als Recht bezeichnet, weil er dafür bezahlt wird, es für Recht zu halten, und selbst dann, wenn er für die Unschuld eines Mannes plädiert, den er für schuldig hält.

Unentbehrlich aber teuer – die Notare

Wer einen Kaufvertrag über ein Grundstück, ein Eigenheim oder eine Eigentumswohnung abschließen, eine Grundschuld bestellen, eine Kapitalgesellschaft gründen, Gütertrennung mit seinem Ehepartner vereinbaren oder einen Erbvertrag schließen will, muß, ob er will oder nicht, seine Erklärungen von einem Notar beurkunden lassen. Mancher, der auf diese Weise mit einem Notar zu tun bekommen hat, wird sich sicherlich fragen, ob dieses oft recht zeremonielle, mit dem Pomp von Siegel und Siegelschnüren ablaufende Verfahren, das zudem recht kostspielig sein kann, denn wirklich so notwendig ist, wie es immer dargestellt wird, oder ob es nicht auch einfacher ginge. Er wird sich diese Frage vor allem dann stellen, wenn er den Notar als eine Art Beurkundungsautomaten kennenlernt, wie er es beispielsweise in dem Fall ist, über den das Düsseldorfer *Handelsblatt* berichtet hat, und der sich folgendermaßen abgespielt haben soll:

Von einem Notar wurden mehr als 30 Käufer in ein öffentliches Lichtspielhaus geladen. In knapp zehn Minuten wurden dann dort 20 Seiten des Kaufvertrags verlesen, und in weiteren 20 Minuten war die Schar der Erwerber an einem älteren würdig dreinschauenden Herrn vorbeidefiliert, um ihre Unterschrift unter den Vertrag zu setzen.

Ein solches Verfahren mag eine gewisse Bewunderung auslösen für die atemberaubende Geschwindigkeit, mit der es abgewickelt worden ist. Mit den gesetzlichen Bestimmungen steht es bestimmt nicht im Einklang. Denn dort werden die Aufgaben des Notars unter anderem wie folgt beschrieben:

»Der Notar soll den Willen der Beteiligten erforschen, den Sachverhalt klären, die Beteiligten über die rechtliche Tragweite des Geschäfts belehren und ihre Erklärungen klar und unzweideutig in der Niederschrift wiedergeben. Dabei soll er darauf achten, daß Irrtümer und Zweifel vermieden sowie unerfahrene und ungewandte Beteiligte nicht benachteiligt werden.«

Im Gegensatz zum Rechtsanwalt ist nämlich der Notar zur absoluten Unparteilichkeit verpflichtet, und er wird diese Verpflichtung nur dann erfüllen, wenn er die beteiligten Parteien über Gegenstand und Folgen des Vertrages klar und unmißverständlich aufklärt. Er müßte daher auch vor allem unerfahrene Personen vor dem Abschluß von Geschäften warnen, die ihm nicht ganz geheuer oder sogar gefährlich erscheinen. Wir haben speziell im Wohnungswesen im Lauf der letzten Jahre eine Fülle von Betrügereien erlebt, die alle über Notare abgewickelt wurden. Es fällt schwer zu glauben, daß diese Notare trotz ihrer Erfahrungen und Kenntnisse gerade auf diesem Gebiet nicht gemerkt haben sollen, daß manches an den Verträgen, die sie beurkundet haben, nicht mit rechten Dingen zuging.

Gewiß: Die Versuchung kann groß sein, Klienten wie etwa Bauträgergesellschaften, die ständig große Beurkundungsaufträge zu vergeben haben und jedem Notar, den sie mit diesen Aufträgen betrauen, ansehnliche Gebühreneinnahmen verschaffen, nicht dadurch zu verärgern, daß man bei einem nicht interessengerechten Vertrag die Gegenpartei auf die Nachteile und Gefahren hinweist und ihr vom Vertragsabschluß abrät.

Notwendig haben es die Notare nicht, einer solchen Versuchung zu unterliegen, denn sie haben sehr häufig eine Monopolstellung inne, die ihnen sichere und überdurchschnittlich gute Einkünfte garantiert. Anders als bei den Rechtsanwälten ist für die Notare im übrigen auch über die Notarkasse eine ausreichende Altersversorgung gesichert. Schon unter diesem Gesichtspunkt allein müßte man daher annehmen, daß die schwarzen Schafe unter ihnen, die es mit ihren Pflichten nicht so genau nehmen, in der Minderheit sind, und die meisten Notare ihre Aufgaben buchstabengerecht erfüllen. Gerade auf diese buchstäbliche Genauigkeit kommt es in ihrem Geschäft ja besonders an, und sie erfordert zweifellos auch überdurchschnittliche juristische Leistungen, die im Lauf der Zeit allerdings automatenhaften Charakter annehmen können. Kreativ ist die Tätigkeit der Notare kaum. Auch wenn daher unter ihrer Mitwirkung Hunderttausende von Kaufverträgen reibungslos und zur Zufriedenheit von Käufern und Verkäufern abgewickelt werden, fragt es sich, ob mit den hohen Notariatsgebühren nicht der rein äußerliche Aufwand mitbezahlt wird, auf den ohne Schaden für die Sache gut und gern verzichtet werden könnte. Ihre Pfründen würden die Notare dadurch nicht verlieren. Es stünde nur ihre Honorierung in einem angemessenerem Verhältnis zu den von ihnen erbrachten Leistungen.

Überall gern gesehen – die Steuerberater

Zu einem Spezialgebiet der Rechtsberatung, das in den letzten Jahrzehnten immer größere Bedeutung gewonnen hat, hat sich die Beratung in Steuersachen ausgewachsen, nicht zuletzt dank einer Steuergesetzgebung, die Einfachheit und Klarheit offensichtlich tief verabscheut und das Steuersystem langsam aber sicher so kompliziert hat, daß der Staatsbürger nicht mehr ohne sachverständige Beratung auskommt, wenn er seine Steuern bezahlen will.

Ihm dabei zu helfen, steht eine recht bunte Vielfalt von Beratern bereit: Steuerberater, Steuerbevollmächtigte, Wirtschaftsprüfer und vereidigte Buchprüfer (nicht zu vergessen auch Rechtsanwälte, die alles können).

Der Beruf des Steuerberaters wurde – man wagt es kaum zu sagen – von den Nationalsozialisten geschaffen (durch das Gesetz über die Zulassung von Steuerberatern vom 6. 5. 1933). Dazu kam dann zur Betreuung kleinerer Betriebe als weiterer Berufsstand der »Helfer in Steuersachen«, der auf Grund des »Gesetzes über die Rechtsverhältnisse der Steuerberater und -bevollmächtigten« seit 1961 »Steuerbevollmächtigter« heißt. Die »Helfer in Steuersachen« hatten diese neue Bezeichnung gefordert und durchgesetzt, da sie fanden, die ursprüngliche Berufsbezeichnung erinnere zu sehr an den Beruf der Hebammen, was sie offensichtlich als Herabsetzung empfanden.

Abgesehen davon, wurde durch das gleiche Gesetz, was vorher keineswegs klar war, klargestellt, daß Steuerberater und Steuerbevollmächtigte ausschließich die Interessen des Steuerpflichtigen zu vertreten haben und nicht die Interessen der Finanzbehörden. Wie bei den Rechtsanwälten gelten auch bei ihnen strenge Verschwiegenheitspflicht, das Recht zur Aussageverweigerung vor Gericht und absolutes Werbeverbot. Ihre hauptsächliche Tätigkeit besteht in der Erstellung von Steuererklärungen und von Jahresabschlüssen (Bilanzen), in geringerem Ausmaß in der Bearbeitung von Rechtsbehelfen (Einsprüchen gegen Steuerbescheide, Beschwerden gegen andere Verfügungen der Finanzämter) oder Vertretung vor den Finanzgerichten. Wenig beliebt ist, was noch dazugehört, die Vertretung in Steuerstrafverfahren. Der Steuerberater befindet sich in diesen Fällen in keiner beneidenswerten Lage. Da er in der Regel den Steuerpflichtigen längere Zeit betreut hat, ist er bei der Aufdeckung einer Steuerstraftat meist selbst verdächtig, Beihilfe geleistet zu haben. Nur die wenigsten von ihnen verfügen auch über eine ausreichende Erfahrung in Strafsachen. Eine wesentliche Aufgabe des Steuerberaters soll ja gerade darin bestehen, Steuerstraftaten zu verhindern, also den Mandanten so zu beraten, daß es gar nicht dazu kommt. Selbst wenn der Steuerpflichtige ohne Wissen seines Beraters eine Steuerstraftat begeht, kann dies der Berater in vielen Fällen auf Grund seiner genauen Kenntnis der Verhältnisse und der Buchführung des Steuerpflichtigen früher oder später erkennen und zum Beispiel durch eine strafbefreiende Selbstanzeige eine Strafverfolgung abwenden.

Es gibt in der Bundesrepublik etwa 4500 Steuerberater und mehr als 40 000 Steuerbevollmächtigte. Da die Befugnisse von Steuerberatern und Steuerbevollmächtigten bis auf Kleinigkeiten praktisch identisch sind, war es nur eine Frage der Zeit, wann es zu einem Zusammenschluß der beiden Berufsgruppen kommen würde. Dieser Zusammenschluß erfolgte dann auch im Jahr 1972. Nunmehr können alle Steuerbevollmächtigten, soweit sie eine sechsjährige Praxis hinter sich haben, ebenso rasch wie billig Steuerberater werden, indem sie ein »Seminar« besuchen (Dauer des Seminars: 50 Stunden) und im Anschluß daran vor einem »Seminarausschuß« eine mündliche Prüfung ablegen, die allerdings selbst von wohlwollendsten Kritikern als reine Pro-Forma-Sache angesehen wird. Nach einer Übergangszeit von 15 Jahren soll auch die Übergangsprüfung vom Steuerbevollmächtigten zum Steuerberater entfallen. Es wird dann nur noch den Beruf des Steuerberaters geben, der entweder auf Grund eines abgeschlossenen akademischen Studiums oder ohne akademische Ausbildung auf Grund einer zehnjährigen praktischen Tätigkeit in der Steuerberatung ausgeübt werden kann.

Einen früheren Versuch, den Stand der »steuerberatenden Berufe« durch Zusammenführung der Berufe »Wirtschaftsprüfer« und »Steuerberater« zu vereinheitlichen, hatten Bundestag und Bundesrat im Jahre 1970 mit der Begründung abgelehnt, daß dadurch eine Interessenkollision zwischen handelsrechtlicher Abschlußprüfung und steuerlicher Beratung eintreten könne, da dann der Wirtschaftsprüfer sozusagen seine eigene Steuerberatung zu prüfen hätte. Man übersah dabei merkwürdigerweise, daß den Wirtschaftsprüfern und Wirtschaftsprüfungsgesellschaften, die mit den Abschlußprüfungen betraut werden, fast immer auch die Steuerberatung übertragen, also auch heute schon in der Regel die »eigene Steuerberatung« geprüft wird.

Das letzte Wort in dieser Sache ist aber noch nicht gesprochen. Denn in wenigen Jahren werden sich infolge eines Beschlusses der Europäischen Gemeinschaft nicht nur die Aktiengesellschaften, sondern auch die Gesellschaften mit beschränkter Haftung einer Abschlußprüfung unterziehen müssen. In der Bundesrepublik bestehen an die hunderttausend Gesellschaften mit beschränkter Haftung. Es ist völlig ausgeschlossen, daß alle diese Gesellschaften von den rund 3000 Wirtschaftsprüfern geprüft werden können, die es heute in der Bundesrepublik gibt. Wohl oder übel wird man daher die Steuerberater, die einen Großteil dieser Firma steuerlich beraten, auch an die Krippe der Wirtschaftsprüfung heranlassen müssen und damit zwangsläufig den Weg zu einer totalen Vereinheitlichung aller »steuerberatenden Berufe« ebnen[1].

Der durch die Vielfalt der steuerberatenden Berufe bedingte jahrzehntelange Streit zwischen den einzelnen Berufsgruppen erscheint aber nicht nur unter diesem Gesichtspunkt überflüssig. Gegensätzliche Interessen gibt es nämlich weniger zwischen Steuerberatern und Steuerbevollmächtigten beziehungsweise Wirtschaftsprüfern und Steuerberatern als zwischen den einzeln praktizierenden Steuerberatern und Steuerbevollmächtigten und Wirtschaftsprüfern auf der einen und den großen Wirtschaftsprüfungsgesellschaften auf der anderen Seite. Diese Gesellschaften führen den weitaus größten Teil der aktienrechtlichen Pflichtprüfungen durch und monopolisieren allmählich die gesamte Steuerberatung der Großbetriebe bis hinunter zu Betrieben mit 500 Beschäftigten, so daß

1 Daran werden wohl auch die Bestrebungen nichts ändern, die Bearbeitung fremder Buchhaltungen, die bislang den steuerberatenden Berufen vorbehalten war, entweder ganz freizugeben oder einen neuen Berufsstand freiberuflicher Buchhalter und Buchstellen zu schaffen. Diese Entwicklung ist eine Folge des raschen Vordringens der elektronischen Datenverarbeitung, da die Einrichtung einer Buchstelle und der Einsatz moderner Datenverarbeitungsgeräte einen Kapitalaufwand erfordern, den sich die einzelpraktizierenden Steuerberater und Steuerbevollmächtigten nicht leisten können. In nicht allzuferner Zeit werden voraussichtlich die Buchhaltungen der mittleren und kleineren Unternehmen, die sich nicht selbst einen Computer leisten können, von großen, mit modernsten Geräten ausgestatteten Buchstellen erstellt werden, und die Tätigkeit der »steuerberatenden Berufe« wird sich auf die reine Steuerberatung, die Erstellung von Steuererklärungen und den Verkehr mit Finanzämtern und Finanzgerichten beschränken.

die einzeln praktizierenden Steuerberater, Steuerbevollmächtigten und Wirtschaftsprüfer langsam aber sicher die lukrativen Mandate und damit den Boden unter den Füßen verlieren. Nach plausiblen Schätzungen (genauere statistische Angaben darüber liegen nicht vor) entfallen schon heute vom gesamten Umsatz der wirtschafts- und steuerberatenden Berufe etwa 80 Prozent auf zwei oder drei Dutzend große Wirtschaftsprüfungsgesellschaften und nur noch 20 Prozent auf die etwa 50 000 bis 60 000 einzeln praktizierenden Steuerberater. Mit dem Trend zum immer größeren Betrieb ist nun einmal das Bedürfnis nach einem großen und leistungsfähigen Beratungsdienst verbunden, den ein einzelner Steuerberater, auch wenn er noch so qualifiziert ist, nicht mehr leisten kann.

Wirtschaftlich am besten geht es unter den Angehörigen der steuerberatenden Berufe den Wirtschaftsprüfern. Weniger als 50 000 DM verdienten 1971 nur 27 Prozent (gegenüber 33 Prozent der Steuerberater und 52 Prozent der Steuerbevollmächtigten), während fast 40 Prozent auf mehr als 100 000 DM kamen. Auf ein solches Einkommen brachten es nur 23 Prozent der Steuerberater und acht Prozent der Steuerbevollmächtigten. Im Vergleich zu den Rechtsanwälten schneiden sie allesamt besser ab. Denn selbst in der Spitzengruppe der in Sozietäten tätigen Anwälte war das durchschnittliche Einkommen der einzelnen Praxisinhaber kleiner als das der Wirtschaftsprüfer und nicht viel höher als das der Steuerberater. Und die einzeln praktizierenden Rechtsanwälte ohne Notariat verdienten im Durchschnitt sogar weniger als die Steuerbevollmächtigten, die in der Einkommensstruktur der steuerberatenden Berufe auf der untersten Stufe stehen.

Eine amtliche Gebührenordnung, wie sie für Rechtsanwälte existiert, gibt es für die steuerberatenden Berufe bisher nicht. In einer privaten, von dem Essener Steuerberater Adolf Fitzke zusammengestellten Gebührenordnung, die unter dem Namen »Allgemeine Gebührenordnung für die Wirtschaftsprüfenden sowie Wirtschafts- und Steuerberatenden Berufe (ALLGO)« weitgehend als Grundlage für die Honorarrech-

Einkommensverhältnisse der steuerberatenden Berufe

Umsätze in Einzelpraxen	Wirtschaftsprüfer	Steuerberater	Steuerbevollmächtigte	Im Vergleich dazu Rechtsanwälte: m. Notariat	Im Vergleich dazu Rechtsanwälte: o. Notariat
DM	%	%	%	%	%
20 000– 50 000	12	12	21	11	9
50 000–100 000	15	21	31	31	40
100 000–150 000	10	17	22	21	12
150 000–400 000	44	41	26	32	34
400 000–1 Mio.	18	9	–	5	5
1–5 Mio.	1	–	–	–	–

Durchschnittlicher Reinertrag je Praxisinhaber

DM	%	%	%	%	%
bis 50 000	27	33	52	43	62
50 000–100 000	34	44	40	36	28
mehr als 100 000	39	23	8	10	10

Quelle: Statistisches Bundesamt.

nungen benutzt und auch von den Gerichten als übliche Vergütung gem. § 612 und § 632 BGB anerkannt worden ist, hatte eines Tages das Bundeskartellamt ein Haar in der Suppe gefunden und die weitere Anwendung der ALLGO mit der Begründung verboten, daß hier eine unzulässige Preisabsprache vorliege und kartellrechtliche Bestimmungen verletzt würden. Angesichts der Tatsache, daß vergleichbare Gebührenordnungen für Ärzte und Rechtsanwälte unbeanstandet existieren, ist dies eine rätselhafte Entscheidung. Über die schon seit mehr als zehn Jahren vom Bundesminister für Arbeit und Sozialordnung vorbereitete amtliche Gebührenordnung für steuerberatende Berufe konnten sich Steuerberater und Steuerbevollmächtigte nicht einig werden. Das ist eine lustige Geschichte. Die Steuerberater fordern, daß ihnen um 20 Prozent höhere Gebühren eingeräumt werden als den Steuerbevollmächtigten, und diese wiederum verlangen gleiche Gebühren für alle. Dabei wäre es für die Steuerberater zweifellos ein schweres Handicap gewesen, wenn ihre Forderung nach höheren Gebührensätzen erfüllt worden wäre, da die Steuerbevollmächtigten dann in der Lage gewesen wären, die Steuerpflichtigen bei gleichen Leistungen billiger zu bedienen als es die Steuerberater hätten tun können. Aber soweit dachten die Steuerberater nicht, und auch die Steuerbevollmächtigten erkannten vor lauter Prestigegedanken nicht die sich ihnen bietende Chance.

Unter den Steuerberatern gibt es ausgesprochene »Steuerhinterziehungsberater«, die, gewöhnlich für saftige Honorare, ihre Mandanten in allen Tricks der Steuerhinterziehung unterweisen. Die Zahl dieser schwarzen Schafe unter den Steuerberatern dürfte allerdings wesentlich kleiner sein als die Zahl derer, die jede Verfügung des Finanzamts akzeptieren, gleichgültig, ob diese nun richtig oder falsch ist. Sie ersparen dem Mandanten dadurch zwar keine Steuern, sich selbst aber Arbeit und Ärger mit dem Finanzamt. Der brave Steuerzahler erfährt nur selten, wenn er auf diese Weise an Vater Staat mehr Steuern abführt als er müßte, da er darüber natürlich weder vom Finanzamt noch von seinem Steuerberater aufgeklärt wird. So wird wohl seine Geldbörse unnötig strapaziert, sein Seelenfrieden aber wenigstens nicht gestört.

Halbgötter der Gerechtigkeit – die Sachverständigen

Wenn von – sogenannten oder wirklichen – Dienern des Rechts die Rede ist, darf die Rolle nicht vergessen werden, die die Sachverständigen in der deutschen Justiz spielen. Sie sollen, wie schon ihr Name besagt, mit ihrem Sachverstand und ihren Sachkenntnissen behilflich sein, dort, wo der Richter nicht über die erforderlichen Spezialkenntnisse verfügt, menschliche und sachliche Verhältnisse so weit zu klären, daß der Richter sie zu beurteilen vermag. Aus dieser ihrer dienenden Stellung sind sie allerdings längst hinausgewachsen, sie haben in vielen Fällen die Prozeßherrschaft an sich gerissen, sind zu »Justitias Halbgöttern« geworden.

Ihre Hypertrophie hat Ausmaße erreicht, die mit ihrer eigentlichen Funktion nicht mehr in Einklang zu bringen sind. Das Aufgebot von drei und mehr Sachverständigen, die zu einem bestimmten Punkt der Anklage gehört werden, ist ebensowenig eine Seltenheit wie die Tatsache, daß diese Sachverständigen unterschiedliche und zum Teil völlig konträre Auffassungen vertreten. Die einen glauben als wissenschaftliche Parteigänger, den Staatsanwalt ersetzen zu müssen, die anderen drängen sich mit dem gleichen wissenschaftlichen Eifer in die Funktion des Verteidigers. Von dem einen wird mit absoluter Entschiedenheit festgestellt, daß der Angeklagte im Zeitpunkt der Tat voll zurechnungsfähig gewesen ist, weil der Situation, in der er sich befunden hat, »kein Krankheitswert« beizumessen sei. Mit der gleichen Entschiedenheit spricht der andere von »triebdynamischen Gesichtspunkten«, von »unbewußten Zusammenhängen«, denen man mehr Beachtung schenken müsse, und erklärt den gleichen Angeklagten im Zeitpunkt der Tat für voll unzurechnungsfähig. Und da wird von dem einen Gutachter apodiktisch kundgetan, daß der Angeklagte geisteskrank und nicht verhandlungsfähig sei, während der andere Gutachter in ihm lediglich einen simulierenden Psychopathen sieht, der wahrscheinlich voll, vielleicht vermindert zurechnungsfähig, sicher aber verhandlungsfähig ist.

Staatsanwälte und Verteidiger nutzen die Rivalitäten zwischen den Sachverständigen weidlich aus. Wenn der Staatsanwalt einen Sachverständigen heranzieht, von dem er weiß, daß sein Gutachten den Standpunkt der Anklage untermauern wird, schlägt der Verteidiger prompt einen vor, von dem ein Gutachten zu erwarten ist, das die Position der Verteidigung stärkt. Und dieses muntere Spiel läuft auch in entgegengesetzter Richtung. Hat der Verteidiger einen ihm genehmen Gutachter benannt, bemüht sich der Staatsanwalt einen zu finden, der aller Voraussicht nach genau das Gegenteil behaupten wird. Glücklicherweise hat sich inzwischen herumgesprochen, welcher Gruppe der eine und der andere angehören.

Der Richter gerät dadurch in eine merkwürdige Lage. Nachdem zwei oder mehr Sachverständige angehört worden sind, deren Gutachten über ein und denselben Punkt diametral auseinandergehen, muß er entscheiden, welches Gutachten das richtige ist, muß er weiser und sachkundiger sein als die Sachverständigen zusammen. Er wird, ob er will oder nicht, plötzlich zu einer Art Obergutachter, obwohl ihm doch, wie die Hinzuziehung der Sachverständigen beweist, gerade in diesem betreffenden Punkt die erforderliche Sachkunde fehlt.

Strafrichter und Staatsanwälte erfahren während ihrer Ausbildung sehr wenig von Kriminologie, Gerichtsmedizin und Psychiatrie. Für sie und natürlich auch für die Schöffen (oder Geschworenen) sind die meisten psychiatrischen oder kriminalistischen Details, die ihnen zusammen mit anderem Fachwissen vorgetragen werden, böhmische Dörfer. Konfrontiert mit den Streitigkeiten der Experten, bleibt ihnen häufig nichts anderes übrig, als sich über die weisen Sprüche der Fachleute hinwegzusetzen und sich darauf zu verlassen, was ihnen der gesunde Menschenverstand eingibt.

Sehr oft spielen aber für den Ausgang des Prozesses die Sachverständigengutachten eine entscheidende Rolle. In kriminaltechnischen und gerichtsmedizinischen Bereichen sind diese Gutachten gewöhnlich wissenschaftlich fundiert, obwohl selbst hier, wie der Fall Ponsold[1] gezeigt hat, unfaßbare Fehler vorkommen. Kein Zweifel aber, daß auf psychiatrischem und psychologischem Gebiet, das in letzter Zeit immer stärker in den Vordergrund drängt, von den Sachverständigen oft »mehr Deutung als Wissen, mehr Feuilleton als Substanz« geboten werden. Und kein Zweifel auch, daß mehr als jede andere Sparte Psychiatrie und Psychologie immer wieder in die »Gefahrenzone politischer Ideologien« geraten. Man sieht, wie es der Psychiater Paul Matussek seinen Kollegen ins Stammbuch geschrieben hat, »Beweise, wo bestenfalls Hypothesen sind, und glaubt zu helfen, wo man im Grunde nur sich selbst bestätigen will«. Anstelle des Wahrheitsbeweises tritt

1 Professor Ponsold war Leiter des Instituts für Gerichtsmedizin in Münster, als aufgrund eines von ihm abgegebenen Gutachtens, das sich nachträglich als falsch herausstellte, Maria Rohrbach zu lebenslänglicher Freiheitsstrafe verurteilt wurde.

das Missionieren und Predigen und die große Versuchung einseitiger Interpretation. Der Heidelberger Universitätsprofessor W. von Baeyer hat es unmißverständlich gesagt: »Es kann einen schon das Grauen ankommen vor diesen Etikettierungen und Klassifizierungen, die immer in der gleichen Weise so vielen verschiedenen Schicksalen und Persönlichkeiten übergestülpt werden.«

Nicht nur das Grauen, wie folgendes – leider typisches – Beispiel zeigt. In einem Prozeß gegen einen Hilfsarbeiter, der eine ihm unbekannte Frau mit einem Messerstich in den Rükken lebensgefährlich verletzt hat, schildert der psychologische Sachverständige, daß der Täter infolge einer – wie könnte es anders sein – sehr frühen Störung des Mutter-Kind-Verhältnisses sich auf sich selbst zurückzieht, unfähig wird, »ein Selbstwertgefühl aufzubauen«, von Mißerfolgen statt Leistungen motiviert wird, und in ihm »die Aggressionstendenz wächst«, weil ihm zu Hause der große Bruder immer als Vorbild hingestellt wird und er durch all diese Vorgänge zum Einzelgänger wird. Seine Schwierigkeiten verschärfen sich, als er seine Mutter verliert, den einzigen Menschen, der zu ihm gehalten hat. Und als ihm der Vater die Zustimmung, zur See zu gehen, verweigert, verfällt er in Apathie und Verzweiflung, hat er nur noch ein Ziel, weg von zu Hause. Er geht auch weg, unglücklicherweise mit einem Messer in der Tasche. Als er das Messer spürt, schießt ihm der Gedanke durch den Kopf, damit jemanden zu attackieren. Durch das Berühren des Messers wird »die Entladung des progressiven Dauereffekts ausgelöst, der sich seit dem Tod der Mutter immer mehr aufgeheizt hat«. Seine Aggression wird in eine nicht voraussehbare Richtung gelenkt und das hat eine »solche Bewußtseinseinengung zur Folge, daß er nicht mehr imstande ist, andere Details der Situation wahrzunehmen. Das Opfer ist für ihn gar keine Person mehr, sondern nur mehr Objekt für seinen aufschießenden Affekt.« Ergebnis: Die Schuldfähigkeit des Täters war infolge einer tiefgreifenden Bewußtseinsstörung erheblich eingeschränkt, die Voraussetzung einer erheblich verminderten Schuldfähigkeit zu bejahen.

Man muß sich einmal klarmachen, was das heißt und wohin es führt: einfachste Tatbestände werden mit Hilfe vorgeprägter (hochgestochener) Begriffe in die komplizierte Sphäre angeblich wissenschaftlicher Zusammenhänge gehoben, Bewußtseinsvorgänge konstruiert, die auf Fiktionen beruhen, individuelle Entwicklungen in ein generelles Schema gepreßt, mit einem Wort vorgefaßte Ergebnisse werden mit klingenden Worten und vieldeutigen Begriffen scheinbar hochwissenschaftlich begründet. Der gleiche Sachverständige könnte, wenn er wollte, mit den gleichen Worten und den gleichen Begriffen zu einem anderen, zu einem entgegengesetzten Ergebnis kommen, wenn er sie in andere Zusammenhänge stellen, sie anders auslegen würde.

Und man könnte, wenn man vielen Ausführungen vieler Sachverständiger folgt, eigentlich nur baß darüber erstaunt sein, daß nicht – beispielsweise – täglich Tausende junger Menschen ein Messer in den Rücken ihnen unbekannter Personen stoßen. Auf einen einfachen und natürlichen Nenner gebracht, trifft nämlich das, was als unausweichlicher Effekt irgendwelcher in tiefen Seelengründen verborgener und in irgendwelchen geheimnisvollen Zusammenhängen stehender Ursachen hingestellt wird, haarscharf auf Tausende, ja Hunderttausende von Menschen zu, die keine Verbrechen begehen. Diese Ursachen und Effekte gewinnen aber merkwürdigerweise nur in den konkreten Fällen, um die es vor Gericht geht, ein spezifisches Gewicht. Als Ursachen von Verbrechen gedeutet, entkleiden sie gleichzeitig diese Verbrechen ihres Charakters.

Das Sachverständigenwesen ist auf diese Weise im Begriff, zu einem Unwesen zu werden. Es ist auf dem besten Weg, sich selbst als unglaubwürdig zu entlarven, sich als willkürliches Spiel mit Menschen und Dingen zu demaskieren. Sein Sinn wird ins Gegenteil verkehrt, seine Aufgabe, zur Wahrheitsfindung beizutragen, zu einem Hemmnis auf dem Weg zur Gerechtigkeit.

IV

Ergeht folgendes Urteil

Termin 9 Uhr vormittag

Im Gerichtssaal eines großen Gerichts in einer großen Stadt: Es werden Zivilsachen verhandelt. Der Amtsrichter hinter dem Richtertisch mit einem Berg von Akten vor sich, neben ihm die Protokollführerin, beide in schwarzen Roben, davor in ständiger Bewegung viele Anwälte, gleichfalls in schwarzen Roben, die, Aktenbündel unter dem Arm, von verschiedenen Tischen Akten wegnehmen und wieder hinlegen. Ein unentwirrbares Durcheinander, wie es auf den ersten Blick erscheint, das sich erst langsam aufzulösen beginnt, wenn ein Anwalt nach dem anderen aus dem Saal verschwindet. Nur im rückwärtigen Teil des Saals herrscht verhältnismäßige Ruhe, auf den Bänken sitzen Leute (ohne Robe), Privatleute also, Parteien, die sich selbst vertreten oder dabei sein wollen, wenn ihre Sache verhandelt wird. Aufruf einer Sache: Zwei Anwälte stürzen vor, stellen sich vor zwei Stehpulte, der eine links, der andere rechts, blättern in Akten, blättern so lange, bis auch der Richter in seinen Akten zu blättern beginnt und alle blättern. Dazwischen kurze Rede und Gegenrede, Anfrage und Gegenanfrage, Geplänkel hin, Geplänkel her, kein Mensch weiß so recht, worum es geht, aber schon ist der Auftritt beendet: Der Termin zur Verkündigung eines Beschlusses wird bestimmt.

Aufruf der nächsten Sache: Ein Anwalt bleibt gleich vor seinem Stehpult stehen, ein anderer stürzt vor, das Blättern beginnt von neuem, nur in anderen Akten. Der Richter, so scheint es, blättert zum erstenmal, weil er sich seltsam uninformiert zeigt. Er sucht eifrig nach einem Schriftsatz, ziziert einen falschen, die Protokollführerin, mit leiser Stimme, weist dezent auf den richtigen hin, der Richter lächelt, vielen Dank. Auch einer der beiden Anwälte ist nicht ganz im Bilde, sucht nach einem Antrag, der, wie sich nach einigem Hin und Her herausstellt, noch nicht gestellt wurde, korrigiert sich, stellt dann den Antrag, sein Kollege vom linken Stehpult wiederholt den seinen, kein Wort zur Sache selbst, aber schon ist auch sie erledigt: Termin zur Einreichung neuer

Schriftsätze wird verkündet, neuer Verhandlungstermin bestimmt.

Aufruf der dritten, vierten, zehnten, fünfzehnten, einundzwanzigsten Sache, das gleiche Schauspiel im gleichen Stil und im gleichen Tempo. Dann die zweiundzwanzigste Sache: Diesmal nur ein Anwalt am Stehpult, das andere Pult bleibt leer, der Anwalt, der dort stehen sollte, scheint am Erscheinen verhindert. Blicke in die Runde: »Herr Kollege, übernehmen Sie die Vertretung?« Aber selbstverständlich. Der Kollege stürzt vor, ohne Akten allerdings, in denen er blättern kann, aber das spielt keine Rolle, stellt Antrag aus dem Schriftsatz, den er zwar nicht kennt, aber auch das schadet nichts, und schon ist die Sache erledigt, vorbei. Es geht weiter mit Aufrufen, Vorstürzen, Blättern, nur hie und da unterbrochen von Fragen und Antworten zur Sache, dazwischen immer wieder nur ein Anwalt vor dem Stehpult, keiner vor dem anderen, der Richter fragt in den Saal hinein: »Ist Partei XY da?« »Nein!« Aufruf der Sache auf dem Flur, die freundlicherweise ein beflissener Anwalt übernimmt. Auch dort meldet sich Partei XY nicht. Dann (mit sichtlicher Erleichterung und raschem Weglegen der Akte) Versäumnisurteil im Namen des Volkes.

Der Saal hat sich inzwischen geleert, die Anwälte sind eiligen Schrittes verschwunden, jetzt kommen diejenigen an die Reihe, die ihre Sache selber vertreten. Mit ihnen hat es der Richter schwerer. Er muß sie zur Sache fragen, mit ihnen über die Sache sprechen, muß erklären, schlägt sich mit einem Facharbeiter herum, der unbeirrbar seinen Standpunkt vertritt und absolut nicht einsehen will, daß es darum gehen soll, was der Richter will, nicht darum, was er selber meint, hat Schwierigkeiten mit einem Jugoslawen, nicht nur der sprachlichen Verständigung wegen, sondern weil er offenbar nicht recht weiß, was er mit der Sache machen soll, dreht sie hin und her und vertagt sie schließlich. Inzwischen ist der Aktenberg von der linken auf die rechte Seite des Richtertisches gewandert, das Soll des Tages ist erfüllt. Rechtsanwälte und Parteien sind verschwunden, Richter und Protokollführerin offensichtlich zufrieden. Sie haben getan, was sie tun konnten. Nur der Jugoslawe draußen auf dem Gerichtsflur schüttelt immer wieder den Kopf, kann es nicht fassen, daß er jetzt so klug ist wie zuvor. Aber er ist ja auch ein Ausländer.

Recht hat wer recht bekommt

Was sich dem unbefangenen Beobachter als eine Farce präsentiert, ist eine Farce. An den Amtsgerichten ist es keine Ausnahme, sondern die Regel, daß in einer Sitzung, die 1½ bis 2 Stunden dauert, bis zu 40 Fälle durchgejagt werden. Und an den Landgerichten sieht es nicht viel anders und nicht viel besser aus. Die mündlichen Verhandlungen in Zivilsachen sind, wie von Richtern selbst zugegeben wird, zu »Schriftsatzaustauschkassen« entartet. Sie erwecken weniger den Eindruck eines Forums, vor dem ernsthafte Menschen der Wahrheit auf den Grund zu gehen und Gerechtigkeit zu finden suchen, als vielmehr den Eindruck eines Schauspiels mit unterschiedlich begabten Akteuren, die gleichsam wie Marionetten an den Fäden eines geheimnisvollen Puppenspielers hängen und sich streng nach dessen Textbuch bewegen. Vor ihrem Ritual, ihrem in Formalismen erstarrten Ablauf steht der schlichte Bürger verständnislos und oft auch hilflos gegenüber. Verwirrt von einer Sprache, die er nicht versteht, und von den Zeremonien eines Verfahrens, das er nicht durchschaut, in die Enge getrieben von Paragraphen, die er nicht kennt und deren Macht er unterschätzt, nimmt er an der Lösung seiner ureigensten Probleme um so weniger teil, je geringer seine Bildung und Sprachvermögen, je niedriger sein sozialer Status ist. Selbst wenn er vor Gericht zu Wort kommt, kann er die Dinge nicht einfach so schildern, wie er sie sieht oder zu sehen glaubt. Er wird durch Richter und Rechtsanwälte gesteuert. Vor allem der Richter gibt in Form von Fragen und Auflagen zu erkennen, welche Tatsachen er für wichtig hält und wem an einem günstigen Ausgang des Prozesses gelegen ist, tut gut daran, die Erwartungen zu erfüllen, die der Richter in ihn setzt. Obwohl die geduldige Zivilprozeßordnung vorschreibt, daß die Erklärungen über tatsächliche Umstände vollständig abgegeben werden sollen, läuft es in der Praxis darauf hinaus, daß sich die Prozeßparteien auf die Darstellung derjenigen Umstände beschränken, von denen sie annehmen, daß sie das Gericht für wesentlich hält – wobei nicht immer gesagt ist, daß sie auch wirklich die wesentlichen sind.

Der Richter wiederum muß sich bei der Urteilsfindung ausschließlich auf die von den Parteien gestellten Anträge und angebotenen Beweise stützen, was dazu führen kann, daß der wahre Sachverhalt nicht vollständig erfaßt und im Urteil daher auch nicht berücksichtigt wird. Und das sieht dann so aus:

Ein Pachtzins ist eingeklagt. Obwohl er offensichtlich sittenwidrig hoch ist (über 40 % p. a. vom Wert der Sache bei einer Laufzeit des Vertrags von zehn Jahren) sagt der Vorsitzende nach der Lektüre der Akten: »Es ist Sache des Beklagten, sich dazu zu äußern. Er hat sich nicht gerührt. Ich will der Klage stattgeben.«

Oder so:

Ein Kaufmann hat ein Auto gekauft, die Raten aber nur bis zur Hälfte bezahlt. Der Händler holt sich das Auto mittels Zweitschlüssel zurück. Der Kaufmann beantragt eine einstweilige Verfügung auf Herausgabe des Autos, weil er es für seinen Betrieb benötigt. Die Richter einigen sich darauf, diesen Antrag abzuweisen, obwohl ein Richter einwendet, vielleicht brauche er den Wagen aber dringend. Richter F. schaut in die Akten und sagt: »Dazu hat er kaum etwas vorgetragen, also ist sein Antrag unbegründet.« Ein Richter meint zwar noch, man müßte dem Kaufmann Gelegenheit geben, weitere Ausführungen zu machen, darauf gehen die anderen Richter aber nicht ein.

Nicht alle Urteile kommen auf diesem Weg zustande. Dem Richter steht auch ein anderer Weg offen. Er legt sich auf Grund des ihm vorgelegten Informationsmaterials intuitiv auf ein Ergebnis fest und sucht nach einer Begründung, mit der er es auch formell rechtfertigen kann, – wie etwa in folgendem Fall:

Ein Unternehmer hat seinem Geldgeber einen großen Schaden zugefügt und ist nun auf Ersatz verklagt. Bei der Beratung sagt der Vorsitzende, der offenbar den Eindruck gewonnen hat, daß der Unternehmer Betrügereien begangen hat: »Ich bin für eine Verurteilung auf Grund § 823 Abs. 2 BGB in Verbindung mit § 263 StGB. Aber wo ist die Täuschungshandlung?« Ein Satz für Kenner: Die Täuschungshandlung ist ein wesentliches Tatbestandsmerkmal des Betrugs-Paragraphen 263 StGB.

In einer anderen Sache sind sich die Richter einig, der Klage stattzugeben. Der Referendar, der die Klage durchgearbeitet und vorgetragen hat, erhebt hiergegen einen Einwand. Vorsitzender M.: »Wie kommen wir um dieses Argument herum?« Richter B. sucht und liefert darauf ein auf den Zweck zugeschnittenes konstruiertes Argument, und die Richter können jetzt, wie geplant, der Klage stattgeben.

Auf beiden Wegen räumt das deutsche Prozeßrecht dem Richter einen großen Ermessensspielraum ein. Die Richter bedienen sich dieser Freiheiten in höchst unterschiedlichem und – wie man mitunter den Eindruck gewinnt – recht willkürlichem Maße. Dort wo es ihnen genehm ist, schöpfen sie sie voll aus, dort wo es ihnen weniger paßt, halten sie sich in den engsten, formalrechtlich gerade noch zulässigen Grenzen.

Sehr großzügig zum Beispiel wird der Ermessensspielraum ausgenutzt, wenn es darum geht zu würdigen, ob das Vorbringen einer Partei für die Sache relevant oder für sie unwesentlich ist. Der Richter kann dann immer zweierlei tun: Er kann die Behauptung einer Partei als »unsubstantiiert« und damit für die Entscheidung als unerheblich bezeichnen. Oder er kann die Behauptung der Partei zur Kenntnis nehmen und die Partei auffordern, ihre Angaben zu »substantiieren«. Dem schlichten Bürger scheint der zweite Weg der bessere zu sein, da er zweifellos geeigneter ist, den wahren Sachverhalt zu eruieren. Für den Richter einfacher ist allerdings der erste Weg. Er wird deshalb häufig vorgezogen, selbst dann, wenn es – wie in den beiden folgenden Fällen – der richterlichen Aufklärungspflicht widerspricht:

Die Klägerin ist eine seriöse Lieferfirma für Tapeten, die Beklagte eine windige Gesellschaft mit beschränkter Haftung. Die Beklagte soll von der Klägerin Waren bezogen haben; auch die Kammer ist davon überzeugt. Nun hat die Beklagte noch behauptet, es seien zur angegebenen Zeit nicht so große Mengen geliefert und außerdem sei stets nur gegen Vorkasse geliefert worden, daher schulde sie nichts. Der Vorsitzende setzt sich über diese Behauptungen hinweg, indem er sie »unsubstantiiert« nennt.

Ein Bauunternehmer hat für eine Siedlungsgesellschaft gebaut und klagt seinen Anspruch ein. Die Siedlungsgesellschaft macht – am Schluß der Akte – noch einen Gegenanspruch geltend, der kurz, aber schlüssig begründet ist: Die Häuser seien aus Verschulden des Bauunternehmers ein Jahr zu spät fertig geworden. Dafür sei Schadensersatz zu leisten. Zwei Richter der Kammer nennen diesen Anspruch »unsubstantiiert« und lehnen ihn daher ab. Sie wollen die Sache einfach loswerden.

Von seinen Ermessensfreiheiten macht der Richter auch aus Gründen der Arbeitserleichterung, der Arbeitsersparnis kräftig Gebrauch. Um ein Verfahren möglichst rasch zu Ende zu bringen, geht er oft und offensichtlich nicht eben schweren Herzens bis hart an die Grenzen des ihm gewährten Spielraums heran.

Zu ahnden ist eine Steuerhinterziehung in Höhe von 25 Millionen DM. Der Steuerschuldner will eine Hauptverhandlung vermeiden und sich, damit nichts an die Öffentlichkeit kommt, mit dem Finanzamt vergleichen. Das Finanzamt ist damit einverstanden und fragt beim Amtsgericht an, ob es gegen den Schuldner einen Strafbefehl über 1,5 Millionen DM erlassen würde. Amtsgerichtsrätin H. erzählt diese Geschichte und meint: »Das kostet mich nur eine Unterschrift, dann bin ich die Sache los.« Obwohl damit das alte, vom Bundesverfassungsgericht beanstandete Unterwerfungsverfahren praktiziert wird, ermuntert Landgerichtsrat L. seine Kollegin, auf den Vorschlag des Finanzamts – »vom Standpunkt der Prozeßökonomie aus« – einzugehen. Er meint: »Wenn der

Schuldner sich im Verfahren wehrt, dann dauert es Jahre, und man muß Rechnung für Rechnung prüfen.«

Gerechterweise muß man aber auch zugeben, daß die Richter Anlaß haben, ihren Arbeitsaufwand rationell zu kalkulieren, und man versteht, daß sie jede Möglichkeit ausnutzen, um Zeit und Arbeit zu sparen, wenn man hört, daß an großstädtischen Zivilgerichten im Jahr 1972 ein Richter im Durchschnitt zwischen 120 und 210 neue Verfahren zu bearbeiten hatte[1].

Auf der anderen Seite ist es aber nun auch wieder nicht so, daß die Richter unter allen Umständen darauf aus sind, für jede Sache möglichst wenig Zeit zu verwenden. Sie machen da nicht selten äußerst feine, wenngleich nicht immer erfreuliche Unterschiede.

Sehr kurzer Prozeß kann von ihnen gemacht werden, wenn sich der Streit, über den sie zu entscheiden haben, in einem sozialen Milieu abspielt, das ihnen fernsteht und für das sie auch keine besondere Achtung hegen. Das illustriert etwa folgender Fall einer Konventionalscheidung:

Für beide Ehepartner ist es bereits die zweite Ehe: er ist Arbeiter und zehn Jahre jünger als seine Frau, die der unteren Mittelschicht angehört. Bei der Vernehmung berichtet die Frau wider Erwarten, daß sie vor zwei Wochen noch einmal Geschlechtsverkehr mit ihrem Mann gehabt hat. Formell sind dadurch Ehewidrigkeiten bis zu diesem Datum verziehen. Kann dennoch geschieden werden? Die Kammer zieht sich zur Beratung zurück. Zwei Richter bleiben dabei, die Scheidung auszusprechen. Richter C. will die Klage abweisen. Schließlich stimmt C. doch zu: »Machen wir es. Ich will den Betrieb nicht aufhalten.« Beim Hinausgehen in den Sitzungssaal

1 Es ist in diesem Zusammenhang sicher interessant zu erfahren, wie sich die Arbeitszeit der Richter auf die einzelnen Arten ihrer Tätigkeit verteilt. Sie benötigen, wie aus einer Umfrage hervorgeht, 35 Prozent der Arbeitszeit für das Aktenstudium und das Finden der Entscheidung, 34 Prozent für das Absetzen ihrer Entscheidungen und 31 Prozent für Sitzungen, allgemeine Dezernatsarbeiten und ähnliches. Überraschend ist, wieviel Zeit für die Niederschrift des Urteils und der Urteilsbegründung aufgewandt wird.

meint er noch: »Die beiden sind es sowieso nicht wert, daß wir uns so lange mit ihnen befassen.«

Wenn sich im Prozeß Angehörige der oberen Mittelschicht gegenüberstehen oder wenn es um Dinge geht, die das persönliche Interesse des Richters erregen, geht es auch anders. In einem Fall beispielsweise, von dem Lautmann berichtet, und der sich um Mängel an einer Segeljacht drehte, beriet der Vorsitzende der Kammer an einem Tag mit drei Richtern mehr als zweieinhalb Stunden, am nächsten Tag nochmals eine Stunde über das Urteil. Der Grund für diesen ungewöhnlichen Zeitaufwand lag darin, daß der Vorsitzende ein begeisterter Segler war und das fragliche Boot sogar kannte.

Das liebe Geld und die Gerechtigkeit

Im Jahre 1974 wurden in Zivilsachen vor den Amtsgerichten etwa 860 000 Verfahren, vor den Landgerichten als erster Instanz etwa 469 000, vor den Landgerichten als zweiter Instanz etwa 48 000 und vor den Oberlandesgerichten etwa 45 000 Verfahren abgewickelt. Der Geschäftsanfall in Zivilsachen hat damit bei den Amtsgerichten und den Landgerichten als Berufungsinstanz seit Jahrzehnten den gleichen Umfang. Erhöht hat er sich bei den Landgerichten als erster Instanz (1960: 180 000) und dementsprechend bei den Oberlandesgerichten (1960: 26 000). Aber das hat die Justiz wohl dem steigenden Wohlstand zu verdanken. Die Leute streiten sich heute um größere Werte als früher, und sie sind auch, weil sie das Geld dazu haben, eher bereit, vor Gericht zu gehen. Frappierend ist allerdings die Tatsache, daß von den etwa 860 000 erledigten amtsgerichtlichen Verfahren nur knapp ein Viertel durch ein streitiges Urteil entschieden wurde. Weit mehr, nämlich rund 382 000 Verfahren, wurden durch Versäumnisurteile, Vergleich oder Zurücknahme der Klage beendet, und rund 68 000 machten insoweit keine Arbeit, als sie, wie es in der Juristensprache heißt, »ruhten«.

Diese Zahlen beweisen zweierlei: Sie beweisen einmal, daß die Gerichte sehr oft unnötig in Anspruch genommen werden. Da-

Geschäftsanfall bei den Zivilgerichten im Jahre 1974

	Erste Instanz		Berufungsinstanz	
	Amts- gerichte	Land- gerichte	Land- gerichte	Ober- landes- gerichte
Erledigte Verfahren	858 000	469 200	47 600	44 600
darunter durch				
Streitiges Urteil	198 000	204 400	27 100	24 400
Versäumnisurteil gegen Beklagten	182 000	52 300	400	230
Vergleich	82 500	49 900	6 400	7 400
Zurücknahme	117 000	59 900	7 900	8 400
Ruhendes Verfahren	67 700	41 000	690	1 150

Quelle: Statistisches Bundesamt.

für spricht die große Zahl der zurückgenommenen Klagen, der Versäumnisurteile und der ruhenden Verfahren. Wer eine Klage zurücknimmt, hat sie in den meisten Fällen unüberlegt oder überstürzt eingereicht, wer ein Versäumnisurteil gegen sich ergehen läßt, war sich in vielen Fällen von vornherein klar darüber, daß er auf verlorenem Posten stand und wollte nur einen rechtskräftigen Titel gegen sich verzögern und wer ein Verfahren ruhen läßt, hat offensichtlich oft gar kein Interesse daran, es wieder in Gang zu bringen.

Die gleichen Zahlen beweisen aber auch, daß die Gerichte jede Möglichkeit ausnutzen, sich zu entlasten und ihre Arbeit in jenen Grenzen zu halten, die von formalen Verfahrensregeln abgesteckt sind.

Mit einem Versäumnisurteil schließt der Richter eine Sache auf Anhieb beim ersten Termin ab. Es wird daher außerordentlich gern praktiziert, obwohl es zur Folge haben kann, daß Leute, die zu wenig Geld haben, um sich einen Anwalt leisten, und zu wenig Rechtskenntnisse, um sich selbst vertreten zu können, zunächst vorläufig, in vielen Fällen aber endgültig auch dann aus dem Rennen geworfen werden, wenn sie bei einem streitigen Verfahren vielleicht eine Chance hätten, wenigstens teilweise recht zu bekommen.

Ähnliche Gründe könnten auch für manches ruhende Verfahren maßgebend sein, wenn sich – in diesem Fall – der Kläger aus rein finanziellen Gründen außerstande sieht, einen Anwalt beizuziehen, und allein auf sich gestellt im Gestrüpp des Verfahrensrechts den Weg nicht findet, um zu seinem Recht zu kommen. Die Richter stört es dabei selten, daß in allen diesen Fällen die Armen auch die Dummen sind. Sie halten sich streng, zugleich aber auch mit sichtlichem Genuß an die formalen Regeln des Verfahrens, weil ihnen der formale Abschluß des Verfahrens die materielle Bearbeitung der Sache erspart. Die Form der Entscheidung wird damit wichtiger als deren Inhalt[1].

Welche Folgen ihre Entscheidung für den Betroffenen hat, interessiert viele von ihnen auch sonst sehr wenig. In einem Fall, in dem ein selbständiger Handwerker einen Verkehrsunfall mit hohem Schaden verursacht hatte, verweigerte die Haftpflichtversicherung den Versicherungsschutz, da es eine Schwarzfahrt gewesen sein sollte (und wahrscheinlich auch war). Die Kammer, vor der der Fall verhandelt wird, gibt der Versicherung recht. Ein Richter weist noch daraufhin, daß nach diesem Urteil der Handwerker ruiniert sein könnte. Der Vorsitzende zuckte darauf lediglich die Schultern.

In einem anderen Fall war ein Unfallverletzter statt in ein Unfallkrankenhaus in eine psychiatrische Krankenanstalt eingeliefert worden und dort gestorben. Seine Frau ficht die Unterbringung in dieser Anstalt an, wahrscheinlich als Grundlage für zu stellende Schadensersatzansprüche. Die Kammer weist ihre Beschwerde aus rein formalen, durchaus nicht zwingenden Gründen zurück. Einziger Kommentar eines Richters dazu: »Die Entscheidung ist hart für die Frau.«

Selbst wenn sich die Richter in beiden Fällen formal richtig verhalten haben, ist es gerade dieser Zug an ihnen, der ihnen

1 Richter Lautmann steuert zu dieser Feststellung folgende recht illustrative Anekdote bei: Bei einer Richterversammlung des Landgerichtes wird das Stuttgarter Modell für eine Prozeßbeschleunigung diskutiert. Bei dieser Verfahrensgestaltung findet möglichst nur ein, und zwar ein sorgfältig vorbereiteter Verhandlungstermin statt. Dagegen argumentiert Landgerichtsdirektor T. so: Wir müssen zunächst die Versäumnisurteile aussortieren. Also ist es doch besser, sogleich einen Termin anzusetzen. Bei einer späteren Abstimmung votieren drei Viertel der etwa sechzig anwesenden Richter für einen solchen Durchlauftermin.

den keineswegs schmeichelhaften Ruf von reinen Fachjuristen eingebracht hat und dem sie es zu verdanken haben, daß ihre Tätigkeit in weiten Kreisen der Bevölkerung wenig Wertschätzung genießt oder gar abfällig beurteilt wird. Und es ist ein schwacher Trost, daß es nicht allein eine deutsche Eigenschaft ist, einerseits die formellen Normen hinzunehmen und sich andererseits um die Konsequenzen der Entscheidung kaum zu kümmern. Auch die amerikanischen Richter wählen, wie H. Garfinkel herausgefunden hat, bei einem Schwanken zwischen dem Legalen und dem Gerechten gewöhnlich das Legale. Ein freizügiger Umgang mit dem formellen Programm ist auch dort verpönt.

So wenig die Richter die Folgen des Urteils für die Betroffenen berührt, so sehr messen sie allerdings die Auswirkungen des Urteils an gerichtsnahen und gerichtsinternen Umständen. Und so wenig es sie im allgemeinen bekümmert, ob ihre Urteile den Beifall oder das Mißfallen des Volkes erregen, so sehr interessiert sind sie daran, mit ihren Urteilen den Beifall ihrer Vorgesetzten und Kollegen zu gewinnen, deren Mißfallen nicht zu erregen. Sie sind damit zweifellos nach der falschen Seite hin orientiert. Denn immerhin ist das Volk, dessen Stimme sie kalt läßt, das gleiche, in dessen Namen sie Recht sprechen.

Der kleine Mann, einer Gewalt ausgeliefert, die er nicht versteht, einem Mechanismus preisgegeben, den er nicht beherrscht: Ist es also wirklich so, daß der Arme »nicht nur früher sterben muß«, sondern auch eher Unrecht erfährt; daß der, der weniger Geld hat, auch weniger Chancen besitzt, zu seinem Recht zu kommen?

Die Gerichtsgebühren[1] liegen in den Bereichen der niedrigen Streitwerte unter den Gebührensätzen für die Rechtsanwälte. In den Bereichen der höheren und höchsten Streitwerte nähern sie sich den Gebührensätzen der Rechtsanwälte, teilweise überschreiten sie sie. Bei einem Streitwert von 1000 DM beträgt die Gebühreneinheit nach der Gebührenordnung für

1 Die folgenden Zahlen berücksichtigen die am 15. September 1975 in Kraft getretenen Änderungen des Gerichtskostengesetzes und der Gebührenordnung für Rechtsanwälte.

Rechtsanwälte 65 DM, nach dem Gerichtskostengesetz 39 DM. Bei einem Streitwert von 100 000 DM macht eine volle Gebühr beim Rechtsanwalt 1430 DM, beim Gericht 812 DM aus, und bei einem Streitwert von einer Million DM beläuft sich eine Gebühr beim Anwalt auf 5730 DM, beim Gericht auf 6212 DM.

Der Staat bemißt seine Dienste für das Recht also offensichtlich unter dem Gesichtspunkt, daß an geringfügigen Streitigkeiten in der Regel Menschen mit kleinen Einkommen beteiligt sind, und daß Menschen, die mit höheren Streitwerten vor Gericht gehen, so viel Geld haben, daß sie die Kosten für die Minderbemittelten ruhig mittragen können. Man wäre geneigt, dieses Prinzip geradezu als vorbildlich sozial zu bezeichnen, aber eben nur im Prinzip. Effektiv haben Menschen, die weniger Geld haben, auch die geringeren Chancen, ihr Recht vor Gericht durchzufechten und durchzusetzen, einfach deshalb, weil für sie das Prozeßrisiko unverhältnismäßig größer ist als für diejenigen, die mehr oder sehr viel Geld haben.

Wer mit einem Streitwert von 200 DM vor Gericht geht, riskiert, daß ihn der verlorene Prozeß 170 DM kostet, und wer glaubt, einen Anspruch auf 500 DM durchsetzen zu können und den Prozeß zu diesem Zweck in zwei Instanzen führt, muß dafür möglicherweise 800 DM zahlen, wenn die Richter seinen Anspruch für unberechtigt halten. Bei einem Streitwert von 1600 DM riskiert er unter den gleichen Voraussetzungen 1845 DM, bei einem Streitwert von 5000 DM bereits 4350 DM. Fühlt er sich auch von der Berufungsinstanz ungerecht behandelt und ruft die dritte Instanz an, dann kann ihn das, wenn es um 50 000 DM geht, 27 000 DM, und wenn es um 100 000 DM geht, 36 000 DM kosten. Der arme Mann wird dann in dem einen Fall 77 000 DM, in dem anderen 136 000 DM los und wird sich verfluchen, weil er nicht lieber gleich aufgesteckt und bezahlt hat, was man von ihm haben wollte – auch wenn gar nicht so sicher war, daß er es wirklich hätte bezahlen müssen.

Nicht von ungefähr steuern daher finanzstarke Kläger oder Beklagte von vornherein hohe Streitwerte an. Sie können mit einiger Sicherheit damit rechnen, daß der finanziell schwächere Gegner nachgibt und sich lieber auf einen für ihn ungünstigen Kompromiß einläßt, als Prozeßkosten zu riskieren, die ihn finanziell ruinieren könnten.

Man kann auch aus anderen Gründen nicht sagen, daß die Justiz ein Herz für die sozial Schwachen hat. Wer einen Prozeß führen muß, ohne genügend Geld dafür zu haben, hat zwar einen gesetzlichen Anspruch auf die Bewilligung des Armenrechts und in der Regel auch auf die Beiordnung eines Rechtsanwalts[1]. Dieses Armenrecht wird jedoch nur nach einem langen Papierkrieg und durch einen Gerichtsbeschluß erteilt, der häufig einem vorweggenommenen Urteil gleichkommt[2]. Es wird grundsätzlich nur bewilligt, wenn die Aussichten, den Prozeß zu gewinnen, groß sind. Für die juristische Beratung vor einem Gerichtsverfahren sieht das Gesetz keinerlei Unterstützung durch den Staat vor.

Das soll jetzt anders werden – die Frage ist nur, ob es wirklich anders wird.

Der deutsche Anwaltsverein hat einen Gesetzentwurf über außergerichtliche Rechtshilfe für sozial schwache Bürger ausgearbeitet. Seine Kernforderung besteht darin, daß minderbemittelte Bürger einen Anspruch auf Rechtsvertretung durch einen Anwalt ihrer Wahl erhalten sollen, Rechtsanwälte diese Rechtshilfe nur aus einem wichtigen Grund ablehnen dürfen und der Staat dafür die Kosten tragen soll.

1 Die Gebühren eines Armenanwalts sind bis zu einem Streitwert von etwa 3 500 DM die gleichen wie die »normalen« Rechtsanwaltsgebühren. Danach beginnen sie immer stärker nach unten abzuweichen. Bei einem Streitwert von 4 000 DM (eine volle Rechtsanwaltsgebühr: 200 DM) beträgt die Gebühr des Armenanwalts 179 DM, bei einem Streitwert von 10 000 DM 278 DM (gegenüber einer »normalen« Rechtsanwaltsgebühr von 470 DM) und bei einem Streitwert von 20 000 DM 358 DM (normale Rechtsanwaltsgebühr 770 DM). Bei Streitwerten über 20 000 DM macht sie ohne Rücksicht auf die jeweilige Höhe des Streitwertes 375 DM aus. Bei einem Streitwert von beispielsweise 40 000 DM muß der Armenanwalt sein Honorar auf Grund dieses Gebührensatzes von 375 DM berechnen, während er nach der »normalen« Gebührenordnung 1 010 DM zugrundelegen könnte. Die Anwälte werden unter diesen Umständen kaum sehr daran interessiert sein, Armensachen zu übernehmen, – es sei denn, sie sind finanziell dringend darauf angewiesen.

2 Ausgerechnet die Sozialgerichtsbarkeit kennt übrigens die Einrichtung des Armenrechts nicht. Dazu braucht man weiter wohl nichts zu sagen.

Prozeßkosten in DM

Bei einem Streitwert von	I. Instanz 2 Anwälte ohne Beweistermine	I. Instanz 2 Anwälte mit Beweisterminen	II. Instanz 2 Anwälte ohne Beweistermine	II. Instanz 2 Anwälte mit Beweisterminen	III. Instanz 2 Anwälte ohne Beweistermine
150,–	90,–	130,–	–,–	–,–	–,–
200,–	115,–	170,–	–,–	–,–	–,–
250,–	145,–	220,–	–,–	–,–	–,–
500,–	230,–	350,–	310,–	460,–	–,–
1 000,–	380,–	570,–	510,–	750,–	–,–
1 600,–	540,–	795,–	710,–	1 050,–	–,–
2 000,–	640,–	950,–	850,–	1 250,–	–,–
5 000,–	1 240,–	1 950,–	1 630,–	2 400,–	–,–
10 000,–	2 510,–	3 600,–	3 000,–	4 400,–	3 300,–
50 000,–	5 800,–	8 300,–	7 000,–	10 200,–	7 700,–
100 000,–	8 000,–	11 000,–	9 600,–	13 900,–	10 800,–
500 000,–	23 000,–	32 000,–	28 000,–	42 000,–	32 000,–
1 000 000,–	36 000,–	54 000,–	49 000,–	73 000,–	55 000,–

Quelle: Manfred Schmeckenbecher »Kostenübersichtstabellen«. Boorberg Verlag München 1974 und eigene Berechnungen.

Die am 15. September 1975 in Kraft getretenen Erhöhungen der Gerichtskosten und der Rechtsanwaltsgebühren wurden berücksichtigt. Die angegebenen Kosten, die von der unterlegenen Partei bezahlt werden müssen, stellen eine Größenordung dar. Größere Abweichungen können sich vor allem ergeben, wenn Reisekosten, höhere Zeugengebühren oder Gutachterkosten anfallen.

In Bayern wird diese Art von Rechtshilfe seit 1975 probeweise bereits praktiziert. Die Anwälte erhalten für die Beratung von finanziell Minderbemittelten eine Stundenpauschale von 30 DM, von denen der Staat 20 DM übernimmt[1]. Als Berechtigungsnachweis muß dem Amtsgericht eine Verdienstbescheinigung vorgelegt werden. Das Amtsgericht gibt auch die Gutscheine aus, die der Anwalt zur Erstattung seiner Gebühren einlösen kann.

Ganz von ungefähr kommt dieses Konzept nicht. Die Anwälte wollen zweifellos mit ihrem Modell Verstaatlichungstendenzen entgegenwirken, die in letzter Zeit im Bereich der außergerichtlichen Rechtsberatung sichtbar geworden sind und sich in der Forderung des Arbeitskreises sozialdemokratischer Juristen nach der Einrichtung staatlicher Rechtsberatungsstellen niedergeschlagen haben. Als Vorbild dient hier die Hamburger Öffentliche Rechtsauskunftsstelle (ÖRA), in der Richter, Staatsanwälte und Verwaltungsjuristen ehrenamtlich sozial schwachen Bürgern erste rechtliche Hilfe gewähren.

Beide Vorschläge haben ihre Schattenseiten.

Die staatlichen Berater sind gehalten, unparteiisch zu beraten, und das ist bedenklich. Jede Rechtsberatung, die der Hilfe durch einen Anwalt gleichwertig sein soll, muß notwendigerweise parteiisch sein. Denn es geht schließlich darum, einen bestimmten Anspruch eines bestimmten Mandanten durchzufechten, und das ist ohne Parteinahme nicht möglich. Der nordrhein-westfälische Justizminister Posser vertritt überdies die Ansicht, daß sich eine chancengleiche Rechtshilfe durch eine staatliche Beratung auch deshalb nicht erreichen läßt, weil den auf ihrem Berufsfeld spezialisierten Mitarbeitern der staatlichen Rechtsberatungsstellen die Rechtsprobleme des »kleinen Mannes« in der Regel fremd sind. Mit einem Wort: Wie staatliche Beratungsstellen tatsächlich funktionieren sol-

1 Um Mißbrauch zu verhindern und der Beratung auch in den Augen des Ratsuchenden einen bestimmten Wert zu verleihen, soll der Honoraranteil, der von den Bedürftigen selbst getragen werden muß, zum Teil oder ganz nur erlassen werden, wenn er dem Bedürftigen wirklich nicht zugemutet werden kann.

len, weiß noch niemand – ganz abgesehen von der Frage, ob sie überhaupt eine brauchbare Lösung des Problems darstellen.

Fraglich ist aber auch, ob das von den Anwälten vorgeschlagene und in Bayern probeweise praktizierte Verfahren sich im Alltag der Anwaltskanzleien bewährt. Sowie es offenbar in der Natur der Sache liegt, daß die Ärzte ihren Privatpatienten mehr Zeit und Sorgfalt widmen als den Kassenpatienten, könnte ähnliches dem recht- und ratsuchenden Bürger mit einem staatlichen Berechtigungsschein in der Hand passieren. Im Drang der Anwaltsgeschäfte wäre es nicht verwunderlich, wenn er wie ein Mandant zweiter Klasse behandelt würde.

Im Strafverfahren liegt manches im argen

Wenn es nicht so traurig wäre, wäre es zum Lachen: Hört man die Richter auf der einen, die Rechtsanwälte auf der anderen Seite über die notwendigen Reformen des Strafverfahrens sprechen, könnte man meinen, beide redeten von völlig verschiedenen Dingen. Was in den Augen der einen jedes ordentliche Verfahren verhindert, wird von den anderen als unabdingbare Voraussetzung für ein solches Verfahren gehalten. Und was die einen als wesentliche Elemente einer modernen Strafrechtspflege betrachten, gilt den anderen als deren totaler Ruin. Die Rechtspolitiker, zwischen beiden Fronten hin und her gerissen, tun das, was sie zu allerletzt tun dürften. Sie lassen entweder die Dinge laufen, wie sie sind, oder sie gehen mal auf der einen Seite einen Schritt zu weit, um den Vorstellungen der einen Rechnung zu tragen, oder machen einen Schritt zuwenig, um den anderen nicht weh zu tun. Das völlige Fehlen einer in sich geschlossenen, auf bestimmte Zielpunkte ausgerichteten Konzeption könnte deutlicher nicht demonstriert werden. Dieser Mangel trägt auch die Schuld daran, daß beim Strafverfahren vieles wirklich im argen liegt.

Im argen liegt es, wenn die Staatsanwälte im Ermittlungsverfahren im allgemeinen nach allem greifen, was ihren Verdacht stützt, die Aussagen von Belastungszeugen aufbauschen und Entlastungszeugen überhaupt nicht oder nur beiläufig hören. Es ist auch nicht sehr glücklich, daß die Richter, die über die Zulassung der Anklage entscheiden, die gleichen sind, die über den Angeklagten zu Gericht sitzen und das Urteil über ihn fällen. Sie können, da sie den Beschuldigten für »hinreichend verdächtig« halten mußten, wenn sie die Anklage zuließen, in der Hauptverhandlung bereits auf eine bestimmte Beurteilung des Falles fixiert sein.

Absolut unbefriedigend ist ferner die Praxis der Verhandlungsprotokolle. Diese Protokolle sollen vor allem ersichtlich machen, ob die Förmlichkeiten in der Verhandlung beachtet worden sind. Sie enthalten daher hauptsächlich die Bezeichnung der in der Verhandlung verlesenen Schriftstücke, die gestellten Anträge, die ergangenen Entscheidungen und die Urteilsformel. Wesentliche Ergebnisse von Vernehmungen sind lediglich bei Verhandlungen vor dem Strafrichter und dem Schöffengericht in das Protokoll aufzunehmen, wobei es gewöhnlich dem Protokollführer überlassen bleibt, was er für wesentlich hält. Wortprotokolle werden nur dann angefertigt, wenn es das Gericht aus besonderem Anlaß für notwendig hält oder eine »am Verfahren beteiligte Person« beantragt. Oft kann daher in der nächsthöheren Instanz nicht genau festgestellt werden, was ursprünglich gesagt oder nicht gesagt worden ist.

Wahrscheinlich das größte Übel von allem ist aber die lange Dauer der Verfahren, unerklärlich vom Standpunkt der Strafverfolgung aus, unvertretbar im Interesse der Rechtspflege und unverantwortlich gegenüber dem Angeklagten, der oft jahrelang über den Ausgang seines Verfahrens im Ungewissen bleibt. Im Jahre 1973 waren allein vor den Amtsgerichten fast 30 000 Verfahren anhängig, die mehr als 12 und bis zu 24 Monaten dauerten, mehr als 5000 Verfahren zogen sich mehr als zwei Jahre und bis zu drei Jahren hin und 1300 Verfahren beanspruchten eine Zeit von mehr als drei Jahren.

Wer der Hauptverhandlung auf freiem Fuß entgegensieht, kann dabei noch von Glück reden. Schlimmer ist es für einen, der sie in Untersuchungshaft abwarten muß. Dieses Schicksal kann jedem Verdächtigen blühen, gleichgültig wie er sich ver-

Dauer der Strafverfahren

	Amts-		Land-gerichte		Land-	
	Erste Instanz				Berufungsinstanz	
	1972	1974	1972	1974	1972	1974
Erledigte Verfahren	816 799	972 300	10 180	9 940	53 913	56 500
davon:						
Dauer des Gerichtsverfahrens:						
bis einschl. 3 Monate	529 485	628 600	5 137	4 400	33 338	33 000
3–6 Monate	189 932	215 100	2 764	2 870	13 463	14 900
6–12 Monate	73 691	91 000	1 446	1 630	5 231	6 230
12–24 Monate	23 679	29 600	644	720	1 575	2 050
24–36 Monate	3 984	5 980	134	200	233	290
mehr als 36 Monate	1 028	2 100	55	100	73	125

hält. Leugnet er die ihm vorgeworfene Tat, kann er in Untersuchungshaft kommen, weil er den Tatbestand zu vernebeln versucht. Gibt er sie zu, hat er damit in bestimmten Fällen seine Anwartschaft auf eine Zelle im Untersuchungsgefängnis gleich mitunterschrieben.

Wegen 31 Mark, um die er angeblich eine Tankstelle prellen wollte, saß ein türkischer Gastarbeiter ein Jahr, zwei Monate und fünf Tage im Untersuchungsgefängnis und wartete auf seinen Prozeß. Als er – im Juni 1974 – endlich vor dem Münchner Amtsgericht stand, wurde er freigesprochen. Auf die Frage, warum es denn so lange bis zum Prozeß gedauert habe und der Mann so lange in Untersuchungshaft habe sitzen müssen, erklärte der Richter: »Der Türke hat selber schuld. Im letzten Sommer bekam er eine Haftpsychose, schrie in seiner Zelle, drohte mit Selbstmord und mußte vier Wochen in eine psychiatrische Klinik. Und im März konnten wir auch nicht verhandeln. Da wollte sein Anwalt Urlaub machen.« Ein Extremfall? Mag sein. Aber daß so etwas überhaupt möglich ist, spricht Bände und scheint den alten Spruch zu bestätigen, daß in Deutschland – trotz liberalisiertem Haftrecht – nach wie vor zuerst verhaftet und dann ermittelt wird.

Als schlichter Bürger kann man allerdings auch den Eindruck gewinnen, daß in der Bundesrepublik gerade in Fällen, in denen es notwendig wäre, zu wenig verhaftet wird. Man hört von Straftätern, die nach wenigen Tagen Haft ihre kaum gewonnene Freiheit nur dazu benutzen, neue Straftaten zu begehen; man hört von langgesuchten Verbrechern, die die Polizei endlich dingfest gemacht hat und die sich nach kurzer Zeit wieder ihrer Freiheit erfreuen können, und man hört, daß selbst Triebtäter aus der Haft entlassen werden, wenn sie einen festen Wohnsitz haben und kein Fluchtverdacht besteht.

Das eine schließt das andere nicht aus. Beides zusammen ist möglich und beides zusammen ergibt erst das richtige Bild: Es wird in Deutschland auf der einen Seite zu wenig, auf der anderen Seite zu viel verhaftet. Und man läßt allzu oft die Falschen zu lange sitzen und allzu oft die Falschen zu bald laufen.

An der langen Dauer der Verfahren tragen im übrigen nicht zuletzt die Rechtsanwälte ein gerütteltes Maß an Schuld, vor allem dann, wenn sie sehen, daß die Rechtslage für ihren Mandanten ungünstig ist. Ihnen sind durch das gegenwärtige Verfahrensrecht viele Möglichkeiten in die Hand gegeben, das Ermittlungsverfahren zu verzögern, und sie nutzen diese Möglichkeiten nach Kräften aus, weil sie damit rechnen, daß im Verlauf der Zeit manche Dinge in einem anderen Licht gesehen werden als dies ursprünglich der Fall war, daß die Vergeßlichkeit der Zeugen im gleichen Grad wie ihre Verzeihungsbereitschaft wächst, nur noch wahrscheinlich ist, was vorher sicher war. Die ihnen eingeräumte Akteneinsicht in jedem Stadium des Verfahrens dient faktisch oft weniger der Wahrheitsfindung als der Rechtserschwerung, weil die Anwälte dadurch in die Lage versetzt werden, mit Hilfe rein formaler Mängel oder Lücken, die sie entdecken, das Verfahren zu verschleppen oder gar lahmzulegen. Im Spannungsfeld zwischen den Schutzinteressen des Gemeinwesens und den Schutzinteressen des einzelnen geraten so die Interessen der Gesellschaft ins Hintertreffen. Für viele ist ein Strafverfahren erst dann so richtig fortschrittlich, wenn es die Befugnisse der strafverfolgenden Behörden möglichst einengt, dem Beschuldigten gleichzeitig einen möglichst weiten Spielraum gewährt. Ein Zuviel an Recht, das scheint die groteske Konsequenz zu sein, kann sehr leicht dazu führen, daß das Unrecht die Oberhand gewinnt.

Geschäftsanfall bei den Strafgerichten im Jahre 1974

	Amts-gerichte als Erste Instanz	Land-gerichte als Erste Instanz	Land-gerichte als Ber.- u. Rev.-Instanz	Oberlandes-gerichte als Ber.- u. Rev.-Instanz
Erledigte Verfahren	972 300	9 900	56 500	13 100
darunter wegen				
Verbrechen	7 900	5 900	2 100	300
Vergehen	555 500	4 000	54 200	7 100
Übertretungen	9 700	–	200	100
Ordnungswidrigkeiten	399 100	–	–	5 700

Quelle: Statistisches Bundesamt.

Ein Gerichtssaal ist kein Ballsaal

Aus grauer Theorie wird harte Wirklichkeit, wenn der Bürger als Angeklagter dem Gericht gegenübersteht, dort zu spüren bekommt, wie gut, schnell und überzeugend er sein Recht findet, so er im Recht ist, wie schnell und überzeugend er aber auch bestraft wird, wenn er gegen das Recht verstoßen hat.

Wer glaubt, in dem Mann, der über ihn richtet, einen Souverän vor sich zu haben, der in würdiger Distanz zur Person und Sache steht, wird bald von dieser Illusion geheilt. Der Richter thront nicht über den Parteien, wie er es in der Vorstellung des Bürgers sollte, sondern steigt in die Arena des Streits hinab und schlägt sich dort mit ihm, dem Staatsanwalt und dem Verteidiger herum. Er verwandelt sich unversehens in einen Vernehmungsbeamten, der, nicht viel anders als vorher Polizei und Staatsanwaltschaft, versucht, die Tatbestände, die ihm angelastet werden, zu erforschen. In eine Frontstellung zum Richter gedrängt, verliert der Angeklagte sehr rasch jedes Vertrauen in die Unvoreingenommenheit des Gerichts – auch dann, wenn ihm das Gericht unvoreingenommen gegenübertritt.

Er wird auch nicht eben zimperlich behandelt, obwohl das im Widerspruch zu der vielbeschworenen These steht, daß jedermann so lange als unschuldig gilt, solange seine Schuld nicht bewiesen ist. Er muß sich einiges sagen lassen, in unüberhörbarer Ironie oder ätzender Schärfe, und muß Sätze über sich ergehen lassen wie: »Was glauben Sie denn, mit dem Sie reden!« – »Sie sind nicht verklemmt, nein!« – »Was können Sie denn überhaupt?« Oder: »Bei Ihrer Persönlichkeit ist es nicht drin, daß Sie genauere Pläne machen![1]«

Das Dilemma liegt auf der Hand: Der Gerichtssaal ist kein Ballsaal, in dem man sich mit ausgesuchter Höflichkeit begegnet, die Angeklagten in der Regel keine Unschuldsengel, denen man mit Takt und Höflichkeit beikommt. Höflichkeit und Duldsamkeit werden im Gegenteil sehr oft als Schwäche angesehen und entsprechend ausgenutzt. Fast könnte man den Richter unter diesen Umständen bedauern, denn wie er's macht, macht er's falsch. Sitzt er auf dem hohem Roß und springt mit den Angeklagten um, wie sie es seiner Ansicht nach verdienen, läuft er leicht Gefahr, sie in einer Weise zu behandeln, die sie auch dann nicht verdienen, wenn sie sich gegen das Gesetz vergangen haben. Gibt er sich leutselig, gütig und zuvorkommend, kann ihm leicht passieren, daß ihm der Angeklagte auf dem Kopf herumtanzt. Wie immer er sich aber verhält, den Beifall für sein Verhalten wird er immer aus der falschen Ecke bekommen.

Den »professionellen« Angeklagten, den Mann, der daran gewohnt ist, die Anklagebank zu drücken, wird das alles wenig bekümmern. Aber in die Mühlen des Strafgerichts geraten Menschen auch aus Leichtsinn, Unüberlegtheit oder Not. Sie müssen die bittere Erfahrung machen, daß man mit ihnen nicht viel anders umgeht als mit professionellen Gaunern. Denn

1 Diese Sätze wurden in öffentlichen Verhandlungen im Rahmen einer Untersuchung mitprotokolliert, die die Hamburger Universität über das Verhalten von Richtern gegenüber Angeklagten durchgeführt hat. Von den 18 Gerichtsvorsitzenden, die beobachtet wurden, gebrauchen fünf in insgesamt 36 Verhandlungen das Wort »bitte« überhaupt nicht, die anderen höchstens einmal in der Stunde. Nur zwei von ihnen kamen ohne jede Befehlsfloskel aus, und ein Richter verwendete sogar das Wort »bitte« alle acht bis neun Minuten. Eine parallel dazu erfolgte Befragung von Strafgefangenen ergab, daß sich nur 40 Prozent an einzelne positive Eigenschaften ihrer Richter, dagegen 60 Prozent nur an negative erinnerten.

auch Richter können nicht aus ihrer Haut heraus. Sie haben sich so daran gewöhnt, es vorwiegend mit professionellen Rechtsbrechern zu tun zu haben, daß sie ihr Verhalten nicht von einem Fall auf den anderen wie einen Anzug wechseln können.

Kaum jemand, ob er nun mit dem Gesetz in Konflikt kommt oder nicht, zerbricht sich den Kopf darüber, auf welche Weise die Richter ihre Urteile bilden, unter welchen Voraussetzungen und Bedingungen diese Urteile zustandekommen. Man sieht es als wichtigste Aufgabe des Richters an, die Wahrheit zu finden, sie aus dem Wirrwarr von Lüge, Verdrehung und Vertuschung herauszulösen. Wenn Vorwürfe gegen einen Richter erhoben werden, bestehen sie daher auch vor allem darin, daß er nicht sorgfältig genug alle Umstände geprüft, wesentliche Zusammenhänge übersehen, falsche Zusammenhänge hergestellt, mit einem Wort nicht alles getan hat oder dazu unfähig war, den Dingen auf den Grund zu gehen. Wenn ihm das aber gelungen ist, dann kann ihm eigentlich – so müßte man zumindest annehmen – das Urteil darüber nicht schwerfallen. Da vom Gesetz für bestimmte Tatbestände auch bestimmte Strafrahmen gezogen sind, hat der Richter sozusagen für jeden Fall einen Paragraphen parat, und kann danach urteilen.

Die Wirklichkeit sieht anders aus. Der Richter ist nicht jene »neutrale« Person, die von höherer Warte aus alle Fakten sammelt, abwägt und dann auf Grund dieser Fakten sein Urteil spricht. Dieses Urteil ist nicht nur das Ergebnis einer Tatbestandsaufnahme, wie sie etwa durch Aussagen von Angeklagten und Zeugen zustandekommt, nicht nur das Resultat von Beweisen, die von Staatsanwalt und Verteidiger vorgelegt wurden. Es hängt in sehr wesentlichem Umfang von Umständen ab, die mit dem konkreten, zur Verhandlung stehenden Fall überhaupt nichts zu tun haben, nämlich von der Persönlichkeitsstruktur des Richters, seinen subjektiven, einzig und allein in seiner Person begründeten Wertvorstellungen, seinem auf Grund rein persönlicher Erfahrungen und Kenntnisse geformten Weltbild.

Wäre es anders, müßten von verschiedenen Richtern identische Delikte mit identischen Tatbestandsmerkmalen annähernd gleich bestraft, müßten sogar völlig gleiche Strafen ausgesprochen werden, wenn Straftäter und Straftaten identisch sind. Das ist nicht der Fall. In der Gerichtspraxis zeigt sich immer wieder, wie hart ein Straftäter bei dem einen Gericht bestraft wird, und wie billig ein anderer für das gleiche Vergehen bei einem anderen Gericht davonkommen kann.

Wie unterschiedlich die Urteile aber selbst in völlig identischen Fällen ausfallen, illustriert eine Untersuchung von Karl-Dieter Opp und Rüdiger Peuckert aus dem Jahre 1971[1]. Im Rahmen dieser Untersuchung hatten 500 bayerische Strafrichter folgende sechs Fälle zu beurteilen:

Vor Gericht steht Herr X, 25 Jahre alt, unverheiratet und Angestellter in einer Buchhandlung (Fall 1 a). Die Gerichtsverhandlung ergibt folgenden Sachverhalt:

X hat eine im Verhältnis zu seinem Einkommen recht kostspielige Freizeitbeschäftigung: Er reist gern. Sein Arbeitgeber, dem dies auffällt, hält es für möglich, daß sich X zusätzliche finanzielle Mittel beschafft, indem er Bücher stiehlt und weiterverkauft. Er beobachtet X und ertappt ihn eines Tages beim Diebstahl von Kunstbänden im Wert von rund 300 DM.

X ist nicht vorbestraft. Seinem Arbeitgeber, der als Zeuge auftritt, war an ihm schon immer einiges unangenehm aufgefallen, so verschiedene Damenbekanntschaften und die Tatsache, daß X mit einem jungen Mann befreundet ist, der wegen einfacher und gefährlicher Körperverletzung mehrfach vorbestraft ist. Auch beruflich soll sich X nach seinen Aussagen »nicht gewissenhaft« verhalten haben. Er schwatzte etwa den Kunden wiederholt auf raffinierte Weise Bücher auf.

Der gleiche Sachverhalt, nur hat in diesem Fall ein Fräulein Y, Sortimenterin im Buchgeschäft, die Kunstbände gestohlen. Das Motiv für den Diebstahl ist bei ihr das gleiche wie bei X, nämlich sich durch den Verkauf der gestohlenen Bücher zusätzliche Einkünfte zu verschaffen. Fräulein Y unterscheidet sich aber in folgenden Punkten von Herrn X:

1 Karl-Dieter Opp/Rüdiger Peuchert, »Ideologie – Fakten, Rechtsprechung«, München 1971.

Sie ist 52 Jahre alt und sehr gewissenhaft. Sie bemüht sich immer, die Wünsche der Kunden zu erfüllen und verkehrt nur mit unbescholtenen Personen. Für ihren Arbeitgeber ist der Diebstahl daher unverständlich.

Das Verhalten der Richter wurde an einem weiteren Fall getestet (Fall 2), in dem die sozialen Schichtzugehörigkeiten des Täters und des Opfers so variiert wurden, daß insgesamt vier Versionen entstanden.

Vor Gericht steht B., Major der Bundeswehr, 55 Jahre alt (Fall 2 a). Die Anklage lautet auf Totschlag. Die Gerichtsverhandlung ergibt folgendes:

Die 13jährige Tochter des Majors wurde auf dem Schulweg von dem 52jährigen Regierungsrat V. überfallen und vergewaltigt. Major B. griff, nachdem er davon hörte, zu seiner Dienstwaffe und erschoß den ihm bekannten V. Regierungsrat V. war verheiratet und Vater von drei Kindern.

Die Verhandlung ergab, daß Major B., bisher ohne Vorstrafen, im Affekt gehandelt habe. Er hatte sich sofort nach der Tat der Polizei gestellt, ein volles Geständnis abgelegt und erklärt, daß er den Vorfall zutiefst verabscheue, da er jede Art von Selbstjustiz prinzipiell ablehne.

In dieser Version gehörten Täter und Opfer der Oberschicht an. In den folgenden Versionen wurde die soziale Schicht des Opfers und des Täters so variiert, daß (Fall 2 b) der Täter aus der Unter- und das Opfer aus der Oberschicht stammte, dann (Fall 2 c) der Täter der Oberschicht, das Opfer der Unterschicht angehörten, und schließlich (Fall 2 d) sowohl Täter wie Opfer Angehörige der Unterschicht waren. (In den Versionen 2 b und 2 d wurde dabei angenommen, daß der Täter, ein Hilfsarbeiter, nach einer Pistole griff, die er schon seit längerer Zeit rechtmäßig im Besitz hatte.)

Im Fall 1 (Diebstahl der Bücher) wurden über den Sortimenter X härtere Urteile gefällt als über die Sortimenterin Y. Der Sortimenter erhielt Strafen zwischen 50 DM und sechs Monaten Gefängnis ohne Strafaussetzung zur Bewährung, bei der Sortimenterin betrug die Höchststrafe sechs Wochen Gefängnis ohne Strafaussetzung zur Bewährung.

Urteil	In Fall 1a	In Fall 1b
	verhängten ... % der Richter	
Geldstrafe von 50 bis 400 DM	6	16
Geldstrafe von 450 bis 2000 DM	10	9
Geldstrafe anstelle von 2 bis 22 Tagen Gefängnis	18	26
Geldstrafe anstelle von 25 Tagen bis 4 Monaten Gefängnis	22	24
1 Woche bis 4 Wochen Gefängnis mit Bewährung	20	14
5 Wochen bis 10 Monate Gefängnis mit Bewährung	16	7
1 Woche bis 6 Wochen Gefängnis ohne Bewährung	4	2
2 bis 6 Monate Gefängnis ohne Bewährung	2	0
Keine Antwort	2	2

Auch im Fall 2 schwankten die Urteile in allen Versionen ganz beträchtlich. Sie begannen mit fünf Monaten Gefängnis und reichten bis fünf Jahre Gefängnis ohne Strafaussetzung zur Bewährung, und das sind Spannen, die sich sehen lassen können.

Urteil	In Fall 2a	In Fall 2b	In Fall 2c	In Fall 2d
	verhängten ... % der Richter			
Bis 5 Monate mit Bewährung	0	0	4	1
5 bis 8 Monate mit Bewährung	10	11	12	16
9 und 10 Monate mit Bewährung	19	15	21	15
6–11 Monate ohne Bewährung	10	14	21	12
12–17 Monate ohne Bewährung	17	20	16	17
18–24 Monate ohne Bewährung	22	15	16	16
2–5 Jahre ohne Bewährung	12	19	9	17
5–12 Jahre ohne Bewährung	5	3	1	4
Keine Antwort	5	3	0	1

	Täter	Opfer
2a:	Major der Bundeswehr (Oberschicht)	Regierungsrat, verheiratet 3 Kinder, nicht vorbestraft (Oberschicht)
2b:	Hilfsarbeiter, arbeitslos (Unterschicht)	Regierungsrat (wie in 2a) (Oberschicht)
2c:	Major der Bundeswehr (Oberschicht)	Arbeiter, unverheiratet vorbestraft (Unterschicht)
2d:	Hilfsarbeiter, arbeitslos (Unterschicht)	Arbeiter (wie in 2c) (Unterschicht)

Andere Richter – andere Urteile

Bei der Suche nach den Gründen, warum Richter über ein und dieselbe Sache so unterschiedliche Urteile fällen, bestätigen sich gängige Vorstellungen darüber, daß eine bestimmte Art von Richtern zu einer bestimmten Art von Urteilen tendiert, andere, ebenso weitverbreitete Vorstellungen erweisen sich als Vorurteile. Es stellt sich außerdem heraus, daß Faktoren eine Rolle spielen, die man entweder völlig übersieht oder deren Bedeutung man weit unterschätzt.

Populär ist sicherlich die Vorstellung, daß bestimmte Richter von vornherein dazu neigen, relativ harte oder relativ milde Strafen zu verhängen. Tatsächlich zeigt sich auch im Fall 1, daß mehr als die Hälfte aller Richter sowohl Herrn X als auch Fräulein Y milde und daß ein Viertel der Richter sowohl Herrn X als auch Fräulein Y hart bestrafte. Nur 20 Prozent von ihnen sprachen über Herrn X ein hartes, über Fräulein Y jedoch ein mildes Urteil aus. In diesem Fall neigte also eine große Mehrheit der Richter dazu, beide Täter hart oder beide milde zu bestrafen.

Bezieht man aber die im Fall 2 (Totschlag) gefällten Urteile mit in die Betrachtung ein, ergibt sich ein wesentlich anderes Bild. Nur die Hälfte der Richter fällte sowohl im Fall 1 (Diebstahl) als auch im Fall 2 (Totschlag) harte beziehungsweise milde Urteile. Die andere Hälfte der Richter urteilte im einen Fall hart und im anderen milde oder umgekehrt. Es ist also ein großer Unterschied, ob es sich um einen gegebenen Tatbestand mit verschiedenen Tätern (Fall 1) oder um verschiedene Tatbestände und verschiedene Täter (Fall 1 und 2 zusammengenommen) handelt.

Ein Irrtum ist es auch anzunehmen, daß Richter, die bestimmte Delikte häufig aburteilen, einheitlicher bestrafen als Richter, die solche Delikte selten oder nie aburteilen. Genau das Gegenteil ist der Fall. Bei Richtern, die häufig mit Diebstählen (Fall 1) oder mit dem Tatbestand des Totschlags (Fall 2) zu tun hatten, waren die Urteile erheblich unterschiedlicher als bei Richtern, die mit diesen Delikten selten oder überhaupt nicht befaßt waren.

Es trifft schließlich nicht zu, daß Richter, wie man immer wieder hören kann, um so härter strafen, je konservativer, und um so milder, je liberaler sie sind. Es gibt ebenso viele konservative Richter, die niedrige Strafen verhängen, wie liberale Richter, die harte Strafen aussprechen. Die persönliche Grundeinstellung des Richters spielt jedoch in anderer Hinsicht eine Rolle. So tendieren konservative Richter offensichtlich dazu, Täter aus der Unterschicht härter zu bestrafen als Täter aus der Oberschicht, während liberale Richter Täter aus der Oberschicht härter anpacken als solche aus der Unterschicht. Konservative Richter urteilen überdies härter, wenn Täter und Opfer derselben sozialen Schicht angehören, und milder, wenn Täter und Opfer aus unterschiedlichen sozialen Schichten stammen. Genau das Gegenteil ist bei den liberalen Richtern der Fall. Sie sprechen härtere Urteile aus, wenn Täter und Opfer aus verschiedenen sozialen Schichten stammen, und mildere, wenn sie aus der gleichen sozialen Schicht kommen.

Und um auch dies noch zu erwähnen: Daß Richter um so härter strafen, je älter sie sind, ist ein Aberglaube. Ebenso hart wie die 56- bis 65jährigen urteilen die 31- bis 45jährigen.

Alles in allem genommen, könnte man also auf Grund dieser Beobachtungen sagen, daß ein Angeklagter ausgesprochenes Pech hat, wenn er aus der Unterschicht kommt und an einen Richter gerät, der konservativ eingestellt ist, autoritär denkt, und 33 oder 60 Jahre alt ist. Und man könnte sagen, daß derselbe Angeklagte ausgesprochenes Glück hat, wenn er einen liberalen Richter findet, der nicht autoritär eingestellt und 50 Jahre alt ist.

Aber so einfach lassen sich die unterschiedlichen Strafhöhen bei gleichen Tatbeständen denn doch nicht erklären. Denn auch innerhalb der Urteilssprüche der konservativen wie der liberalen, der autoritären wie der nicht-autoritären Richter schwankt die Höhe der zugemessenen Strafe in beachtlichem Ausmaß.

Der Grund dafür liegt zunächst darin, daß jeder Richter in der Regel mit seinem Urteil ein bestimmtes Ziel verfolgt. Dieses Ziel kann darin bestehen, den Straftäter von weiteren Straftaten abzuhalten (die sogenannte Spezialprävention, die durch Abschreckung oder Besserung erreicht werden soll), ganz allgemein Straftaten dieser oder ähnlicher Art zu verhindern (die sogenannte Generalprävention) oder die Tat zu sühnen (das sogenannte Sühneziel). Es liegt auf der Hand, daß bei beabsichtigter Generalprävention andere Strafen als richtig erachtet werden als bei Spezialprävention und noch andere, wenn die Strafe als Sühne angesehen wird.

Die Art des Strafziels ist nicht unbedingt an die Persönlichkeitsstruktur des Richters gebunden. Bestimmte Zusammenhänge zwischen bestimmten Strafzielen und bestimmten Kategorien von Richtern sind jedoch unverkennbar. Je höher der Status des Richters ist, um so mehr neigt er dazu, das Ziel Spezialprävention zu verfolgen[1]. Richter, die aus den Mittelschichten stammen, betrachten am ehesten die Spezialprävention als wichtigstes Strafziel, Richter, die aus der Unterschicht stammen, dagegen das Sühneziel[2]. Wer also am Sühnegedan-

1 Bei den Amtsgerichten akzeptieren laut der von Opp-Peuckert durchgeführten Befragung 36 Prozent der Assessoren und 52 Prozent der Amtsgerichtsräte das Ziel »Spezialprävention«, bei den Amtsgerichtsdirektoren sind es sogar 62 Prozent. Bei den Landgerichten akzeptieren das Ziel »Spezialprävention« 35 Prozent der Landgerichtsräte und 46 Prozent der Landgerichtsdirektoren.

2 Laut Opp-Peuckert erklärten als wichtigstes Strafziel die Spezialprävention 49 Prozent der Richter aus der oberen Mittelschicht und 39 Prozent der Richter aus der Unterschicht, die Sühne der Tat dagegen 41 Prozent der Richter aus der oberen Mittelschicht und 50 Prozent der Richter aus der Unterschicht.

ken zweifelt, müßte sich eigentlich darüber freuen, daß die deutschen Richter vorwiegend aus den oberen sozialen Schichten stammen. Diese ansonsten keineswegs befriedigende Tatsache scheint wenigstens den einen Vorteil zu haben, daß in den deutschen Gerichtssälen weniger Rache geübt wird, als es der Fall wäre, wenn in der Richterschaft Angehörige der Unterschicht stärker repräsentiert wären. Aber wie dem auch sei: Mit dem Strafziel allein ist es nicht getan. Wesentlich für den Urteilsspruch, für den sich der Richter letztlich entscheidet, ist die Frage, welches Strafausmaß er für geeignet hält, das von ihm bevorzugte Strafziel am ehesten zu erreichen. Wenn er das Ziel der Spezialprävention verfolgt, ist für sein Urteil entscheidend, wie groß er die Gefahr des Rückfalls einschätzt. Ist er Anhänger der Generalprävention, wird die abschrekkende Wirkung des Urteils in der Öffentlichkeit das Strafmaß bestimmen. Schwebt ihm als wesentliches Strafziel das Sühneziel vor, dann wird für sein Urteil maßgebend sein, wie groß er die Schuld des Straftäters einschätzt.

So weit, so gut. Kritisch wird es, wenn man sich fragt, woher die Richter ihre Weisheit beziehen, daß bei einem bestimmten Straftäter die Wahrscheinlichkeit des Rückfalls größer ist als bei einem anderen, oder nach welchem Maßstab sie die Größe der Schuld messen. Es mag noch hingehen, als Erfahrungstatsache zu akzeptieren, daß Menschen, die einen »schlechten« Umgang haben, eher zu weiteren Straftaten neigen als Menschen mit »gutem« Umgang, daß diejenigen, die mit Vorbestraften Kontakte haben, eher rückfällig werden als diejenigen, die keine solchen Kontakte haben, oder daß Vorbestrafte eher rückfällig werden als nicht Vorbestrafte. Bedenklicher wird es, wenn innere Veranlagung und persönliche Neigungen zu einem bestimmten Verhalten ins Spiel kommen. Wenn etwa apodiktisch festgestellt wird, daß der Angeklagte charakterlich labil sei und aus diesem Grund härter bestraft werden müsse, um ihn von künftigen Straftaten abzuhalten, fragt man sich unwillkürlich, was denn unter dem Begriff der charakterlichen Labilität zu verstehen ist. Und wenn zur Begründung des Strafmaßes lapidar festgestellt wird, daß der

Straftäter über »beträchtliche« kriminelle Energien verfüge, dann ist man brennend interessiert zu erfahren, in welchen meßbaren Größenordnungen sich derartige kriminelle Energien ausdrücken lassen.

Der Richter, der in seinen Urteilsbegründungen mit derlei Thesen operiert, mag in vielen Fällen ins Schwarze treffen, in vielen aber auch nicht. Seine Überzeugung von der Richtigkeit dieser Thesen kann er ja auf nichts anderes als auf seine Lebenserfahrung stützen, auf nicht nachvollziehbare persönliche Erfahrungen also, die seinem subjektiven Alltagswissen entspringen. Dieses Wissen kann groß, es kann aber auch sehr klein sein. Daß es damit schon auf Grund seines Ausbildungsganges im allgemeinen nicht weit her ist, haben wir bereits festgestellt[1].

Einigermaßen paradox ist auch, daß die Lebenserfahrungen, die plötzlich zu so hohen juristischen Ehren kommen, nicht weit von jenem »gesunden Menschenverstand«, jenem »gesunden Volksempfinden« angesiedelt sind, das in gepflegten Juristenkreisen mitleidig belächelt und als absolut unbrauchbares Element des positiven Rechts abgetan wird.

Auf nicht viel sichererem Boden wandelt ein Richter, wenn er das Strafmaß nach der Höhe der Schuld bestimmt. Ein Mörder hat zweifellos eine höhere Schuld auf sich geladen als ein Dieb, und ebensowenig zweifelhaft ist, daß jemand, der aus finanzieller Not eine Unterschlagung begangen hat, weniger schuldig ist als einer, der aus purer Geldgier gehandelt hat. Aber leider gibt es eine Unzahl von Fällen, in denen die Gewichte der Schuld nicht so klar verteilt sind, die Schuld nicht so einfach quantifiziert werden kann.

Ihre Umsetzung in ein nach Monaten oder Jahren beziffertes Strafmaß hängt dann – in dem oft recht weit gespannten

1 Karl-Dieter Opp wollte es genau wissen und hat die neugierige Frage gestellt, welche Untersuchungen Juristen anführen können, in denen die in Strafprozessen von ihnen angewendeten, auf sogenannten Lebenserfahrungen beruhenden Thesen geprüft, wie viele Personen ausgewählt und in welcher Weise sie befragt wurden. Er hat auf diese Fragen keine Antwort erhalten, weil es auf sie keine Antworten gibt.

Rahmen der gesetzlichen Bestimmungen – weniger von objektiven Maßstäben als vielmehr von persönlichen Wertungen des Richters, seinem subjektiven Empfinden ab.

Welche enorme Rolle diese persönlichen Wertungen, dieses subjektive Empfinden selbst bei schwerwiegenden Entscheidungen spielen, wissen wir von Richter Lautmann.

Sie sieht etwa so aus:

Die Verhandlung vor der Großen Strafkammer hat zwei Tage gedauert. Der Tathergang ist kaum umstritten. Der Vorsitzende läßt über das Strafmaß beraten (Möglichkeiten: Freiheitsstrafen bis zu fünf Jahren). Der berichterstattende Richter sagt: »Rundheraus – zwei Jahre! Die Tat steht so sehr im Vordergrund, daß daß das andere (nämlich die tatbegleitenden Umstände) nicht so wichtig sind.« Insgesamt spricht er etwa vier Sätze. Der Vorsitzende schließt sich dem Vorschlag an.

Oder so:

Zwei Zeugen haben gegensätzliche Aussagen gemacht. Eine davon hält Richter P. zunächst für wenig vertrauenswürdig. Nach Lektüre einer BGH-Entscheidung glaubt er jedoch, diesen Zeugen aus prozeßrechtlichen Gründen beeidigen zu müssen. Dann sagt er: »Wenn er beeidet, dann würde ich ihm glauben. Ich halte ihn nicht für einen Mann, der so weit gehen würde, einen Meineid zu leisten.« Basta.

Eine wegen Diebstahlsversuchs angeklagte mittellose Frau verteidigt sich damit, daß sie schon vor der Entdeckung entschlossen gewesen sei, den Diebstahl nicht zu Ende zu führen. Könnte ein strafbefreiender Rücktritt vorliegen? Der Richter lehnt dies ab: »Die Leute sind ja in einer Lage, wo ihnen gar nichts anderes mehr übrigbleibt« (als zu stehlen).

Oder schließlich auch so:

Ein Arbeiter, seit vier Jahren in einer Heilanstalt untergebracht, hat Beschwerde dagegen eingelegt, daß die Unterbringung verlängert werden soll. Seine Familie ist bereit, ihn wieder aufzunehmen. Richter G. erwägt, der Beschwerde stattzugeben, obwohl alle Gutachten sich dagegen aussprechen. Er schildert die Krankheitssymptome, die gegen den Beschwerdeführer sprechen: »Er arbeitete nicht mehr, saß ständig zu Hause im Sessel, las nicht, ging nicht zum Friseur, wechselte die Kleider nicht, besaß nur zwei Hosen, eine für den Sommer, eine für den Winter.« Das alles steht in keinem Unterbringungsgesetz als Anlaß für die Einweisung. Wohl aber ist es eine prächtige Aufzählung von Wertmaßstäben, nach denen Richter einen Menschen als normal oder anormal betrachten.

Auf die Frage: Haben Sie in Ihrer richterlichen Laufbahn Urteile gefällt, die, wie Sie später erkannten, nicht vollkommen mit den Gesetzen übereinstimmen, antworteten ... % der Richter

	Amtsrichter	Landgerichtsrichter	OLG-Richter	BGH-Richter	Andere Bundesrichter
Nein	50	51	49	48	60
Ja	40	42	46	46	33
Keine Angabe	10	6	6	5	6

Die im Jahre 1972 vom Mannheimer Institut für Sozialforschung veranstaltete Umfrage über das Selbstverständnis der Juristen hatte unter anderem die Frage an die Richter enthalten, ob sie in ihrer richterlichen Tätigkeit Urteile gefällt hätten, die nach späteren Überlegungen nicht vollkommen mit dem Gesetz übereinstimmten. Es ehrt die Aufrichtigkeit der Richter, wenn nur etwa die Hälfte von ihnen diese Frage verneint hatte. Es ehrt auch die selbstkritische Haltung der Richter, wenn 60 Prozent der Amtsrichter, etwa die Hälfte der bei Land- und Oberlandesgerichten tätigen Richter sowie mehr

Auf die Frage: Haben Sie in Ihrer richterlichen Laufbahn Urteile gefällt, von denen Sie sich später gesagt haben, daß Sie den individuellen Fällen nicht gerecht wurden, antworteten ... % der Richter

	Amtsrichter	Landgerichtsrichter	OLG-Richter	BGH-Richter	Andere Bundesrichter
Nein	31	37	43	34	35
Ja	62	54	50	63	59
Keine Angabe	7	9	7	2	5

als 60 Prozent der Bundesrichter offen zugaben, Urteile gefällt zu haben, von denen sie sich später selber sagten, daß sie den individuellen Fällen nicht gerecht geworden waren. Aber das heißt, daß viele Urteile, die nachträglich als falsch empfunden worden sind, in der Tat falsch und daher ungerecht waren, und daß mancher entweder zu milde oder zu hart bestraft worden ist, obwohl die Richter im Moment der Urteilsverkündung sicherlich davon überzeugt waren, nach Lage der Dinge kein anderes Urteil fällen zu können als das, das sie gefällt hatten.

Richterliches Amt und menschliche Unzulänglichkeit, wie unauflöslich scheinen sie miteinander verbunden. Wer dem Recht dient, kann sich offenbar schon glücklich schätzen, wenn es ihm gelingt, Recht und Unrecht im Gleichgewicht zu halten. Wer sein Recht sucht, darf glücklich sein, wenn er die halbe Gerechtigkeit bekommt.

V

Wehe wenn sie losgelassen

Keine Angst vor großen Tieren: der Fall Goergen

Der Fall Goergen widerlegt zwar die in weiten Bevölkerungskreisen tiefverwurzelte, von bestimmter Seite auch immer wieder frisch aufpolierte Ansicht, daß die deutsche Justiz die Kleinen hängt und die Großen laufen läßt.

Aber das ist nur eine Seite des Falls und seine einzige gute, wie sich noch zeigen wird. Denn das Bestreben, bloß nicht in den Verdacht zu geraten, man würde die »Großen« schonen, kann, wie es scheint, leicht ins Gegenteil umschlagen, nämlich dazu, daß die »Großen« schärferen Pressionen ausgesetzt werden und gegen sie rücksichtsloser vorgegangen wird als gegen die »Kleinen«.

Sind also schon die Lichtseiten des Falls nicht besonders hell, so sind seine Schattenseiten um so dunkler. Er zeigt die erschreckende Leichtfertigkeit, mit der von der Justiz menschliche und berufliche Existenzen aufs Spiel gesetzt werden, ihre Anfälligkeit gegenüber einer manipulierten öffentlichen Meinung und die daraus resultierende Bereitschaft, das eigene Prestige höher zu stellen als die objektive Wahrheitsfindung. Und er zeigt Methoden staatsanwaltschaftlicher Ermittlungstätigkeit und eine Behandlung von Beschuldigten und Zeugen, die man in einem Rechtsstaat nicht für möglich halten sollte.

Die Affäre beginnt am Morgen des 22. April 1964 damit, daß der Staatsanwalt Rath aus Koblenz, begleitet von einem Kriminalbeamten, das Arbeitszimmer des Chefs der Henschel-Werke in Kassel betritt und dem überraschten Dr. Goergen einen gerichtlichen Hausdurchsuchungsbefehl vorweist. Im gleichen Augenblick rückt ein Polizeiaufgebot von fünfzig Mann gegen das Fabrikgelände vor, um es von allen Seiten abzuriegeln und die Büroräume zu besetzen. Zur gleichen Zeit durchsuchen Polizeibeamte im einige hundert Kilometer entfernten Hösel bei Düsseldorf die Privatvilla Goergens (rein zufällig sind auch Pressefotografen zur Stelle). Am selben Tag noch wird in Kassel Dr. Herbert Grundlach, ein führendes Mitglied der Geschäftsleitung von Henschel, inhaftiert, am nächsten Tag in Antwerpen Fritz Hieser, Abteilungsleiter der

Henschel-Werke, und vier Tage später wird Goergen selbst festgenommen. Seine Festnahme erfolgt unter besonders spektakulären Umständen.

Obwohl ihm Staatsanwalt Roth erklärt hatte, er könne ruhig zur Hannover-Messe fahren, wird Goergen dort am 26. April 1964 abends, als er gerade an einem Essen mit Bundeskanzler Erhard teilnimmt, zwischen Hauptgang und Nachspeise von Kriminalbeamten festgenommen, zunächst auf eine Polizeiwache gebracht und dann ins Kasseler Untersuchungsgefängnis eingeliefert. Schwere Herz- und Kreislaufstörungen, die durch den Schock der Festnahme ausgelöst wurden, machen seine Überführung in die Krankenabteilung des Gefängnisses notwendig. Obwohl drei namhafte Ärzte Haftunfähigkeit feststellen, läßt die Staatsanwaltschaft ihren prominenten Häftling in die Haftanstalt Hohenasperg überführen, und schließlich landet Goergen Ende Mai in bedenklichem Gesundheitszustand in einem Koblenzer Krankenhaus, wo er ständig von zwei Polizisten bewacht wird.

Die Öffentlichkeit reagiert auf diese dramatischen Vorgänge, wie zu erwarten war. Die *Frankfurter Allgemeine* schreibt noch einigermaßen vorsichtig von einem angeblichen Rüstungsskandal bei der Bundeswehr und einem Schaden, der in die Millionen gehe. Die *Frankfurter Rundschau* weiß es schon genauer. Nach ihren Informationen soll der Schaden über eine Milliarde DM betragen und im wesentlichen dadurch entstanden sein, daß Henschel alte Ersatzteile für die in der Bundeswehr eingesetzten amerikanischen Panzer geliefert, dafür aber den Preis für neuwertige Teile berechnet habe. In ähnlichem Sinn berichtet die gesamte deutsche Presse. Die Ermittlungsbehörden schweigen zu diesen Spekulationen und lösen dadurch weitere aus. In der *Frankfurter Rundschau* wird aus einem einfachen ein »unübersehbarer Rüstungsskandal«, der der Bundesrepublik drohe, der *Südkurier* spricht bereits von einem der größten Rüstungsskandale der Nachkriegszeit, und die *Stuttgarter Zeitung* weiß zu berichten, daß die Koblenzer Staatsanwaltschaft mit einem Schaden von zwei Milliarden DM rechnet, der dem Bund entstanden ist.

Die hektische Atmosphäre, in der sich die Affäre abspielt, spiegelt sich in grotesken Zwischenfällen wider: Am 24. September 1964 wird Direktor Grundlach, der am 22. April 1964 einige Tage in Kassel inhaftiert war, erneut verhaftet und zwar diesmal auf dem Flugplatz Antwerpen. Am Tag darauf erreicht den Vorstand der Henschel-Werke folgendes Telegramm: »Die Festnahme des Herrn Grundlach beruhte auf einem Versehen – es ist Vorsorge getroffen, daß eine Wiederholung nicht in Betracht kommt. Der Generalstaatsanwalt Koblenz, in Vertretung Augustin – Oberstaatsanwalt.«

Gegen eine Kaution in Höhe von 8,4 Millionen DM wird Goergen nach 46 Hafttagen am 9. Juni 1964 auf freien Fuß gesetzt. Bald danach erhält er seine Kaution zurück und bekommt auch seinen Paß wieder ausgehändigt. Um »Henschel zu helfen, aus dem Gerede herauszukommen«, veräußert er, wahrscheinlich nicht ganz aus freien Stücken, seine Aktienmajorität an die Rheinischen Stahlwerke. An Haftentlassung und Kautionsverzicht zeichnet sich nun zwar schon auch für die breite Öffentlichkeit ab, daß von einem Milliardenskandal wohl doch nicht die Rede sein konnte. Aber die Staatsanwaltschaft Koblenz hat sich so sehr engagiert, daß sie zu einer Rechtfertigung für dieses Vorgehen gezwungen ist. Am 31. August 1965, 16 Monate nach Fabrikbesetzung, Hausdurchsuchungen und Inhaftierungen, erhebt sie in fünf ihr wesentlich erscheinenden Punkten Teilanklagen – zu früh, wie sich noch herausstellen sollte, um diese Anklagen auch vor Gericht vertreten zu können, jedoch zu spät, um mögliche Straftatbestände aus dem Jahre 1960 bis 1963 noch aufklären zu können, da ihre Entstehungsgeschichte bis in das Jahr 1958 zurückreicht.

Wie war es zu dieser ganzen Affäre gekommen? Im Zuge von Ermittlungen gegen einen New Yorker Geschäftsmann, der sich offenbar nicht immer einwandfreier Geschäftspraktiken zu bedienen pflegte, war Staatsanwalt Rath auf Geschäftsverbindungen gestoßen, die zwischen der amerikanischen Firma Norca Machinery Corporation und den Henschel-Werken in Kassel bestanden hatten. Henschel hatte mit der Norca am 6. Juni 1958 einen Generalvertrag abgeschlossen, in dem es vor allem um die Vermittlung von Lizenzen, von Aufträgen sowie um die Lieferung und den Bezug von Waren ging. Etwa zur gleichen Zeit, nämlich am 29. Mai 1958, war zwischen den Henschel-Werken und dem Bundesamt für Wehrtechnik und Beschaffung der sogenannte Panzerbetreuungsvertrag zustande gekommen. Dazu wird es einige Jahre später in der Anklageschrift heißen:

»Die Beschaffung der Ersatzteile und ein Teil der sonstigen von Henschel aufgrund des Panzerbetreuungsvertrages übernommenen Leistungen waren Aufgaben, die eigentlich von der Bundeswehr selbst hätten wahrgenommen werden müssen. Zur Zeit des Vertragsabschlusses stand die Bundeswehr jedoch noch am Anfang ihres Aufbaus. Sie hatte im Rahmen des US-Hilfsprogramms eine große Anzahl von US-Panzern übernommen, deren Einsatzbereitschaft sichergestellt werden mußte. Mit eigenen Kräften war die Bundeswehr dazu nicht in der Lage. Aus diesem Grunde wurde Verbindung zu Firmen aufgenommen, die bereits besondere Erfahrungen mit der Instandsetzung von US-Panzern hatten oder allgemein im Panzerbau Erfahrungen besaßen. Zu diesen Firmen, bei deren Auswahl besonders strenge Maßstäbe angelegt wurden, gehörten die Henschel-Werke. Die Betreuungsleistungen waren auch für die Henschel-Werke mit nicht unerheblichen Schwierigkeiten verbunden. Den überwiegenden Teil der Ersatzteile stellte die Firma Henschel selbst her. In diesem Strafverfahren sind nur noch die von den Drittfirmen, und zwar die von der Norca bezogenen Teile von Bedeutung.

Die amerikanischen Herstellerwerke hatten die Produktion der bei der US-Armee außer Dienst gestellten Fahrzeuge eingestellt. Die Ersatzteile wurden nicht mehr geführt. Beim Handel konnte von einem Ersatzteilmarkt keine Rede sein. Die Überstände (Surplus-Ware) der US-Armee waren inzwischen zu Kilopreisen an Schrotthändler versteigert worden. Die Beschaffungsstellen der Bundeswehr hatten zunächst selbst versucht, die Ersatzteile unmittelbar zu beschaffen. Das hatte aus mehreren Gründen keinen Erfolg.

Gemäß Panzerbetreuungsvertrag waren die Henschelwerke verpflichtet, bei Bezug von Ersatzteilen bei Drittfirmen das wirtschaftlichste Angebot, soweit möglich, durch Einholung von Konkurrenzangeboten zu ermitteln. Nichtbeachtung wäre sofortiger Kündigungsgrund gewesen. Bei Leistungen, für welche Preise nach § 4 der VOPR 30–53 nicht festgestellt werden konnten, sollten die Selbstkostenerstattungspreise gemäß § 7 dieser Verordnung vergütet werden.«

Im Rahmen dieser Vertragsbestimmungen lieferte Henschel in der Zeit von 1960 bis 1963 an den Bund Ersatzteile im Wert von 65 Millionen DM, von denen Ersatzteile im Wert von 55 Millionen DM in Kassel selbst hergestellt und der Rest im Wert von 10 Millionen DM über Drittfirmen im In- und Ausland beschafft wurde. Insgesamt wurden zu diesem Zweck 67 Firmen eingeschaltet, darunter die Norca, die Aufträge im Werte von 4,8 Millionen DM erhielt.

Laut Panzerbetreuungsvertrag waren die Henschel-Werke bei der Beschaffung von Ersatzteilen verpflichtet, drei Angebote einzuholen und dem billigsten Anbieter den Zuschlag zu erteilen. Indem sie ihrem durch Generalvertrag eng verbundenen Geschäftspartner in New York die niedrigsten Angebotspreise nannten, eine auch vom Bund als Auftraggeber angewandte, im Wirtschaftsleben durchaus übliche Methode, verschafften sie der Norca die Möglichkeit, diesen Angebotspreis zu unterbieten und den Zuschlag zu erhalten. Die Ersatzteile wurden beschafft, geliefert und waren auch tatsächlich billiger.

Der Haken in der Sache lag jedoch woanders. Bei einem Gespräch zwischen dem Norca-Präsidenten Stern und dem Henschel-Direktor Grundlach, das am 21. Juni 1960 in New York stattfand, schlug die Norca vor, daß von den durch das Ersatzteilgeschäft bei der Norca anfallenden Gewinnen Henschel die Hälfte erhalten sollte, und zwar als Gegenleistung dafür, daß Norca die Möglichkeit bekam, die niedrigsten Konkurrenzangebote zu unterbieten und so ins Geschäft zu kommen. Der Vorschlag des Norca-Präsidenten wurde vom Henschel-Vorstand akzeptiert. Und dies ist der erste springende

Punkt der Affäre. Die Staatsanwaltschaft erblickte nämlich in dieser Absprache eine Rabattgewährung, eine versteckte Provision an Henschel, die gemäß Panzerbetreuungsvertrag an den Bund hätte weitergegegeben werden müssen. Die strittige Summe, um die es dabei ging, betrug allerdings weder Millionen noch gar Milliarden DM, sondern, wie die Staatsanwaltschaft errechnete, genau 530 722 DM.

Es gab aber noch einen zweiten springenden Punkt. Während die ersten beiden Zahlungsanweisungen aus der Gewinnteilungsabsprache von der Norca auf ein Kasseler Henschel-Konto erfolgten, war im weiteren Verlauf eine Summe von rund 100 000 Dollar auf ein Henschel-Konto bei der Cantrade Bank in Zürich eingezahlt worden. Dies geschah, wie später in der Hauptverhandlung bekannt und durch Zeugenaussagen bestätigt wurde, auf Wunsch des Norca-Präsidenten Stern, vermutlich um aus steuerlichen Gründen die in Frage stehenden Beträge nicht als Gewinnanteil an Henschel deklarieren zu müssen, was sich gegenüber den amerikanischen Steuerbehörden offenbar leichter erklären ließ, wenn die Beträge in die Schweiz und nicht nach Deutschland transferiert wurden. Die Staatsanwaltschaft entdeckte, daß zum Zeitpunkt ihres Eingreifens die auf das Schweizer Konto geflossenen Gelder in Kassel buchmäßig nicht erfaßt waren. Damals war zwar auch noch keine Steuererklärung für diesen Zeitraum abgegeben worden, jedoch hatte – und das sah die Staatsanwaltschaft als weitere Belastung an – Goergen seinen Mitarbeiter Fischer angewiesen, 104 000 Dollar vom Henschel-Konto auf ein Privatkonto Goergens bei der gleichen Bank zu überweisen. Für die Staatsanwaltschaft schien damit der Vorwurf der Untreue gegeben.

Goergen erklärte bei seiner Vernehmung, daß er mit der Entnahme des Betrages von 104 000 Dollar ihm zustehende Tantiemeansprüche befriedigt habe. Und um dies gleich vorwegzunehmen: Nachdem Goergen seine Aktienmajorität an Rheinstahl veräußert hatte, erhob die Rheinstahl-Henschel-AG Ansprüche auf diesen Betrag. Nach einem Rechtsstreit vor dem Oberlandesgericht Kassel wurde durch gerichtlichen

Vergleich vom 27. August 1968 jedoch ausdrücklich anerkannt, daß der entnommene Betrag Goergen zustand. Und auch vor dem Oberlandesgericht Köln bekundete der spätere Aufsichtsratsvorsitzende Osterwind, daß Goergen hinsichtlich der Tantiemen der Meinung sein konnte, die Sache sei in Ordnung, und zwar in seinem Sinn. Die endgültige Klärung sollte und konnte nur die Hauptverhandlung bringen. Soweit war es im Jahr 1965 allerdings noch lange nicht.

Während die Staatsanwaltschaft auch nach Erhebung ihrer Teilanklagen nicht vorankam, waren die Preisprüfer des Bundeswirtschaftsministeriums im Kasseler Werk tätig gewesen und hatten zwar in Kenntnis, aber ohne Rücksicht auf das laufende Ermittlungsverfahren ihren Bericht für den entscheidenden Zeitabschnitt vom 1. Juli 1960 bis 31. Dezember 1961 fertiggestellt. In ihrem Preisprüfungsbericht kamen sie zu dem Ergebnis, daß die von Henschel in Rechnung gestellten Preise den Preisbestimmungen entsprachen. Es findet sich dabei kein Hinweis darauf, daß die in Rechnung gestellten Preise um die von der Norca an Henschel überwiesenen Gewinnanteile hätten gekürzt werden müssen.

Schon die Bonner Preisprüfer sahen die Dinge also offensichtlich wesentlich anders als die Staatsanwälte in Koblenz. Aber nicht nur sie allein. Als sich die staatsanwaltlichen Ermittlungen immer wieder hinauszogen, reichte Goergen ein Jahr nach dem großen Eklat, im April 1965, eine Klage beim Landgericht Bonn ein, um gerichtlich feststellen zu lassen, daß dem Bund aus dem Panzerbetreuungsvertrag mit Henschel kein Schaden entstanden sei. Das Verfahren konnte nicht durchgeführt werden, da sich das Landgericht Bonn zwei Jahre lang vergeblich bemühte, Einsicht in die Koblenzer Ermittlungsakte zu erhalten. Erst als sich im März 1967 das Bundesverteidigungsministerium zu einer Widerklage entschloß und von Goergen als Schadensersatz jene 530 722 DM forderte, die von der Staatsanwaltschaft als angeblich dem Bund zugefügter Schaden ermittelt worden waren, ging die Sache vorwärts, allerdings nicht so, wie es das Ministerium erwartet hatte. Die Widerklage des Bundes wurde vom Bonner Landgericht mit Urteil vom 12. Dezember 1967 abgewiesen. Die zuständige Zivilkammer, die sich aus drei Berufsrichtern zusammensetzte, stellte fest, daß die Gewinnteilungsabsprache zwischen Henschel und Norca legitim und dem Bund durch sie kein Schaden zugefügt worden sei.

Dieses Urteil schien Goergen auch in der öffentlichen Meinung voll zu rehabilitieren. Hatte sich die Staatsanwaltschaft durch ihr Vorgehen im April 1964 selbst in die Zwangslage gebracht, den angeblichen sensationellen Rüstungsskandal auch nachzuweisen, so geriet sie jetzt durch das Bonner Zivilurteil und die darauf folgende Reaktion der Öffentlichkeit in eine Position, in der es letztlich nur noch um ihr Prestige ging. Am Tag nach dem Bonner Richterspruch schrieb die *Hessische Allgemeine Zeitung*: »Fall Goergen wird zum Justizskandal – von angeblichem Millionenschwindel blieb nichts übrig.« Einen Tag später das Düsseldorfer *Handelsblatt*: »Nach dem für Goergen obsiegenden Urteil erscheint die spektakuläre Verhaftung dieses Mannes im April 1964 in einem für die Justiz nicht gerade schmeichelhaften Licht. Wieder einmal bestätigt sich, daß die Justizbehörden zunächst einmal auf Verdacht verhaften und einen Scherbenhaufen anrichten, der hinterher nicht mehr zu kitten ist.« *Die Welt* am gleichen Tag: »Als die Staatsanwaltschaft im April 1964 Goergen unter spektakulären Umständen verhaftete, war das Vorurteil über ihn bereits perfekt: Ein Millionenbetrüger, ein krimineller Rüstungsgewinnler. In Wahrheit hatte man nur einmal mehr die hergebrachte Inquisitionsregel praktiziert: Erst verhaften, dann ermitteln.« Und die *Süddeutsche Zeitung* vom 15. Dezember 1967: »Millionen zu besitzen, ist gewiß der letzte Grund zur bevorzugten Behandlung eines Menschen. Es ist aber ebensowenig ein Grund, ihn schlechter zu behandeln. Nicht einmal Goergens Anwälte konnten diese üble Taktik verhindern. Wie mögen da ähnlich grundlos eingeleitete Verfahren erst gegen jene ablaufen, die sich keine Anwaltsstäbe leisten können?«

Vergleichsweise harmlos: verschleuderte Steuergelder

Im August 1968 stellte der Oberstaatsanwalt in Koblenz von den ursprünglichen dreizehn Anklagekomplexen elf Komplexe ein. Was übrigblieb, waren die Gewinnteilungsabsprache mit der Norca und der Tantiemenkomplex in Zusammenhang mit dem Schweizer Konto. Und am fünften Jahrestag der Affäre, nämlich am 24. April 1969, wurde in diesen beiden Komplexen die Anklage erhoben, gegen Goergen und Grundlach wegen Verdachts des Betrugs und der Untreue, gegen fünf andere leitende Angestellte der Henschel-Werke wegen Verdachts der Beihilfe. Es dauert dann noch zwei weitere Jahre, bis am 3. Mai 1971, sieben Jahre seit Beginn dieser Affäre im April 1964, vor der 8. Großen Strafkammer unter Vorsitz des Landgerichtsdirektors Spitzhorn die Verhandlung gegen Goergen und Grundlach beginnt, in der nun Vorgänge geklärt werden sollen, die zum Teil 13 Jahre zurückliegen.

Schon am dritten Verhandlungstag findet ein Dialog zwischen Goergen und dem Kammervorsitzenden statt, der eigentlich alles sagt. Goergen stellt die Frage: »Wenn ich nun genau das gleiche gemacht und vorher drei Juristen gefragt hätte, ob das recht sei, und die drei hätten erklärt, das geht in Ordnung. Was wäre dann? Würden Sie mich dann auch hier anklagen und verurteilen oder würden Sie das nicht tun, und wären dann die drei Juristen dran?« Der Vorsitzende darauf: »Vorausgesetzt, die Staatsanwaltschaft hätte recht mit ihren Vorwürfen, aber drei oder vier Juristen hätten Ihr Vorgehen damals als richtig angesehen, dann hätte man wahrscheinlich keine Anklage gegen Sie erhoben.«

Fünf Wochen später erkrankt Goergen lebensgefährlich und muß in die Westberliner Universitätsklinik eingeliefert werden. Das Gericht eilt zwar nach Westberlin, um noch einmal zu versuchen, den Prozeß zu retten und das Verfahren gegen Goergen fortzuführen. Aber die behandelnden Ärzte und der zuständige Amtsarzt erklären Goergen auf längere Dauer für verhandlungsunfähig. Das Verfahren gegen ihn muß abgetrennt und auf unbestimmte Zeit vertagt werden.

Die Westberliner Universitätsklinik bleibt nicht die einzige Klinik, in der dieser Prozeß abrollt. Auch der Hörsaal der Medizinischen Fakultät der Heidelberger Universität wird zum Gerichtssaal umfunktioniert, als es gilt, den Hauptzeugen Fritz Hieser zu vernehmen, den Mann, der bei Henschel die Norca-Angelegenheiten bearbeitet hatte. Vier Tage lang wird Hieser unter ärztlicher Kontrolle als Zeuge vernommen. Er war, wie sich herausstellt, in Antwerpen durch Interpol festgenommen und von den belgischen Behörden wie ein Schwerverbrecher behandelt worden. Der aus Deutschland angereiste Staatsanwalt Rath, dem er in Ketten vorgeführt wurde, eröffnete ihm: »Wenn Sie sich nicht bequemen auszusagen, dann schmoren Sie hier in Antwerpen, bis Sie schwarz werden.« Dazu Hieser vor Gericht: »Der Staatsanwalt Rath hat mir hier, wo ich wie ein Schwerverbrecher einsaß, erst ein schlechtes Gewissen eingeredet, vorher hatte ich keine Bedenken. Ich sah die Geschäfte mit der Norca als rechtens an. Erst Rath impfte mir ein, daß die Gelder dem Bund zugestanden hätten. Unter dieser Psychose sind meine Aussagen erfolgt. Ich hätte sonst was unterschrieben, nur um hier freizukommen.«

Ähnliches berichteten andere Zeugen. So erklärte der Zeuge Bräuning aus Tettnang, Rath habe ihm bei seiner Vernehmung mit der Bemerkung unter Druck gesetzt, bei seiner Position könne schon eine Schlagzeile in der Presse seine berufliche Karriere beenden. Der Finanzdirektor von Henschel, Günter Nawrath, gab an, daß ihm Rath versichert habe, hier würden sich »noch Abgründe« auftun. Goergen sei ohnehin ein erledigter Mann. Der Angeklagte Grundlach, der am Kasseler Flugplatz gleich von neun Kriminalbeamten verhaftet und innerhalb von 24 Stunden drei Leibesvisitationen unterworfen wurde, berichtete von einer Einvernahme durch Rath: »Ein Jahr Zuchthaus kriegen Sie sowieso!« Und dem Zeugen Reinhard Fischer, der das Henschel-Konto in Zürich angelegt hatte, hatte Rath am 1. Juni 1964 um Mitternacht am Telefon erklärt: »Wenn Sie nicht zugeben, daß Sie zwei Millionen DM um die Ecke gebracht haben, dann werden Sie morgen verhaftet.«

Nach dem Ausscheiden von Goergen aus dem Prozeßgeschehen konzentrierte sich das Interesse zwangsläufig auf den letzten verbliebenen Anklagepunkt, die Gewinnteilungsabsprache mit der Norca, an der Herbert Grundlach mitgewirkt haben sollte. Grundlach war im bisherigen Verlauf des Verfahrens weder durch Urkunden noch durch Zeugenaussagen belastet worden. Belastend war lediglich sein eigenes, in den entscheidenden Punkten allerdings nicht protokolliertes »Geständnis«, das er nach seiner Verhaftung abgelegt hatte. Darüber, daß er es abgelegt hatte, wunderte sich niemand, als sich herausstellte, wie es zustande gekommen war. Der Hausarzt Grundlachs durfte ihm, als er inhaftiert war, nicht die benötigte tägliche Spritze geben, er wurde dreimal täglich bis auf die Haut einer Leibesvisitation unterzogen, es wurde ihm alles Geld abgenommen, so daß er sein eigenes Essen nicht bezahlen konnte, es war ihm untersagt, Bücher zu lesen, und in der Zelle, in der er untergebracht war, befanden sich noch Fäkalien des zuvor dort einsitzenden Häftlings. Was macht, so stellte die Verteidigung fest, ein solcher von einem Schock befallener Mann unter derartigen Umständen nicht für Geständnisse, nur um freizukommen? Nur so ließe sich das in der Haft angeblich abgelegte Geständnis vom 24. 4. 1964 erklären, nachdem Grundlach gewußt und gewollt habe, daß die mit der Gewinnabsprache verbundenen Preisvorteile dem Bund vorenthalten werden sollten. Daß dieses nicht protokollierte »Geständnis« dem wahren Sachverhalt widersprach, hatte bereits die Beweisaufnahme ergeben. Grundlach hatte den Wortlaut des Panzerbetreuungsvertrags überhaupt nicht gekannt und hatte daher auch nicht in New York Absprachen treffen können, um dessen Bestimmungen bewußt zu umgehen oder zu verletzen. Über Einkaufsrabatte, die die Henschel-Werke an den Bund hätte weitergeben müssen, konnte Grundlach selbst entscheiden, aber eben weil er in der Gewinnteilungsabsprache einen nicht in seinen Kompetenzbereich fallenden Vorgang erblickte, hatte er den Vorstand der Henschel-Werke unterrichtet, der diese Absprache dann auch praktisch vollzog. So hatte Grundlach auch nichts mit den Abrechnungen der

Henschel-Werke und Norca zu tun und erfuhr erst im April 1964 von der Errichtung des Schweizer Kontos.

Als alle Urkunden und Zeugen in den bis Ende Juli andauernden Verhandlungen nichts strafrechtlich Relevantes gegen Goergen und Grundlach erbracht hatten, rechneten alle Prozeßbeobachter damit, daß das Urteil endlich gesprochen werden könnte. Sie irrten sich. In dieser Situation beantragte Staatsanwalt Seliger Staatsanwalt Rath, der seinerzeit die Ermittlungen geführt hatte und inzwischen zum Regierungsdirektor im Bundesverteidigungsministerium ernannt worden war, als Zeugen zu hören. Auch die Gegenüberstellung von Rath und den Zeugen des Verfahrens änderte aber nichts an den Tatbeständen. Sie führte nur dazu, daß sich das Verfahren über ein weiteres Vierteljahr hinzog. Bemerkenswert war, daß die Staatsanwaltschaft in diesem späten Stadium des Verfahrens den von ihr präsentierten Zeugen Rath vorher über den Gang der Hauptverhandlung informiert und ihm sogar Akteneinsicht gewährt hatte.

Am 6. Dezember 1971 war es dann soweit. An diesem Tag verkündete Landgerichtsrat Reber, der den Platz des inzwischen erkrankten Kammervorsitzenden Spitzhorn eingenommen hatte, das Urteil: Der Angeklagte Grundlach wird freigesprochen. Die Kosten des Verfahrens trägt die Staatskasse. In der Urteilsbegründung wurde ausgeführt, daß die Strafkammer zwar im Gegensatz zu den Vorstellungen des Bonner Landgerichts die objektiven Tatbestandsmerkmale des Betrugs als erfüllt ansehe, da nach ihrer Auffassung die von Norca gezahlten Beträge an den Bund hätten weitergegeben werden müssen; nicht abführungspflichtig wären nur Skonti oder Funktionsrabatte gewesen, nicht jedoch Gewinnanteile. Da die Ansicht der Kammer aber nicht unbestritten sei und das Bonner Landgericht die gleiche Rechtsauffassung vertreten habe wie die Angeklagten, könne man subjektive Tatbestandsmerkmale des Betrugs Grundlach nicht anlasten. Der Zeuge Rath habe nach der Verhaftung Grundlachs wie auch später bei der Einvernahme Goergens nicht protokolliert, was schwarz auf weiß einem Schuldbekenntnis der Angeklagten hätte gleichgesetzt werden können. Angesichts des Gestrüpps von Vertragsbestimmungen und Preisvorschriften hätte sich das kaufmännische Management von Henschel auf sein eigenes Urteil verlassen müssen und nicht bei jedem Auftrag ein Rechtsgutachten einholen können. Die Urteilsbegründung ließ streckenweise das Bemühen erkennen, Öl auf die Wogen des staatsanwaltlichen Engagements zu gießen und die Akten zu schließen, ohne Sieger und Besiegte zurückzulassen.[1]

Es blieben aber doch nur Besiegte auf der Strecke. Besiegt war trotz seines Freispruchs der Angeklagte Grundlach, der sieben Jahre lang darauf warten mußte, bis ihm von einem Gericht bescheinigt wurde, daß er kein Betrüger war. Besiegt war trotz seiner Rechtfertigung durch das Bonner Landgericht der Angeklagte Goergen, der in aller Öffentlichkeit jahrelang als Rüstungsgewinnler und Millionenbetrüger diffamiert worden war und für den die Intervention der Justiz das Ende einer erfolgreichen unternehmerischen Tätigkeit bedeutete. Besiegt war auch die deutsche Justiz, die zunächst Mittel zur Klärung eines Sachverhalts einsetzte, die in keinem Verhältnis zu diesem Sachverhalt standen, und die dann, als sie ihren Irrtum erkennen mußte, das Verfahren nicht wenigstens in vertretbarer Zeit zum Abschluß brachte. Eine Justiz, die überdies sehr fein unterschied, ob Schädigungen des Staatsvermögens von Privatleuten oder vom Staatsapparat verursacht werden. Fast zur gleichen Zeit nämlich, als Grundlach mit der Firma Norca in New York jene Gewinnteilungsabsprache traf, die dann später in das Feuer staatsanwaltschaftlicher Verdächtigungen geriet, unterzeichnete der Ministerialrat Rennert vom Bundesverteidigungsministerium mit den Lockheed-Werken den später gleichfalls zu trauriger Berühmtheit gelangten Starfighter-Vertrag. Der Bundesrechnungshof

1 Der endgültige Schlußpunkt der Affäre wurde am 8. Oktober 1973 gesetzt. An diesem Tag stellte das Landgericht Koblenz das Verfahren gegen Goergen ein, mit der Begründung, daß im Falle der Durchführung eines Verfahrens nicht mit seiner Verurteilung gerechnet werden könnte. Dabei wurde auf das rechtskräftige Urteil Bezug genommen, durch das Herbert Grundlach freigesprochen worden war. Die notwendigen Auslagen des Angeklagten wurden – durch einen weiteren Beschluß – der Staatskasse auferlegt. Sie wurden auf runde 100 000 Mark festgesetzt.

hat zu diesem Vertrag – in seinem Bericht für die Haushaltsjahre 1968 und 1969, der im Oktober 1971 veröffentlicht wurde – unter anderem ausgeführt:

»Neben der Schwächung der materiellen und psychologischen Verteidigungskraft verursachte die überstürzte Beschaffung zusätzliche Ausgaben, die weit über das hinausgehen, was bei Einhaltung des ordnungsmäßigen Geräteentstehungsgangs unvermeidbar ist.

a) Die Überschreitung der vom Hersteller geschätzten Produktionskosten für die in den USA gebauten 96 Flugzeuge F 104 G um mehr als 77 Millionen DM ist überwiegend auf das Nebeneinander von Entwicklung und Fertigung (Parallellauf) zurückzuführen. Dieser Parallellauf war nur möglich, weil der Vertrag zwischen Entwicklungs- und Produktionsaufträgen keine saubere Trennung vorgesehen und der Firma Lockheed Aufrechnungsmöglichkeiten ohne jede Garantieverpflichtung eingeräumt hatte. Allein infolge Fehlplanungen an der Elektronik entstanden dadurch zu Lasten des Bundes Schäden in Höhe von 215 Millionen DM.
b) Besonders hohe Kosten sind bei der Flugzeugausrüstung entstanden. Entgegen den Empfehlungen des Flugzeugherstellers und der amerikanischen Luftwaffe entschied sich das Bundesministerium für ein Trägheitsnavigationsgerät, wie es bis dahin noch in keinem Kampfflugzeug verwendet wurde. Obgleich das Gerät erst zum Labormuster entwikkelt war, beschaffte das Ministerium 1000 Stück zum Einführungspreis von DM 400 000. Diese Maßnahme führte zu jahrelangen Schwierigkeiten, da die Geräte die gewünschten Leistungen nicht erbrachten. Später mußten alle Geräte auf einen einheitlichen Fertigungsstand nachgerüstet werden. Die erforderlichen Leistungen wurden dennoch nicht erreicht. Die gegenseitigen Rechte und Pflichten der Vertragspartner waren schließlich so unübersichtlich geworden, daß die Schwierigkeiten nur durch eine Pauschalvereinbarung bereinigt werden konnten. Danach kosteten die militärisch nur beschränkt brauchbaren Navigationsanlagen mit Ersatzteilen und Bodendienst- und Prüfgeräten insgesamt

mehr als 700 Millionen DM. Allein für die Bordgeräte mußte dem Auftragnehmer (also der Fa. Lockheed) ein Preis zugestanden werden, der um 40 Millionen DM höher war als der ursprünglich für Geräte mit brauchbaren Leistungsnachweisen veranschlagte Höchstpreis. Eine im Jahre 1967 angeordnete Lagerbestands- und Verbrauchserfassung bei der Truppe ergab, daß viele dieser Geräte nicht nachweisbar und somit dem Materialkreislauf entzogen worden waren. Der Schaden, der auf dem Gebiet der Versorgung eingetreten war, konnte jedoch dadurch nicht mehr beseitigt werden. Er muß bei vorsichtiger Schätzung mit mehreren 100 Millionen DM angenommen werden.«

Keine dieser Feststellungen des Bundesrechnungshofs hat zu einer Anklage geführt, kein Staatsanwalt ist tätig geworden, um nach den Schuldigen zu suchen, die in so unverantwortlicher Weise Steuergelder verschleudert hatten. Im Fall Goergen wurde der gesamte Justizapparat auch dann noch in Bewegung gehalten, als schon längst klar war, daß es um nichts anderes ging als um eine strittige Auslegung von gesetzlichen Bestimmungen, wobei der Staat um keinen Pfennig betrogen worden war. Die staatliche Bürokratie, die zur gleichen Zeit Hunderte von Millionen an Steuergeldern vergeudete, mußte nichts anderes erdulden als einen Tadel des Bundesrechnungshofs. Es ist ja auch unvorstellbar, daß ein Staatsanwalt mit einem Durchsuchungsbefehl in den Arbeitsraum eines Ministerialdirektors eindringt oder daß gar ein Ministerialrat, der sich gerade auf einer Dienstreise befindet, in Antwerpen verhaftet wird, damit er in belgischen Gefängnissen so lange schmort, bis er sagt, was man von ihm hören will. Vorstellbar ist dagegen, daß die Beamten, die für diesen Schaden verantwortlich sind, ihren Dienst ruhig weiter versehen, um dann ganz normal, wie es sich für einen ordentlichen Beamten gehört, befördert zu werden. Sie wurden jedenfalls nicht an den Pranger gestellt. Die Öffentlichkeit hat nicht einmal ihre Namen erfahren.

Kein Glaube mehr an das Recht: der Fall Wackwitz

Und dies ist die Geschichte eines Mannes, der von einem Obersten Bundesgericht Recht bekommen hat und trotzdem seit Jahrzehnten vergeblich hinter seinem Recht herläuft. Der Mann heißt Otto Wackwitz und war vor 25 Jahren selbständiger Kaufmann, ein tüchtiger, agiler Mann, der es zu etwas gebracht hatte. Heute lebt er, 80 Jahre alt geworden, von einer Rente, die so klein ist, daß er sich durch eine Halbtagsarbeit etwas dazu verdienen muß, um seinen Lebensunterhalt zu bestreiten.

Seine Geschichte beginnt damit, daß er sich in Dresden, wo er schon vor dem Krieg beruflich tätig war, bald nach Kriegsende wieder als selbständiger Kaufmann etablierte und aus dem Westen Waren besorgte, die es damals in der Ostzone nicht gab, vor allem Stahl und Textilien. Die Geschäfte gingen so gut, daß er in Wetzlar eine Zweigniederlassung seiner Firma errichtete, alles völlig korrekt und mit Zustimmung sowohl der sowjetischen Militärverwaltung als auch der westdeutschen Behörden.

Das Glück des Tüchtigen lachte ihm aber nicht lange. Die Grenzen zwischen West und Ost wurden immer dichter, die Geschäfte zwischen West und Ost wurden daher immer schwerer, und am Ende seiner kaufmännischen Weisheit war er schließlich, als der SMA-Befehl 160 herauskam, der Filialen ostzonaler Firmen in den deutschen Westzonen verbot: Anlaß für seinen Entschluß, die Firma in Dresden aufzulösen und sich als Geschäftsmann in Westdeutschland niederzulassen. Das geschah dann auch – wiederum völlig legal – im Jahre 1948.

Mit der Buchhaltung und Abschlußrechnung seiner neuen Firma betraute er – und damit beginnt das nächste Kapitel der Geschichte – eine schon damals hoch angesehene Wirtschaftsberatungsgesellschaft. Ein Beauftragter dieser Gesellschaft prüfte und billigte die für das Jahr 1948 bereits angelegte Buchführung und die per 31. 12. 1948 erstellte Bilanz, nahm selbst die Bilanzierung des Jahres 1949 vor und verhandelte zu diesem Zweck auch mit dem Leiter des Finanzamts Wetzlar, um sicherzustellen, daß die von Dresden nach Wetzlar verlagerten Waren richtig verbucht wurden. Eine vom Finanzamt angeordnete Betriebsprüfung ergab denn auch, daß alles – also auch die verlagerten Waren – ordnungsgemäß verbucht war.

In den ersten Januartagen des Jahres 1950 erschien jedoch plötzlich die Steuerfahndung im Betrieb, beschlagnahmte Bücher, vernahm Kaufmann Wackwitz und rückte schließlich mit dem Vorwurf der Steuerhinterziehung heraus.

Wackwitz nahm den Vorwurf gelassen hin, hatte er doch alles mit dem Vorstand des Finanzamts besprochen, sich genau an dessen Ratschläge gehalten und Buchführung und Bilanzen von einer angesehenen Beratungsgesellschaft erstellen lassen. Was konnte da noch schiefgehen? Es ging schief. Der Steuerfahnder vertrat offensichtlich einen anderen Standpunkt als der Vorsteher des Finanzamts, ließ in seiner Beschuldigung nicht locker, daß durch die falsche Bewertung bestimmter von Dresden nach Wetzlar verlagerter Waren Steuern hinterzogen worden seien und kündigte, als der Kaufmann nicht zugeben wollte, was man ihm vorwarf, an, nach Dresden zu fahren und dort weitere Nachforschungen anzustellen. Da inzwischen, wie bereits erwähnt, der SMA-Befehl 160 herausgekommen war, der gleichzeitige Geschäfte in der Ostzone und im Westen untersagte, sah Wackwitz seine noch in Dresden lebende Tochter bedroht. Und gab, als ihm zwei Tage später der Steuerfahnder erklärte, seine Fahrt nach Dresden unter dieser Bedingung zu unterlassen, eine von der Fahndung freihändig geschätzte Steuerschuld in Höhe von 242 000 DM zu. Er kannte damals § 79 der Abgabenordnung nicht: Die örtliche Zuständigkeit endet für die Landesfinanzämter an der Landesgrenze. Er wußte also nicht, daß die angedrohte Reise des Fahnders nach Dresden ein Bluff war. Er kannte auch noch nicht die Vorschrift des § 96 der Abgabenordnung: Nicht hergeleitet werden kann aus § 96 die rechtliche Wirksamkeit von erzwungenen, unter Druck abgeschlossenen Vereinbarungen. Und er kannte nicht den § 100 der Abgabenordnung, Ziffer 1 und 2: Ein Mißbrauch der Befugnisse zur vorläufigen Steuerfestsetzung ist rechtswidrig, und ferner: Wenn eine Betriebsprüfung stattgefunden hat, hat das Finanzamt alles auszusetzen, bis eine geänderte rechtliche Beurteilung vorliegt.

Um das Maß voll zu machen, erließ 1950 das Finanzamt zusätzlich zu den bereits festgesetzten 242 000 DM für den gleichen Zeitraum (1948 bis 1949) zwei weitere Steuerbescheide und forderte in diesen Bescheiden für Einkommen-, Umsatz- und Gewerbesteuer insgesamt 100 000 DM. Unversehens war damit die Steuerschuld des Kaufmanns auf stolze 350 000 DM gewachsen. Wackwitz begann zu zahlen, nicht etwa weil er die Steuerschuld wirklich anerkannte, sondern weil ihm nichts anderes übrigblieb. Aber es half ihm nicht. Da er nicht über so viele flüssige Mittel verfügte, trieb das Finanzamt auf seine Weise die Gelder ein, beschlagnahmte die Lager der Firma, stellte deren Beteiligungen an anderen Firmen sicher und pfändete sämtliche Außenstände. Die Firma von Wackwitz war ruiniert, seine berufliche Existenz buchstäblich über Nacht vernichtet.

Er begann – und damit setzt das nächste und traurigste Kapitel der Geschichte ein –, um sein Recht zu kämpfen. Und hatte zunächst sogar Erfolg: Ende 1951 wurden die Steuerbescheide über 100 000 DM vom Finanzministerium in Hessen als ungesetzlich zurückgenommen. Aber die Verhandlungen mit der Finanzbehörde, auch die darüber hinausgehende, auf so merkwürdige Weise zustandegekommene Steuerschuld von 242 000 DM aufzuheben, scheiterten. Wackwitz klagte daraufhin beim Finanzgericht in Kassel.

Das Finanzgericht hatte es nicht eilig. 1954, drei Jahre nach Einreichung der Klage, entschied es, daß zwar 18 000 DM Gewerbesteuer zu Unrecht verlangt worden seien und an Wackwitz zurückerstattet werden müßten, alles andere aber seine Ordnung habe. Gegen dieses Urteil legte Wackwitz Revision beim Bundesfinanzhof in München ein. Und auch der Bundesfinanzhof brauchte natürlich seine Zeit, aber im Jahre 1959, fünf Jahre nach Einreichung der Revision, war es soweit: Das oberste Finanzgericht des Bundes wies einige Punkte der Klage zurück, bestätigte aber, daß die von Wackwitz geleistete Unterschrift, mit der er die Steuerschuld von 242 000 DM anerkannt hatte, rechtsunwirksam und die Rechtsmittelfrist gegen den Steuerbescheid über 242 000 DM nicht abgelaufen sei.

Wackwitz glaubte aufatmen zu können. Er hatte jetzt vom obersten zuständigen Gericht bescheinigt erhalten, daß das ganze gegen ihn aufgezogene Steuerverfahren in wesentlichen Punkten rechtsungültig und rechtsunwirksam sei. Mit dieser Bescheinigung in der Tasche trat er an das hessische Finanzministerium heran und beantragte, den Status quo ante wiederherzustellen. Er forderte gleichzeitig Schadenersatz für die erlittenen Verluste.

Das Finanzministerium lehnte Antrag und Forderung ab. Wackwitz ließ nicht locker. Er wandte sich an den Petitionsausschuß des Hessischen Landtags, der seine Petition ablehnte, und dann an den Petitionsausschuß des Deutschen Bundestags. Nach einem Jahr ließ der Vorsitzende des Ausschusses wissen, daß die Eingabe bearbeitet werde und daß der Sachbearbeiter »etwas Neues entdeckt« habe; es werde weiter an der Sache gearbeitet. Nach einem weiteren Jahr dann der Bescheid: Die Akten seien nicht mehr auffindbar.

Noch einmal alles von neuem zusammenstellen und an den Ausschuß herantragen? Wackwitz resignierte. Er versuchte jetzt, die ihm vom Bundesfinanzhof eingeräumten rechtlichen Chancen auszunutzen und durch eine Klage gegen das Land Hessen zu realisieren. Aber das Armenrecht für die Führung dieses Prozesses wurde ihm weder vom Landgericht noch vom Oberlandesgericht Frankfurt bewilligt. Wackwitz war nicht in der Lage, den Prozeß auf eigene Kosten zu führen. Er mußte passen. Ende der sechziger Jahre war er am Ende und genauso weit wie vor zwanzig Jahren.

Er hatte inzwischen auch auf anderen Wegen versucht, sich Recht zu schaffen. Er hatte von jener Wirtschaftsberatungsgesellschaft Schadenersatz gefordert, die ihn Ende der vierziger Anfang der fünfziger Jahre steuerlich beraten hatte. Seine Forderung gründete sich darauf, daß die Gesellschaft nichts unternommen habe, als das Finanzamt auf Grund einer willkürlichen Schätzung eine Steuerschuld von 242 000 DM festsetzte, und auch nichts getan habe, als die nachträglich für ungesetzlich erklärten Steuerbescheide über 100 000 DM ergingen. Die Gesellschaft bestritt, jemals für Wackwitz als Steuerberater tätig gewesen zu sein, und das beschwor auch ein Angestellter der Firma. Und obwohl sie nachgewiesenermaßen für die Firma Wackwitz die Buchführung überprüft und die Jahresbilanzen 1948 und 1949 erstellt hatte und überdies ein Beauftragter von ihr mit Wackwitz zusammen wiederholt mit Beamten der Finanzbehörde verhandelt hatte, beharrte sie auf dem Standpunkt, für Wackwitz nur in wirtschaftlicher, nicht in »steuerlicher« Hinsicht aufgetreten zu sein.

»Also klagte ich« – lassen wir das einmal Wackwitz selbst erzählen – »beim Landgericht in Wiesbaden und ließ vorsorglich um das Armenrecht bitten. Mein Anwalt war vielleicht von den Socken, als ich die Absage bekam: Es bestünde keine Möglichkeit, den Prozeß zu gewinnen. Natürlich wurde gleich Beschwerde beim Oberlandesgericht in Frankfurt eingereicht. Aber man war sich kollegial einig: auch dort bekam ich eine Absage. Ich ließ dann also von meinem Anwalt die Klage in Wiesbaden auf meine Kosten einleiten, und endlich kam es zu einem Termin, 12 Uhr 15 mittags: Der Vorsitzende blätterte gelangweilt in den Akten und sagte, nach Feststellung der anwesenden Personen: ›Was soll's – es gibt ja doch nichts Neues!‹ Und als ich einwarf: ›Ich habe doch nachgewiesen, daß die Wirtschaftsprüfungsgesellschaft, die mich vertreten hatte, auch die Bücherrevision bei mir durchgeführt hat‹, erklärte er nur: ›Schon gut‹, aber ich hätte mir Steuerunterschlagungen zuschulden kommen lassen ... und schloß nach acht Minuten Dauer die Verhandlung.

Also Urteil gegen mich! Mit allen Konsequenzen!

Ich bat meinen Anwalt, beim Oberlandesgericht Berufung gegen das Urteil einzulegen. Nach längerer Zeit kam der Termin: mein Anwalt war dabei, Sie würden es sonst gar nicht glauben. Erst wurde ich höflich aufgefordert, die ganze Sache darzustellen. Ich konnte nun endlich mal frei reden und alles sagen, wie und was geschehen ist. Doch plötzlich hob der Vorsitzende die vor ihm liegende Akte in Kopfes Höhe, warf sie mit Wucht wieder auf den Verhandlungstisch und rief aus: ›Aber das steht ja gar nicht in den Akten!‹ und schloß die Verhandlung. Am nächsten Dienstag früh um 8 Uhr lag die Ablehnung meiner Berufung blitzsauber im Postfach meines Anwalts. Warum hatte der Richter denn nun nicht eine neue Beweisaufnahme veranlaßt? Wäre das nicht seine Pflicht gewesen? Und wie kommt es, daß er offenbar die Akte überhaupt nicht gelesen hatte? Denn sonst hätte er nicht behaupten können, daß das, was ich vorgetragen hatte, nicht in den Akten stand. Das stimmte nämlich nicht. Alles, was ich vor Gericht dargelegt hatte, hatte schon mein Anwalt, der sich dabei große Mühe gemacht hatte, in einem Schriftsatz vorgebracht.

Ich fragte nun meinen Anwalt: ›Habe ich recht?‹ Und er sagte mir: ›Jawohl, das haben Sie.‹ Da gab ich ihm den Auftrag, Klage beim Bundesgerichtshof in Karlsruhe einzureichen.«

Und Wackwitz berichtet weiter:

»Erst kamen Aufforderungen: vom Gerichtshof, wie auch von meinem Anwalt, der mich dort vertrat, Geld einzuschikken. Wenn es nicht binnen acht Tagen eingetroffen sei, würde der Prozeß gar nicht beginnen. Na, da schickte ich eben die paar tausend, in der Hoffnung, nun an der richtigen Stelle zu sein. Aber ich hatte wieder Pech. Zuerst ließ mich mein Karlsruher Anwalt reichlich zwei Jahre überhaupt nicht an sich heran. Genau einen Tag vor dem Termin durften ich und mein Bücherrevisior abends nach 18 Uhr zu ihm hinein. Obwohl wir seit mittags warteten. Als wir nun verhandelten, rief er aus: ›Aber das ist ja ganz anders, als es in den Akten steht!‹ Ich sollte jetzt keine Bedenken haben, er würde das schon machen.

Zum Termin kam der Gegner erst einmal eine halbe Stunde zu spät – was wahrscheinlich bei einem Professor üblich ist, denn das Gericht nahm dieses als gegeben hin. Im Vorbeigehen meinte mein Revisor: ›Der hat ja noch eine Fahne.‹ Na, wir gingen hinein in den Sitzungssaal. Der Gegner legte vielleicht los, als wenn er es nicht erwarten könnte, wieder herauszukommen. Und mein Anwalt? Er las genau das falsche Urteil des OLG aus Frankfurt vor. Und der Gegner legte wieder los: Was für edle Menschen seine Klienten seien, sodaß der Redeschwall selbst dem Vorsitzenden des Senats zuviel wurde. Er rief aus: ›Aber es steht doch gar nicht fest, ob der Steuerbescheid vom 23. 2. 50 Rechtsgültigkeit hat oder nicht.‹ Und die Verhandlung wurde geschlossen. Es war nämlich das Urteil des BFH noch nicht da. Wenn es vor der Verhandlung herausgekommen wäre, wären mir in diesem Prozeß 100 000 DM Schadensersatz zugesprochen worden. So aber – erhielt ich schon am nächsten Tag von meinem Anwalt die Antwort: Die Berufung ist abgelehnt.

Begründung: Ich hätte zu spät den Regreß bei der Buchprüfungsgesellschaft eingereicht.«

Wackwitz hatte also wieder Schiffbruch erlitten. Aber er gab noch immer nicht auf. Um zu retten, was zu retten war, erstattete er bei der Staatsanwaltschaft Anzeige gegen den Angestellten der Wirtschaftsgesellschaft, der beschworen hatte, daß die Gesellschaft Wackwitz niemals steuerlich beraten habe (obwohl er selbst im Betrieb von Wackwitz Buchhaltung und Bilanzen erstellt, Verhandlungen mit dem Finanzamt geführt und eine Betriebsprüfung des Finanzamts überwacht hatte). Wackwitz hatte einen Brief der Gesellschaft in Händen, aus dem hervorging, daß sie für ihn in wirtschaftlicher und steuerlicher Hinsicht tätig gewesen sei – was in direktem Gegensatz zu der beeideten Erklärung des Angestellten stand, er habe Wackwitz nur »in Wirtschaftsfragen beraten«. Der Oberstaatsanwalt bittet Wackwitz, ihm besagten Brief der Gesellschaft zu schicken. Er werde dann sofort ein Verfahren wegen Falscheides und Prozeßbetrugs einleiten. Der Brief ging im Original an ihn ab. Und danach kam, was Wackwitz schon gewohnt war: Er hörte zunächst acht Monate nichts von der Sache, und als er dann höflich an sie erinnerte, wurde ihm vom Generalstaatsanwalt mitgeteilt, daß ein

Verfahren nicht eingeleitet werde; ein Falscheid sei nach Lage der Dinge nicht nachweisbar.

Heute muß Wackwitz endgültig seine Hoffnung begraben, jemals zu dem zu kommen, was er für sein unverbrüchliches Recht hält, muß einsehen, daß endgültig diejenigen Recht behalten, die in seinen Augen grobes Unrecht begangen haben.

Er hat schwarz auf weiß bestätigt, daß sich in allen seinen gerichtlichen Akten keine einzige Unterlage über seine angebliche Steuerhinterziehung befindet – der Vorwurf, der die ganze Lawine ins Rollen gebracht hat.

Er hat das Urteil eines Obersten Bundesgerichts in der Tasche, aber die staatlichen Behörden denken nicht daran, Konsequenzen daraus zu ziehen.

Er hat Regreßansprüche gegen eine Gesellschaft, aber weil er sie zu spät angemeldet hat, sind sie das Papier nicht wert, auf dem sie stehen.

Und er weiß, daß ein Mann falsch geschworen hat, aber da er keine ausreichenden Beweise dafür hat, bleibt das seine private Überzeugung.

Es ist eine unglaubliche, für einen Rechtsstaat skandalöse Geschichte. Sie zeigt, wie leicht es staatlichen Behörden fällt, an von ihnen geschaffenen Tatbeständen festzuhalten, auch wenn sie nicht rechtens sind. Sie zeigt die Hilflosigkeit des Bürgers, wenn es darum geht, aus Unkenntnis des formalen Rechts begangene Fehler zu korrigieren und sich gegen eine Phalanx aus Exekutive und Justiz durchzusetzen. Und sie zeigt die Justiz in ihrer ganzen Überheblichkeit, Rücksichtslosigkeit und Armseligkeit zugleich. Überheblich gegenüber Menschen, die verzweifelt um ihr Recht kämpfen, aber vielleicht nicht immer den richtigen Weg dabei finden. Rücksichtslos gegenüber dem Schicksal dieser Menschen und armselig in ihren Bemühungen, Unrecht aus der Welt zu schaffen. Man kann es Kaufmann Wackwitz nicht verargen, daß er jeden Glauben an das Recht in diesem Land verloren hat.

VI

Deutschland deine Kriminellen

Laßt Zahlen sprechen

Im Jahre 1974 wurden in der Bundesrepublik (einschließlich West-Berlin) ohne Verkehrs- und Staatsschutzsachen 2 800 000 Verbrechen und Vergehen gegen die Strafgesetze des Bundes registriert. Gegenüber 1963 bedeutete das eine Steigerung um fast zwei Drittel. Da im gleichen Zeitraum die Bevölkerungszahl von 57,6 Millionen auf rund 62 Millionen gestiegen ist, nahm die Zahl der bekanntgewordenen Straffälle, bezogen auf je 100 000 Einwohner, relativ geringer zu. Sie stieg von 2914 (1963) auf 4419 (1974) und damit um rund die Hälfte.

Jahr	Gesamtbevölkerung	Bekanntgewordene Straftaten	
	am 30. 6.	Gesamtstraffälle	Straffälle auf je 100 000 Einwohner
1963	57 606 300	1 678 840	2 914
1964	58 289 800	1 747 580	2 998
1965	59 040 600	1 789 319	3 031
1966	59 675 800	1 917 445	3 212
1967	59 872 000	2 074 322	3 465
1968	60 165 100	2 158 510	3 588
1969	60 842 100	2 217 966	3 645
1970	61 508 400	2 413 586	3 924
1971	61 293 700[a)]	2 441 413[b)]	3 983[b)]
1972	61 673 500	2 572 530[b)]	4 171[b)]
1973	61 967 200	2 559 974	4 131
1974	62 040 900	2 741 728	4 419

a) Die Bevölkerungszahl von 1971 ist als Fortschreibung der Volkszählung 1970 mit den Vorjahreszahlen, die auf einem anderen Basisjahr (1961) beruhen, nicht vergleichbar.

b) Wegen geänderter Erfassungsmodalitäten sind die Zahlen für 1971 und 1972 mit den Vorjahresergebnissen nicht vergleichbar.

Von den im Jahre 1974 erfaßten Fällen entfielen allein 66 Prozent auf Diebstahlsdelikte, knappe 10 Prozent auf Delikte wie Betrug, Unterschlagung und Urkundenfälschung und weitere 10 Prozent auf Delikte wie Sachbeschädigung, Beleidigung und vorsätzliche leichte Körperverletzung. Schwere Straftaten wie Rauschgiftdelikte, Sittlichkeitsdelikte, Raub, Mord und Totschlag nehmen also rein zahlenmäßig auf dem weiten Feld der Kriminalität einen verhältnismäßig sehr kleinen Raum ein. Der Grad der Kriminalität wird jedoch in erster Linie an ihnen gemessen.

Häufigkeit der Straftaten im Jahre 1974

Straftat	Fälle	Anteil in %
Diebstahl unter erschwerenden Umständen	980 896	35,8
Diebstähle ohne erschwerende Umstände	817 761	29,8
Betrug	195 644	7,1
Sachbeschädigung	186 434	6,8
Vorsätzliche leichte Körperverletzung	64 587	2,4
Widerstand gegen die Staatsgewalt und Verbrechen und Vergehen wider die öffentliche Ordnung	45 120	1,6
Gefährliche und schwere Körperverletzung	43 769	1,6
Unterschlagung	32 226	1,2
Beleidigung	31 401	1,1
Verbrechen und Vergehen wider die persönl. Freiheit	30 521	1,1
Rauschgiftdelikte	26 909	1,0
Urkundenfälschung	22 749	0,8
Begünstigung und Hehlerei	20 372	0,7
Raub, räuberische Erpressung und Autostraßenraub	18 964	0,7
Brandstiftung	16 628	0,6
Sonstige Straftaten		
darunter:		
Vergewaltigung	7 044	0,3
Mord und Totschlag	2 721	0,1

Quelle: Polizeiliche Kriminalstatistik 1974.

Im umgekehrten Verhältnis zu ihrer relativen Häufigkeit steht die Aufklärungsquote der Straftaten. Man kann im allgemeinen sagen, daß diese Quote um so größer ist, je schwerer die Straftat ist. Bei Mord, Totschlag und Körperverletzung mit tödlichem Ausgang beträgt sie mehr als 90 Prozent, bei Verbrechen gegen die persönliche Freiheit liegt sie nicht weit unter 90 Prozent und bei Raubüberfällen auf Banken immerhin noch bei 70 Prozent. Dagegen wird von insgesamt drei Diebstählen nur einer aufgeklärt, bei schweren Diebstählen sogar nur einer von fünf.

Aufklärungsquoten im Jahre 1974

1. Höher als 90 v. H.	
Grundstücks- und Baubetrug	98,9
Begünstigung und Hehlerei	100,5*
Mißhandlung von Kindern	98,8
Vernachläsisgung eines Kindes	98,1
Untreue	100,0
Verletzung der Unterhaltspflicht	99,4
Zuhälterei	97,5
Kuppelei	99,6
Fahrlässige Tötung	97,8
Wucher	99,7
Verbrechen und Vergehen im Amt	98,1
Totschlag	96,6
Waren- und Warenkreditbetrug	96,1
Körperverletzung mit tödlichem Ausgang	92,0
Verstöße gegen das Gesetz und die Verbreitung jugendgefährdender Schriften	98,3
Glücksspiel	97,9
Rauschgiftdelikte – insgesamt	96,4
Betrug – insgesamt	95,0
Geld- und Geldkreditbetrug	94,9
Urkundenfälschung	94,8
Widerstand gegen die Staatsgewalt und Verbrechen und Vergehen wider die öffentliche Ordnung	93,4
Mord – insgesamt	93,4
davon: Raubmord	92,1
Illegaler Handel und Schmuggel von Rauschgiften	94,1

* Aufklärungsquoten über 100 v. H. sind darauf zurückzuführen, daß im Berichtszeitraum noch Fälle aus Vorjahren geklärt wurden.

2. Zwischen 80 v. H. und 90 v. H.	
Vorsätzliche leichte Körperverletzung	89,7
Unterschlagung	86,8
Verbrechen und Vergehen wider die persönliche Freiheit	85,8
Sexualmord	85,5
Beleidigung	83,5
Gefährliche und schwere Körperverletzung	83,8

3. Zwischen 60 v. H. und 80 v. H.	
Umweltschutzdelikte	74,3
Sittlichkeitsdelikte – insgesamt	73,0
Notzucht – insgesamt	72,0
Unzucht mit Kindern	66,9
Raubüberfälle auf Geldinstitute und Poststellen	69,9
Wilderei – insgesamt	65,0
Herstellung von Falschgeld	69,9
Kindestötung	68,0
Verbreitung von Falschgeld	75,1

4. Zwischen 40 v. H. und 60 v. H.	
Erpressung	56,9
Raubüberfälle auf Geld- und Werttransporte	47,0
Erregung geschlechtlichen Ärgernisses	55,1
Überfallartige Einzeltäternotzucht	56,6
Raub, räuberische Erpressung und Autostraßenraub – insgesamt	53,8
Brandstiftung – insgesamt	50,8
Jagdwilderei	46,6
Sonstige Raubüberfälle auf Straßen, Wegen oder Plätzen	45,2
Einfacher Diebstahl – insgesamt	40,7
5. Zwischen 20 v. H. und 40 v. H.	
Vorsätzliche Brandstiftung	38,9
Diebstahl von Schußwaffen	38,8
Handtaschenraub	37,8
Diebstahl von Kraftwagen	33,5
Schwerer Diebstahl in/aus Warenhäusern, Verkaufsräumen und Selbstbedienungsläden	31,7
Schwerer Diebstahl in/aus Kiosken	31,0
Diebstahl in/aus Automaten	34,7
Diebstahl – insgesamt	29,6
Schwerer Diebstahl in/aus Wohnräumen	27,7
Schwerer Diebstahl in/aus Gaststätten, Hotels und Kantinen	28,4
Schwerer Diebstahl aus Schaufenstern, Schaukästen und Vitrinen	28,4
Diebstahl von Sprengstoft	32,2
Sachbeschädigung – insgesamt	25,8
Schwerer Diebstahl in/aus Dienst-, Büro-Fabrikations-, Werkstatt- und Lagerräumen	26,3
Schwerer Diebstahl in/aus Banken, Sparkassen und anderen Geldinstituten	30,1
Taschendiebstahl	21,0
Diebstahl von Mopeds und Krafträdern	20,7
Schwerer Diebstahl – insgesamt	20,4

Quelle: Polizeiliche Kriminalstatistik 1974, Bundeskriminalamt – Kriminalistisches Institut – Wiesbaden.

Zu verblüffenden Feststellungen kommt man, wenn man die Zahl der strafmündigen Tatverdächtigen, die in der Größenordnung etwa mit der Zahl der aufgeklärten Fälle übereinstimmt, mit der Zahl der Personen vergleicht, die vor Gericht abgeurteilt wurden, und diesen schließlich die Zahl der Personen gegenüberstellt, die zum Antritt einer Strafe in eine Strafanstalt eingewiesen werden. Bei rund 967 000 Tatverdächtigen im Jahre 1972 beziehungsweise 950 000 im Jahre 1973 belief sich die Zahl der Verurteilten in den Jahren 1972 und 1973 auf jeweils etwa 360 000, die Zahl der Freigesprochenen auf jeweils rund 20 000 Personen. Abgesehen davon, daß nicht alle Straftaten aufgeklärt werden, wird also gegen eine große Anzahl der von der Polizei ermittelten Täter keine Anklage erhoben, weil das Beweismaterial offensichtlich nicht ausreicht oder sich bei näherem Zusehen herausstellt, daß der ermittelte gar nicht der wirkliche Täter ist[1]. Verschiedentlich wird auch nach Erhebung der Anklage das Verfahren in der Hauptverhandlung eingestellt oder es kommt, vor allem im Rahmen der Jugendgerichtsbarkeit, zu Maßregeln der Erziehung und Besserung, die nicht als Strafe im eigentlichen Sinn des Wortes gelten.

Von den Verurteilten mußten im Durchschnitt der letzten Jahre nicht einmal 20 Prozent ihre Strafe in einer Strafanstalt verbüßen. Bei den verhängten Freiheitsstrafen wurden 1968 ein gutes Drittel, 1972 bereits mehr als die Hälfte zur Bewährung ausgesetzt. Der Großteil der Urteile bestand im übrigen schon im Jahr 1968 in Geldstrafen, und da diese jetzt grundsätzlich an Stelle von Haft und kleinen Gefängnisstrafen ausgesprochen werden, hat sich ihr Anteil an den Gesamtstrafen weiter beträchtlich erhöht. Man muß also schon einiges auf dem Kerbholz haben, um hinter Gitter zu wandern. Und selbst diejenigen, die dieses harte Geschick zu tragen haben, sind in den allermeisten Fällen nicht allzu lange ihrer

1 Ein rein statistischer Grund für die Differenz zwischen Straftätern und Verurteilten liegt darin, daß ein Tatverdächtiger, der innerhalb eines Berichtsjahres in mehrere voneinander getrennte Ermittlungsverfahren verwickelt ist, immer wieder neu erfaßt, also mehrfach gezählt wird.

Jahr	Strafmündige Tat-verdächtige[1]	Verurteilte[1]	Freigesprochene[1]	Einweisungen in Strafanstalten[2]
1960	1 261 050	347 692	–	–[3]
1970	954 600	335 197	23 749	59 544
1971	930 064	346 398		60 112
1972	967 799	360 799	21 299	62 252
1973	950 796	363 277	21 473	61 578
1974	991 188	381 797	23 225	63 643

1 Ohne Vergehen im Straßenverkehr
2 Nur Einweisungen zum Antritt einer Kriminalstrafe
3 Strafvollzugsstatistiken werden erst ab 1961 geführt

Quelle: Statistisches Bundesamt.

Freiheit beraubt. Die Straftäter wurden mit milder Hand angefaßt. Fast 90 Prozent aller im Jahre 1973 über Erwachsene verhängte Strafen hatten ein Strafmaß von höchstens einem Jahr, sieben Prozent aller Freiheitsstrafen ein Maß von ein bis zwei Jahren. Blieben ganze drei Prozent für Freiheitsstrafen von mehr als zwei Jahren.

Die Freiheit hat ihren Preis

Die Klagen über die wachsende Kriminalität in der Bundesrepublik gehören seit einiger Zeit zum Repertoire aller Politiker, die etwas auf sich halten und mit dem Ruf nach mehr Ordnung und Sicherheit nicht zuletzt ihrer Popularität dienen wollen. Kriminalstatistiker, Polizisten und Strafrichter stimmen in diese Klagerufe ein. In der Tat ist erschreckend, daß sich die Zahl der vorsätzlichen Tötungen in der Bundesrepublik seit 1959 mehr als verdoppelt hat und die Zahl der Eigentumsdelikte im gleichen Zeitraum auf fast das Zweifache gestiegen ist. Diese Entwicklung zu beschönigen besteht um so weniger Anlaß, als im Vergleich dazu im benachbarten Deutschland die Zahl der vorsätzlichen Tötungen und der Eigentumsdelikte rückläufig war. Wenig schmeichelhaft für die bundesdeutschen Verhältnisse ist auch die Tatsache, daß

Die Entwicklung einzelner Deliktgruppen seit 1959[1]
Vorsätzliche Tötung in der Bundesrepublik und in der DDR

Jahr	Bundesrepublik		DDR	
	absolut	1957 = 100	absolut	1957 = 100
1959	1 020	100,0	141	100,0
1960	1 116	109,0	156	110,1
1970	2 403	236,0	136	96,5

1 In der DDR erst seit 1959 gesondert ausgewiesen.

Vorsätzliche Körperverletzung in der Bundesrepublik und in der DDR

Jahr	Bundesrepublik		DDR	
	absolut	1957 = 100	absolut	1957 = 100
1957	71 892	100,0	14 271	100,0
1960	76 991	107,1	8 730	61,2
1970	108 808	151,1	9 855	69,0

Eigentumsdelikte (Diebstahl und Betrug) in der Bundesrepublik

Jahr	absolut	1957 = 100
1957	919 886	100,0
1960	1 060 859	115,5
1970	1 720 396	187,2

Eigentumsdelikte in der DDR

Jahr	Straftaten gegen sozialistisches Eigentum		Straftaten gegen persönliches Eigentum	
	absolut	1957 = 100	absolut	1957 = 100
1957	34 300	100,0	68 869	100,0
1960	27 230	79,4	43 436	63,1
1970	26 375	76,9	23 778	34,6

selbst leichtere Delikte wie etwa vorsätzliche Körperverletzung in der Bundesrepublik eine stark steigende, in der DDR aber eine stark sinkende Tendenz aufweisen. Was die Eigentumsdelikte betrifft, könnte man noch die unterschiedliche Entwicklung zwischen hüben und drüben eher auf materielle als auf moralische Faktoren zurückführen, etwa unter dem Motto: Wo weniger zu holen ist, wird auch weniger gestohlen und betrogen. Für die anderen Deliktgruppen lassen sich so leicht nicht ähnlich einfache Erklärungen finden. Die Freiheit hat offenbar ihren Preis. Sie gestattet die Entfaltung des einzelnen in jeder Richtung, nicht nur in positivem, sondern auch in negativem Sinn. Eine Gesellschaft, die die Freiheit des einzelnen an die Spitze der schutzwürdigen Güter stellt, muß in Kauf nehmen, daß diese Freiheit eher mißbraucht wird als dort, wo die Freiheit des einzelnen von vornherein nur einen kleinen Spielraum hat.

Sowenig aber die Entwicklung der Kriminalität in der Bundesrepublik verharmlost werden kann, sowenig Stoff bietet sie zu einem Drama. Die politischen Parteien vor allem haben zu einer solchen Dramatisierung das geringste Recht, denn die wachsende Kriminalität geht zu ihrer aller Lasten, steht auf ihrer aller Schuldkonto. Sie ist nicht erst im Jahre 1969 zu einem Problem geworden. Auch die Christdemokraten haben nicht zu verhindern vermocht, daß in den letzten zehn Jahren ihrer Regierungsverantwortung die Zahl der Mord- und Totschlagdelikte auf fast das Doppelte gestiegen, die Zahl der Eigentumsdelikte um gut 60 Prozent gewachsen ist. Ebensowenig wie die nachfolgende Regierung der sozialliberalen Koalition haben sie also das Phänomen der zunehmenden Kriminalität rechtzeitig erkannt und richtig eingeschätzt, waren sie fähig, ihrer Herr zu werden.

Zu Lasten aller politischen Parteien geht auch, daß es Rechtsbrechern immer leichter gemacht wurde, sich den Maschen des Gesetzes zu entziehen, daß aus falsch verstandenem Liberalismus der Bekämpfung des Verbrechertums ein geringerer Stellenwert zuerkannt wurde als dem wohlverstandenen Schutz der Gesellschaft vor diesem Verbrechertum.

Dennoch kann – nüchtern betrachtet – keine Rede davon sein, daß Sicherheit und Ordnung in der Bundesrepublik gefährdet sind. Gewiß sind die 2721 Fälle von Mord und Totschlag, auf die es die Bundesrepublik im Jahre 1974 glücklich gebracht hat, ebenso erschreckend wie die 7044 Fälle von Notzucht oder die 18 965 Raubüberfälle, die im gleichen Jahr registriert wurden. Aber so hoch sind diese Zahlen wiederum auch nicht, um aus der Bundesrepublik einen Dschungel von Mord, Totschlag und Raub zu machen. Der Bundesbürger fühlt sich denn auch recht sicher hierzulande, wenn er nicht gerade in bestimmten Großstädten zur Nachtzeit allein durch bestimmte Straßen wandert. Er sieht trotz der alarmierenden Kriminalstatistiken rund um sich herum ein geordnetes Staatswesen, von dem er nicht den Eindruck hat, daß es eine Domäne krimineller Verbrecher ist. Sicherheit und Ordnung werden in seinen Augen eher durch die Art bedroht, mit der der Staat auf die wachsende Kriminalität reagiert. Er kann es nicht fassen, daß eine Handvoll Anarchisten in der Lage sein soll, die Ordnung, in der er lebt, ernsthaft zu gefährden, und er wird stutzig, wenn er sieht, daß die höchsten Repräsentanten des Staates einer Schar aufgescheuchter Hühner gleichen, sowie diese Handvoll Anarchisten in Aktion tritt. In den sich häufenden Verbrechen sieht er also weniger eine Gefahr als in der Unfähigkeit staatlicher Funktionäre, dieser Entwicklung entgegenzuwirken, sie in erträglichen Grenzen zu halten. Und was ihn am Bestand von Sicherheit und Ordnung zweifeln läßt, sind daher nicht die Verbrechen, von denen er täglich in seiner Zeitung liest, sondern die offenkundige Konzeptlosigkeit, mit der die staatliche und politische Führung dem Phänomen eines sich ständig und scheinbar unaufhaltsam ausweitenden Verbrechertums gegenübertritt.

Der Bürger, der so denkt, hat recht.

Spezielles Kapitel: »Weiße-Kragen-Verbrecher«

Was für die »klassische« Kriminalität gilt, gilt in erhöhtem Maße für eine besondere Art der Kriminalität, eine Kriminalität, die sich nicht offen und gewalttätig präsentiert, sondern im Dunklen und dafür um so üppiger gedeiht, und die, obwohl sie weder die äußere Sicherheit noch die äußere Ordnung bedroht, für das innere Gefüge der Gesellschaft gefährlicher sein kann als Mord, Raub und Diebstahl zusammen.

Die Erkenntnis ist alt. Einer hat sie schon vor Jahrhunderten ausgesprochen: »Stiehlt einer ein Geldstück, dann hängt man ihn. Wer öffentliche Gelder unterschlägt, wer durch Monopole, Wucher und tausenderlei Machenschaften und Betrügereien noch so viel zusammenstiehlt, wird unter die vornehmen Leute gerechnet, und man sagt, hat man das Unglück, ob einer Kleinigkeit ertappt zu werden, so wird man vor dem Justizpalast als Sehenswürdigkeit zur Schau gestellt, stehlen Sie aber eine Million, so werden Sie als die Tugend selbst gepriesen.«

Nicht viel anders als Erasmus von Rotterdam, von dem diese Worte stammen, könnte man auch heute die Zwiespältigkeit jenes Phänomens charakterisieren, das als Wirtschaftskriminalität einen besonderen Platz im Leben und Treiben der bundesdeutschen Gesellschaft einnimmt. Einen hervorragenden Platz, wie man besser sagen müßte. Denn es steht zweifelsfrei fest, daß die Sozialschädlichkeit der Verbrecher im weißen Kragen die der kleinen Kriminellen bei weitem übertrifft, daß der Schaden, der durch sie verursacht wird, infolge der hohen Dunkelziffer gar nicht abgeschätzt werden kann. Gustav Heinemann, damals gerade Bundesjustizminister, hat im Jahre 1968 erklärt, daß Staat und Gesellschaft der Wirtschaftskriminalität nicht länger tatenlos zusehen dürften – was nichts anderes heißt, als daß man bis dahin tatenlos zugesehen hatte. Seitdem ist manches über die Bekämpfung der Wirtschaftskriminalität geschrieben und gesagt worden. Und es ist sogar einiges geschehen, um den Verbrechern im weißen Kragen beizukommen.

Was bislang unternommen wurde, ist aber nicht viel mehr als ein Tropfen auf einen heißen Stein. Das Fatale an der Wirtschaftskriminalität ist nämlich, daß sie nicht nur das Werk professioneller Betrüger ist, die immer wieder und auf immer neuen Wegen gutgläubigen, leichtsinnigen oder geldgierigen Mitbürgern das Geld aus der Tasche ziehen. Der Präsident des Bundeskriminalamts, Dr. Horst Herold, hat einmal die Wirtschaftskriminalität als sozialschädliche Verhaltensweisen definiert, die »mit dem Instrument der Wirtschaft begangen werden und die über die Schädigung von Einzelinteressen hinaus schwere Schäden für die Allgemeininteressen oder eine Vielzahl von Bürgern auslösen«. So gesehen sind die berufsmäßigen Wirtschaftsverbrecher gar nicht das eigentliche Problem, auch wenn der Schaden, den sie anrichten, in die Milliarden geht. Das eigentliche Problem ist die Verhaltensweise angesehener Kaufleute, die unversehens, auch wenn sie das nicht wahrhaben wollen, die Grenzen zwischen gesetzlichem und ungesetzlichem Handeln überschreiten, die Verhaltensweise braver und biederer Bürger, die nicht im entferntesten daran dächten, einen anderen Mitbürger auch nur um einen Pfennig zu betrügen, jedoch keinerlei Bedenken haben, dort, wo sich die Möglichkeit dazu bietet, auf Kosten aller Mitbürger unrechtmäßige Vorteile für sich herauszuschlagen.

Wenn von Wirtschaftskriminalität die Rede ist, denkt man an Leute wie Friedrich-Wilhelm Ermisch, der in einem der größten Steuerschwindeleien der deutschen Nachkriegsgeschichte mit Hilfe gefälschter und fingierter Rückvergütungsanträge für Luftgeschäfte mit Kohle und Stahl den Staat um mindestens 12 Millionen DM geschädigt hat. Man denkt an den Deutsch-Amerikaner Vernon Kronenberg, einen der größten Hochstapler aller Zeiten, der jahrelang auf der Basis von Scheinfirmen über Länder und Kontinente hinweg mit 450 Millionen Mark jonglierte und Banken und Geschäftsleuten einen Schaden zugefügt hat, der sich zuletzt auf mindestens 15 Millionen DM belief. Man denkt an den IOS-Papst Bernard Cornfeld, dem allein in der Bundesrepublik 300 000 Kleinsparer auf den Leim gingen, an den Bauunternehmer

Hubmann, dem nach dem Zusammenbruch seines Bauimperiums genau 253 000 DM als Konkursmasse übrigblieben, um die rund 5000 Forderungen seiner Gläubiger in Höhe von 43 Millionen Mark zu befriedigen[1], an Figuren wie den »Baukönig« Werner Freitag, dem allein die Vereinsbank Nürnberg einen Verlust von 20 Millionen DM verdankt oder den Hauptkassierer Günther Krächter vom Landesrechnungshof in Düsseldorf, der mit gefälschten Schecks 600 000 DM erschwindelte.

Aber es ist eben falsch, den Begriff der Wirtschaftskriminalität auf diese und ähnliche Fälle, auf betrügerischen Bankrott, Luftgeschäfte, die Gründung von Scheinfirmen, die Tätigkeiten von Aktiengesellschaften ohne Eigenkapital, von Gesellschaften mit beschränkter Haftung ohne ausreichende Einlagen, auf die Kreditbeschaffung durch Wechselreiterei und auf Wuchergeschäfte zu beschränken. Man muß das weite Feld mit einbeziehen, auf dem sich die Sozialschädlichkeit in noch legalen Formen austobt, sich in der Ausnutzung bestehender Gesetzeslücken oder im Umgehen gesetzlicher Vorschriften ausdrückt.

Die Justiz hat es schwer, an Delikte dieser Art überhaupt heranzukommen oder, wenn sie sie schon im Griff zu haben glaubt, mit ihnen fertigzuwerden. Durch kleine Tricks und grobe Täuschungen werden dem Fiskus Jahr für Jahr so viele Milliarden DM an Steuern hinterzogen, daß die Steuern – wie der Gießener Strafrechtler, Professor Tiedemann, herausgefunden hat – um ein Drittel gesenkt werden könnten, wenn alle Steuern ehrlich gezahlt würden. Strafrechtlich erfaßt hat man im Jahre 1972 ganze 134 Millionen DM, die an Steuern und Zöllen hinterzogen wurden, und ganze 17 Millionen DM

1 Es steht zwar noch eine Forderung der in Konkurs gegangenen Senioren-Wohnheim-Wetterstein-GmbH München an die Muttergesellschaft des Hubmann-Imperiums in Höhe von 27 Mio. DM im Raum. Ihre Realisierung hängt aber davon ab, ob es gelingt, aus dem Privatvermögen des Dr. Hubmann den vorhandenen Grundbesitz und die vorhandenen Eigentumswohnungen ohne großen Verlust in klingende Münze umzusetzen. Manche Objekte lassen infolge der darauf liegenden Belastungen einen Erlös für die Konkursmasse nicht mehr zu.

machten die Strafen aus, die dafür verhängt wurden. Begünstigt durch das leuchtende Vorbild hervorragender Unternehmerpersönlichkeiten wie Müller-Wipperfürth oder Porst hat sich die Steuerhinterziehung in der Bundesrepublik zu einer Art Volkssport entwickelt. Selbst von denjenigen, die brav und pünktlich ihre Steuern bezahlen, wird sie nicht unbedingt als verwerflich betrachtet, denn nur jeder fünfte Bundesbürger hält sie nach einer Untersuchung des Finanzwissenschaftlers Professor Schmölders für Betrug oder Diebstahl, für ein Vergehen also, das bestraft werden muß[1].

Ein anderes Gebiet, das die großartigsten Chancen bietet, den Staat zu betrügen und trotzdem ein geachteter Bürger zu bleiben, ist der Subventionsschwindel, insbesondere die unrechtmäßige Inanspruchnahme staatlicher Subventionen, die der Landwirtschaft gewährt werden. Die Landwirte selbst sind an diesen Machenschaften in verhältnismäßig geringem Umfang beteiligt, allerdings wahrscheinlich nur – wie ich fürchte – aus Mangel an Gelegenheiten. Denn dort, wo sich ihnen die Möglichkeit dazu bietet, schrecken nach Meinung von Experten auch sie nicht davor zurück, sich an Vorteilen, die ihnen rechtmäßig zustehen, unrechtmäßig zu bereichern. So sind zweifellos die den Landwirten gewährten Dieselöl-Subventionen jahrelang auch zu rein privaten Zwecken ausgenutzt worden und ebensowenig Zweifel bestehen daran, daß entsprechende Gefälligkeitsrechnungen entgegenkommender Tankstellen nicht wenig dazu beitrugen, das Einkommen der Landwirte auf ebenso einfache wie angenehme Weise zu erhöhen.

Weit größere Möglichkeiten, sich durch Subventionen zu bereichern, haben aber andere. Dazu muß man wissen, daß für die Ausfuhr zahlreicher landwirtschaftlicher Erzeugnisse

1 Gerechterweise muß man allerdings sagen, daß die Inflation der Steuerhinterziehung Auftrieb gibt. In einer Zeit, in der der normale Zinsertrag für Sparkonten geringer ist, als die Inflationsrate, ist der Grundsatz, Steuern nach Leistungsfähigkeit zu erheben, praktisch über Bord geworfen worden. Die Sparer können es zu Recht nicht einsehen, daß sie für Zinserträge, die nur auf dem Papier stehen, auch noch Steuern bezahlen sollen.

in Nicht-EG-Staaten Subventionen gezahlt werden, um diese Produkte auf den Weltmärkten konkurrenzfähig zu halten, und daß auf Produkte, die aus Nicht-EG-Ländern eingeführt werden, Ausgleichsabgaben erhoben werden, um die Preise dieser Produkte auf das inländische Preisniveau anzuheben. An dieser sogenannten Marktordnung, von klugen Köpfen zum Schutz der Bauern erdacht, haben andere kluge Köpfe mühelos schon sehr viel Geld verdient, auch ohne Bauern zu sein.

Das geht etwa auf folgende Weise: Ein deutscher Exporteur liefert – wie vor kurzem geschehen – 3000 Schlachtschweine an eine Tochterfirma in der Schweiz und kassiert die Subventionen für Ausfuhren in ein Nicht-EG-Land. Die Tochterfirma verkauft die Schweine sofort nach Italien weiter. Der Exporteur kassiert für diesen Umweg runde 300 000 DM. Als man ihm auf die Schliche kommt, erklärt er treuherzig, er habe erstens nicht wissen können, was die Schweizer Firma mit der Ware macht, und zweitens habe er nicht gewußt, daß ein solches Geschäft verboten sei. Das Verfahren gegen ihn wird eingestellt.

In einem ähnlichen Fall folgert der Staatsanwalt aus einer ganzen Reihe von Umständen messerscharf, daß der Mailänder Käufer einer Ware, die zunächst gleichfalls in die Schweiz geliefert worden war, von vornherein der eigentliche Empfänger der Lieferung gewesen ist. Er stellt aber das wegen des Verdachts des Betruges, der Untreue und der mittelbaren Falschbeurkundung eingeleitete Strafverfahren mit folgender Begründung ein:

»Zwar liegt es nahe anzunehmen, daß der Beschuldigte objektiv falsche Angaben über das Verbrauchsland gemacht hat. Die formelle Einschaltung von Drittlandfirmen vermag das eigentliche ›Verbraucherland‹, an das die Erstattungsregelung anknüpft, nicht zu verändern. Jedoch ist dem Beschuldigten nicht zu widerlegen, daß die Schweiz als Verbrauchsland angesehen wurde. Dieser Irrtum schließt als Tatbestandsirrtum den Vorsatz der Täuschung aus und läßt damit die Strafbarkeit entfallen.«

Wer also geschickt genug ist, zu vermeiden, was ihm subjektiv als Betrug ausgelegt werden kann, kommt ungeschoren davon.

Man braucht aber gar nicht den Gesetzen zuwiderzuhandeln, sondern kann auch durch einen bloßen Mißbrauch des Gesetzes ungeahnte Profite erzielen. Wie einfach das sein kann, wenn es auch auf den ersten Blick hin kompliziert erscheint, beweist folgendes Beispiel:

Aus Frankreich wurde zum Abbau des Butterbergs in erheblichem Umfang Butter nach Rumänien ausgeführt. Dafür wurden die hohen Ausfuhrvergütungen kassiert. Von Rumänien wurde die Butter nach Jugoslawien verschickt und verwandelte sich in diesem von deutschen Urlaubern hochgeschätzten Ferienland durch Zusatz von Essig- und anderen Gewürzzutaten in »Mayonnaise« beziehungsweise »Gewürzsauce«. So deklariert kam sie nach Deutschland zurück, wobei man sich die bei Butter zu erhebende Einfuhrabschöpfung ersparte. Vom Importeur, einer angesehenen Firma von Weltruf, wanderten Mayonnaise und Gewürzsauce über verschiedene Zwischenhändler in ein nur zu diesem Zweck gegründetes Lebensmittelwerk (mit drei Arbeitern) und verwandelten sich dort in Butter zurück, die erneut ausgeführt werden konnte. Ein rentabler Kreislauf, der den Beteiligten Millionen DM einbrachte.

Hans Gurski[1] staunt mit Recht darüber, daß sich die einzige aus dem Außenwirtschaftsgesetz unmittelbar ergebende Androhung von krimineller Strafe nicht gegen die sich bereichernde Wirtschaft wendet, sondern ausschließlich gegen die Bediensteten der Verwaltung, die ihnen bekanntgewordene Geschäfts- oder Betriebsgeheimnisse unbefugt offenbaren. Wie oft die Bestimmungen des allgemeinen Strafrechts, insbesondere der Betrugstatbestand im Bereich der Wirtschaftsvergehen nicht zu einer Verurteilung ausreichen, weiß jeder. Man kann mit ihnen nur die kleinen Betrüger fassen. Die gro-

1 Rechtsanwalt in Frankfurt, früher Ministerialrat im Bundesfinanzministerium.

ßen, die sich rechtzeitig abzusichern verstehen, entgehen ihren Netzen. Kein Wunder, daß weder Gerichte noch Staatsanwaltschaften besondere Neigung an den Tag legen, Fälle aufzugreifen, von denen sie zwar genau wissen, daß sie kriminell sind, für die sich aber oft keine einschlägigen Gesetzesparagraphen finden lassen. Sie schieben diese Fälle so lange vor sich her, bis sie beglückt herausfinden, daß sie dafür nicht zuständig sind, oder lassen sie auf andere Weise im Sand verlaufen. Auch die Haltung der Verwaltungsstellen, die für Marktordnung und Agrarmarkt zuständig sind, ist oft mehr als zwiespältig[1]. Auch sie neigen dazu, die Dinge laufen zu lassen, und schließen lieber faule Kompromisse, als gerichtliche Verfahren zu riskieren, die weder die Bestrafung der Subventionsschwindler noch einen Rückfluß der erschwindelten Subventionen einbringen. Exemplarisch dafür ist der sogenannte Libanon-Fall. Er lief in der Form ab, daß Butter aus den Beständen der Einfuhr- und Vorratsstelle von einem bedeutenden Hamburger Unternehmen in ganzen Schiffsladungen an einen libanesischen Käufer geliefert wurde. Die hanseatische Firma erhielt dafür 28 Millionen DM an Exportsubventionen. Von den vielen Frachtschiffen, die in Bewegung gesetzt wurden, fuhr ein einziges – und das offensichtlich nur zur Tarnung – nach Beirut, kehrte aber baldigst mit seiner Ladung zurück und löschte diese in Rostock, das bekanntlich nicht im Libanon, sondern in der Deutschen Demokratischen Republik liegt. Die übrigen Dampfer machten sich gar nicht erst die Mühe dieses Umwegs, sondern steuerten Rostock direkt an. Für Ausfuhren in die DDR gibt es keine Ausfuhrvergütungen. Als die Sache aufflog, erklärte die norddeutsche Firma die Verschiffung nach Rostock schlicht als »Fehlleitung«, und damit hatte es sich. Da ihr nicht zu beweisen war,

1 Man muß sich allerdings in diesem Zusammenhang vergegenwärtigen, in welch unglückseliger Position sich hier beispielsweise die Landwirtschaftskammern befinden. Auf der einen Seite entscheiden sie als zuständige Instanz darüber, wer Subventionen erhält, auf der anderen Seite sind sie das Selbstverwaltungsorgan gerade jener Leute, die sich die Subventionen erschwindeln, und sollen daher quasi ihre eigenen Leute ans Messer liefern.

daß diese »Fehlleitung« absichtlich erfolgt war, konnte man ihr nichts anhaben.

Auch brave Bürger sind nicht immer brav

Auch wenn es darum geht, vom Staat einen Teil jener Steuern zurückzuholen, die man unentwegt an ihn zahlt, kennen selbst die rechtschaffensten Bürger keine Skrupel, befleißigen sich viele von ihnen einer Doppelmoral, die sie bei jedem »gewöhnlichen« Verbrecher verabscheuen und verurteilen würden. Typisch für diese Form von Wirtschaftskriminalität ist der unrechtmäßige Bezug von Wohnungsbauprämien.

Um die Vermögens- und Eigentumsbildung breiter Bevölkerungskreise zu fördern, gewährt das Wohnungsbauprämiengesetz jedem Bausparer auf seine Bausparbeiträge jährliche Prämien, wobei bis Ende 1974 die Möglichkeit bestand, Zusatzprämien in Höhe von 30 Prozent der Prämien zu erhalten. Bei einem Sparbetrag von 1600 DM konnte die staatliche Subventionierung einen Betrag von 520 DM jährlich erreichen. Diese Prämie von 520 DM durfte allerdings nicht überschritten werden, auch wenn die Sparbeträge des Bausparers im Jahr höher waren als 1600 DM. Das Wohnungsbauprämiengesetz machte es nun ursprünglich verhältnismäßig einfach, die Schranke dieser jährlichen Höchstprämie zu umgehen, indem es dem Bausparer die Möglichkeit einräumte, Bausparverträge zugunsten Dritter abzuschließen. Wenn also beispielsweise der Bausparer A bereits jährlich 1600 DM sparte und hierfür 520 DM Prämie bezog, brauchte er lediglich einen Bekannten B zu gewinnen, der für sich, aber zugunsten des Bausparers A einen Bausparvertrag abschloß, um nach Einzahlung von 1600 DM ebenfalls 400–520 DM Prämie beantragen zu können und zu erhalten. Die Sparmittel für B stellte der interessierte A zur Verfügung, so daß der gute B durch den Vertragsabschluß keinerlei Verpflichtungen auf sich nehmen mußte, dem tüchtigen A jedoch zu einer weiteren Prämie in Höhe von 400–520 DM verholfen wurde.

Durch weitere Zwischenschaltungen von Dritten konnten weitere Prämien kassiert werden.

Der Gesetzgeber hat diese zunächst legale Handhabung später als Umgehung des gesetzgeberischen Willens verurteilt und die Sparleistungen des Prämienberechtigten unter ein Drittaufnahmeverbot gestellt: Die Sparbeträge der Bausparer müssen jetzt aus eigenen Mitteln aufgebracht werden, um einen Prämienanspruch zu begründen. Viele Bausparer waren aber keineswegs bereit, auf die ihnen bis dahin eingeräumten Vorteile so ohne weiteres zu verzichten. Was früher, wenn auch nicht im Sinn des Gesetzes, so doch immerhin nicht gegen den Buchstaben des Gesetzes möglich war, verschaffen sie sich jetzt jenseits der gesetzlichen Grenzen auf eigene Faust. Was früher offen praktiziert wurde, ging sozusagen in den Untergrund und man umgeht das Gesetz jetzt in der Form, daß Verwandtc als Strohmänner für die Errichtung von Bausparverträgen fungieren. Wenn sich diese Verwandten nicht durch allzu offene Mittellosigkeit auszeichnen, kann weder von der Bank, bei der Bausparkonten angelegt werden, noch von der Finanzbehörde, die die Bausparprämien für die Bausparverträge auszahlt, festgestellt werden, ob die eingezahlten Bausparbeiträge tatsächlich aus eigenen Mitteln des Bausparers stammen. Seit 1975 ist zwar die Wohnungsbauprämie an eine bestimmte Einkommensgrenze gebunden und auch die zusätzliche Prämie von 30 Prozent ist entfallen. Bis zu 400 DM Prämie kann man aber nach wie vor für einen Sparbeitrag von 1600 DM bekommen. Und es lohnt daher immer noch, sich solche Prämien zusätzlich zu verschaffen. Daß man sich damit Gelder erschwindelt, die einem eigentlich gar nicht zustehen, stört den ebenso ehrbaren wie fleißigen Sparer offensichtlich nicht.

Welche Schwierigkeiten sich selbst dann ergeben, wenn solche betrügerischen Umgehungen des Gesetzes entdeckt werden, schildert Wolfgang Fleischer von der Staatsanwaltschaft Gießen in folgendem Fall[1]:

1 Zitiert aus: Die Verbrechen in der Wirtschaft, Karlsruhe 1972.

In den Jahren 1963–1965 leisteten die Wohnungsbaubewerber K., S. und H., alle Mitglieder einer Baugenossenschaft auf Grund ihrer mit der Genossenschaft abgeschlossenen Kapitalsammlungsverträge Einzahlungen an die Genossenschaft. Die Gelder wurden von dieser zunächst auf die entsprechenden Eigenkapitalkonten verbucht. Zur Erlangung der jährlichen Wohnungsbauhöchstprämie wurde von der Genossenschaft in jedem Jahr der erforderliche Sparbetrag auf ein Prämiensparkonto des Mitgliedes bei der Genossenschaft umgebucht. Angeregt durch Vertreter der Genossenschaft, gewannen K., S. und H. Verwandte und gute Bekannte dafür, zu ihren Gunsten mit der Genossenschaft prämienbegünstigte Kapitalansammlungsverträge abzuschließen. Dabei erfolgten die Leistungen dieser Personen (Zubringer) zugunsten besagter Mitglieder in der Weise, daß die Genossenschaft die entsprechenden Beträge vom Eigenkapitalkonto der Wohnungsbaubewerber auf neu eröffnete Prämiensparkonten der Zubringer umbuchte. Die Genossenschaft bescheinigte auf den jährlichen Präminenanträgen die erfolgte Einzahlung durch die Zubringer und übersandte die Anträge dem zuständigen Finanzamt, das daraufhin die Wohnungsbauprämie gewährte. Die auf den Sparkonten der Zubringer angesammelten Sparbeträge wurden jedoch einschließlich der Prämien dazu verwandt, um den Wohnungsbau von K., H. und S. zu finanzieren.

Die Staatsanwaltschaft ermittelte auf Grund dieses Sachverhalts gegen die Mitglieder und die Angestellten der Genossenschaft sowie gegen die Zubringer wegen Verdachts des Betruges. Alle Beschuldigten waren Angehörige der Mittelschicht, honorige Leute, wie man zu sagen pflegt, selbständige Handwerker, gut verdienende Sekretärinnen bis hin zu Beamten des gehobenen und höheren Dienstes.

Die Angestellten der Baugenossenschaft erklärten, sie hätten ihr Vorgehen für zulässig gehalten. Die Mitglieder beriefen sich darauf, daß sie der Beratung der Genossenschaft vertraut hätten. Und die Zubringer behaupteten, ihnen sei von den übrigen Beteiligten erklärt worden, durch ihre Unterschrift gingen sie keinerlei Verpflichtungen ein – es handele sich lediglich um eine Gefälligkeit und sie hätten aus ihrem Verhalten keinen Vorteil gezogen.

Nun ist Betrug die durch Täuschung verursachte Vermögensschädigung eines anderen in Bereicherungsabsicht. Der Zubringer hatte mit seiner Unterschrift unter den Antrag auf Gewährung einer Prämie erklärt, daß die genannten Beträge gezahlt worden waren und nicht im Zusammenhang mit einem Kredit standen. Beides war richtig. Einbezahlt waren die Beträge, und der Abbuchung der Sparbeträge von dem Konto der Mitglieder lag im Verhältnis zum Zubringer auch kein Kreditvertrag zugrunde. Der Zubringer schied somit als Betrüger aus. Desgleichen auch das Genossenschaftsmitglied: Da es gegenüber dem Finanzamt überhaupt nicht in Erscheinung getreten war, hatte sich für ihn auch keine Möglichkeit ergeben »täuschend tätig zu werden«. Möglicher Täter eines Betrugs konnte also nur der Vertreter der Genossenschaft sein, der auf dem Prämienantragsformular bescheinigt hatte, daß der als Prämienberechtigter genannte die angegebene Leistung erbracht hatte. Da die Leistung von den Mitgliedern und nicht von dem Zubringer stammte, war diese Bescheinigung eindeutig falsch. Obgleich damit der objektive Tatbestand eines Betrugs durch die Vertreter der Baugenossenschaft bejaht werden konnte, war keinem von ihnen nachzuweisen, daß er beabsichtigt hatte, sich einen rechtswidrigen Vermögensvorteil zu verschaffen. Ergebnis: Das Verfahren wurde gegen alle Beteiligten eingestellt.

Sie hätten es sich dabei noch leichter machen können und wären überhaupt nicht in den Verdacht des Betruges geraten, wenn die Mitglieder der Genossenschaft den Zubringern den jährlich erforderlichen Betrag von 1600 DM bar gegeben und diese dann das Geld bei der Bauspargenossenschaft selbst eingezahlt hätten. Der Zubringer hätte in seinem Prämienantrag risikolos versichern können, daß die aufgebrachten Leistungen nicht in Zusammenhang mit einem Kredit standen, da er für das Mitglied lediglich treuhänderisch tätig war. Die Genossenschaft hätte zu Recht bestätigen können, daß der als

Prämienberechtigter Genannte die angegebenen Aufwendungen tatsächlich erbracht hatte. Über die Herkunft der Mittel brauchte er sich nicht zu äußern. Und das Genossenschaftsmitglied selbst wäre auch hier wiederum dem Finanzamt gegenüber gar nicht in Erscheinung getreten. Man hätte also auch von ihm nicht behaupten können, daß er das Finanzamt getäuscht habe (obwohl er das eindeutig getan hat).

Nach der Rechtsprechung des Bundesfinanzhofs hat derjenige, der einen Bausparvertrag nur formal unter seinem Namen, in Wirklichkeit aber im Auftrag und für Rechnung eines anderen abschließt, keinen Anspruch auf Gewährung einer Prämie. Bereits gewährte Wohnungsbauprämien sind in diesem Fall zurückzuzahlen. Auffallend ist aber, daß bei solchen Strohmannverträgen der unrechtmäßige Bezug von Wohnungsbauprämien zwar ein Rückforderungsrecht des Finanzamts begründet, eine strafrechtliche Sanktion aber nicht möglich ist: Das Delikt des Betrugs wird dadurch umgangen, daß Formen und Gestaltungsmöglichkeiten des bürgerlichen Rechts, in diesem Fall die Form der heimlichen Treuhandschaft, mißbraucht werden.

Wie die Erschleichung von Subventionen in weiten Kreisen der Bevölkerung kaum als kriminelles Vergehen, sondern eher als Kavaliersdelikt gilt, so haftet auch dem Versicherungsbetrug, wenn er sich in bestimmten Grenzen hält, keineswegs der Geruch einer kriminellen Handlung an. In dem einen Fall ist der Staat der Geschädigte, im anderen eben die Versicherungsgesellschaften. Und von denen nimmt man ohnehin an, daß sie zu hohe Prämien kassieren und angesichts der Paläste, in denen sie residieren, auch genug Geld haben.

Der Rolle entsprechend, die das Auto heute in der Bundesrepublik spielt, ist es denn auch die Kfz-Versicherung, in deren Bereich am meisten gemogelt und betrogen wird. Die Vielzahl der gemeldeten Schadensfälle macht es den Versicherungen praktisch unmöglich, jedem einzelnen Fall nachzugehen, und oft wäre das selbst dann nicht rentabel, wenn sich die Verdachtsmomente bestätigen würden, daß es bei dem gemeldeten Schadensfall nicht mit rechten Dingen zugegangen ist.

Wenn von Versicherungsbetrug die Rede ist, braucht man daher in erster Linie gar nicht an organisierte Banden zu denken, die Unfälle bewußt herbeiführen und in betrügerischer Zusammenarbeit mit Werkstätten und Sachverständigen den Versicherungen hohe Schadensrechnungen präsentieren, mit den ausgezahlten Schadenssummen die Fahrzeuge aber nur so weit reparieren, daß sie mit ihnen neue Unfälle inszenieren können[1].

Man braucht auch nicht, obwohl es angeblich keine Ausnahmen sind, an betrügerische Machenschaften der Art zu denken, daß eine Kfz-Reparaturwerkstatt für eine von ihr geleistete Arbeit zwei Rechnungen ausstellt, und zwar einmal für den kaskoversicherten Unschuldigen und ein zweites Mal für den haftpflichtversicherten Schuldigen. Beide Beteiligten melden den Unfall ihren Versicherungen, und diese zahlen.

Viel schwerer als diese kriminellen Aktivitäten wiegt jener Mißbrauch von Versicherungen, der von höchst braven Bürgern geübt wird. Er fängt damit an, daß der Autobesitzer nach einem Unfall nicht nur die dadurch entstandenen Schäden, sondern gleich auch noch Schönheitsreparaturen auf Kosten der Versicherung mit erledigen läßt. Er setzt sich fort in der Reparaturwerkstatt, die überhöhte Rechnungen ausstellt, und mündet schließlich in der Praxis von Mietwagenfirmen, die für die Zeit der Wagenreparatur – auf Kosten der Versicherung – einen Mietwagen stellen und die Werkstätten am Gewinn beteiligen, um damit die Reparaturzeiten künstlich zu verlängern. Der Unfall wird auf diese Weise zu einem großartigen Geschäft für alle, ausgenommen natürlich für die Versicherungsgesellschaften. Die Mehrkosten, die ihnen durch diese Manipulationen entstehen, werden auf etwa fünf Prozent der gesamten Prämieneinnahmen geschätzt. An den Stammtischen aber wird mit Genugtuung über die Betrügereien erzählt und man freut sich zusammen mit Freunden und

1 Der ›*Spiegel*‹ hat im Jahr 1970 über sieben solcher Banden berichtet, die im Raum Leverkusen pro Unfall zwischen 1000 und 13000 DM kassierten und mit insgesamt 114 frisierten Unfällen 29 Versicherungsgesellschaften schädigten, wobei sie allein mit einem Auto 18 Unfälle »bauten«.

Bekannten über die Cleverness, mit der man die Versicherungsgesellschaft geschröpft hat.

Von seltsamen Machinationen und Konstellationen

Nur wenn man selbst geschröpft wird, empfindet man keineswegs Hochachtung vor demjenigen, der einen durch betrügerische Machenschaften um sein mehr oder minder sauer verdientes Geld gebracht hat. Es ist erstaunlich, wie oft und wie leicht speziell gut verdienende Bundesbürger Schwindelfirmen, vornehmlich aus der Immobilienbranche, auf den Leim gehen und sich in der Hoffnung, für ihr Geld hohe Zinsgewinne einstreichen zu können, das Fell buchstäblich über die Ohren ziehen lassen. Viele dieser Leute verlieren ihr Geld offenbar so leicht, wie sie es verdient haben. Eine auf Büttenpapier gedruckte Einladung zu einer kleinen intimen Veranstaltung in einem First-Class-Hotel der Stadt, ein dezenter Salon, in dem ein kleiner Imbiß gereicht wird, als Repräsentant der Firma ein wortgewandter, von Kopf bis Fuß seriös wirkender Herr, der die in fernen Landen liegenden Grundstücke der Gesellschaft in farbenprächtigen Bildern vorführt und mit unterkühlter Stimme die enormen Gewinnmöglichkeiten schildert, die sich aus einer Beteiligung ergeben, und schon sind in anschließenden Einzelgesprächen viele bereit, ihr Geld in dieser Firma anzulegen. Daß die angepriesenen Grundstücke ohne genügendes Kapital erworben wurden, durch Gefälligkeitsgutachten überbewertet und mit Grundpfandrechten belastet sind, die den Ankaufs- und Verkehrswert weit übersteigen, kommt dabei natürlich nicht zur Sprache. Zur Sprache kommen nur vorgespiegelte Renditen bis zu 15 und 20 Prozent. Die Leichtgläubigkeit von Menschen, bei denen man auf Grund ihrer Intelligenz und ihrer beruflichen Erfahrungen eigentlich vermuten müßte, daß sie so leicht nicht zu übertölpeln sind, ist nur zu erklären durch die ungezügelte Sucht, möglichst leicht und möglichst schnell aus viel Geld noch mehr zu machen.

Horst Franzheim[1], Staatsanwalt in Köln, macht an einem anschaulichen Beispiel deutlich, mit welcher Geschicklichkeit solche Schwindelfirmen operieren und auf welche Weise jenes Scheinkapital gebildet wird, das ahnungslose Dritte dazu veranlaßt, ihr Geld in die Firma einzubringen – und damit zu verlieren:

Eine Firmengruppe, die sich mit dem Bau von Kuranstalten befaßte, bestand aus einer GmbH als Mutter und mehreren Töchtern, die in der Form von GmbH & Co betrieben wurden. Eine Schweizer Aktiengesellschaft, deren Firmenmantel einer der Beschuldigten zum Preis von 1600 DM erworben hatte, zeichnete bei der GmbH nach und nach Kapitalanteile in Höhe von 550 000 DM. Die Kapitalanlagen der ausländischen Aktiengesellschaften wurden durch gutgläubige und honorige Treuhänder gehalten. Im einzelnen wurde dabei folgendermaßen verfahren:

Ein GmbH-Stammkapitalanteil von 200 000 DM wurde von einem seriösen Wirtschaftsprüfer gehalten. Dieser hatte sich nur unter der Bedingung bereit gefunden, als Treuhänder für die Schweizer Aktiengesellschaft zu fungieren, daß er den Anteil von 200 000 DM selbst einzahlen dürfe. Um das zu ermöglichen, gingen die Beschuldigten wie folgt vor: Der Kommanditist einer Tochtergesellschaft der GmbH zahlte 200 000 DM bei einem der Beschuldigten ein. Dieser verstand es, dem Kommanditisten klarzumachen, daß es aus steuerlichen Gründen besser sei, wenn er den Betrag von 200 000 DM nicht überweise, sondern in bar einzahle. Dem Kommanditisten wurde eine Quittung über den Empfang von 200 000 DM gegeben. Der Betrag wurde jedoch nicht sofort dem Konto des Kommanditisten bei der Tochtergesellschaft gutgeschrieben, sondern dem gutgläubigen Wirtschaftsprüfer mit der Bemerkung übergeben, dieses Geld stamme von der Schweizer Aktiengesellschaft. Der Wirtschaftsprüfer zahlte den Betrag von 200 000 DM auf das Konto der Muttergesellschaft ein. Kurze Zeit später wurde dort das Geld wieder abgezogen und als

1 Zitiert aus: Die Verbrechen in der Wirtschaft, Karlsruhe 1972.

Einlage des Kommanditisten auf das Bankkonto der Tochtergesellschaft eingezahlt. Da der Abzug von 200 000 DM bei der Muttergesellschaft verbucht werden mußte, wurde zum Ausgleich dafür ein Darlehenskonto eines der Beschuldigten belastet. Auch dieses Darlehenskonto mußte wieder ausgeglichen werden. Zu diesem Zweck kaufte der Beschuldigte ein Grundstücksareal zum Preis von 900 000 DM. Den Kaufpreis beglich er aus einem Darlehen, das er von der Muttergesellschaft erhalten hatte, die wiederum den Betrag aus Geldern nahm, die private Kapitalgeber bei ihr eingezahlt hatten. Der Beschuldigte veräußerte das Grundstück kurze Zeit später zum Preis von 2,7 Millionen DM an die Muttergesellschaft weiter. Mit der Differenz zwischen dem An- und Verkaufswert wurde das Darlehenskonto des Beschuldigten bei der Muttergesellschaft ausgeglichen.

Sehr seltsame Konstellationen können sich ergeben, wenn Banken zu den Opfern von Wirtschaftsstraftätern gehören. Aus dem Opfer wird plötzlich ein mächtiger Verbündeter, der nach Möglichkeit zu vermeiden sucht, daß die erlittenen Verluste bekannt werden, um den eigenen Ruf nicht zu gefährden, der den Verlust geringer darstellt, als er tatsächlich gewesen ist, oder, wie eine Bank in Niedersachsen, die um 800 000 DM geschädigt worden war, erklärt, überhaupt keinen Verlust erlitten zu haben.

Richard Hahn und Michael Welp[1], zwei Richter am Landgericht Frankfurt, wissen dazu von folgenden, offensichtlich nicht untypischen Fällen zu berichten:

Im Verfahren gegen den in Konkurs gegangenen Inhaber eines Bauträgerunternehmens trat als Hauptgeschädigter mit einer Schadenssumme von angeblich 20 Millionen DM eine Hypothekenbank auf, die die gescheiterten Bauprojekte finanziert hatte. Wie sich in der Hauptverhandlung herausstellte, waren die von der Bank gewährten Darlehen weitgehend ohne dingliche Sicherheit bewilligt und ausgezahlt worden;

1 Beide Richter sind an einer Wirtschaftsstrafkammer des Landgerichts Frankfurt tätig.

mit einer Prüfung der persönlichen Kreditwürdigkeit hatte sich die Bank als Realkreditinstitut gar nicht erst befaßt. Das Geschäftsgebaren der Bank war schon am Anfang derKreditverbindung bemerkenswert: Der Angeklagte erbat einen Kredit zum Ankauf eines Grundstücksareals von 25 000 Quadratmetern, das er – wie er der Bank wahrheitsgemäß sagte – für 21 DM pro Quadratmeter erworben und für das er außerdem 88 000 DM als Vorschuß auf die Erschließungskosten bezahlt hatte. Bei einem Beleihungswert von hiernach maximal 615 000 DM erhoffte sich der angeklagte Inhaber des Bauunternehmens bei der üblichen 60prozentigen Beleihung einen Kredit von höchstens 300 000 bis 400 000 DM.

Die Bank ließ jedoch eine Schätzung erstellen, in der einer ihrer Angestellten, der das Gelände nie gesehen hatte und nicht einmal genau wußte, wo die betreffende Ortschaft lag, den Wert des Gesamtareals mit 828 000 DM bezifferte. Obwohl das Gelände noch nicht erschlossen war, bewilligte die Bank auf Grund dieser Unterlagen dem Angeklagten einen Kredit von einer Million DM und zahlte die Summe alsbald ohne alle Abzüge für Disagio und Zinsen in voller Höhe aus. Der schon damals hoch überschuldete Angeklagte verwandte das so leicht erlangte Geld zum Teil dazu, auf den Namen seiner Ehefrau und seiner Kinder ein Schloß im Ausland zu erwerben.

Diese leichtfertige Kreditierung setzte die Bank auch später fort, wobei sie immer mehr in die Rolle eines Vorfinanzierungsinstituts geriet. Schon ein Jahr vor dem Konkurs errechnete sie bei einem einzigen Bauvorhaben eine ungedeckte Valutierung von mehr als sechs Millionen DM, stützte aber trotzdem den in größten Schwierigkeiten befindlichen Angeklagten weiter.

Zu den Eigentümlichkeiten der Geschäftsverbindung gehörte ferner, daß die Bank dem Angeklagten für die von ihm abgenommmenen Hypotheken Provisionen von einem halben bis zu einem Prozent der Darlehnssumme zahlte. Dies geschah formell als Vermittlungsgebühr für die bei späteren Hausverkäufen von seinen Kunden eventuell abzunehmenden Teilhypotheken; praktisch wurde die Provision jedoch bereits gezahlt, wenn dem Angeklagten Hypotheken bewilligt wurden, und auch wenn feststand, daß diese wegen der ungünstigen Konditionen von den Hauskäufern nicht abgenommen würden.

Eine andere Variante der gleichen Konstellation: Der Präsident eines bedeutenden Handelsverbands war mit seinem Unternehmen mindestens zehn Jahre lang erheblich überschuldet, nach seinen eigenen Angaben zuletzt mit rund 2,8 Millionen DM. Um zahlungsfähig zu bleiben, unterhielt er bei drei verschiedenen Banken Kredite, die sich bei der Konkurseröffnung zusammen auf mehr als 2,3 Millionen DM beliefen. Diese Kredite hatte er dadurch erlangt, daß er falsche, auf guten Ertrag hindeutende Bilanzen vorgelegt hatte, die von ihm und einem nicht ermittelten Steuersachverständigen erstellt worden waren; man hatte dabei Briefbogen mit dem Kopf eines angesehenen Steuerberatungsbüros verwendet und die Unterschrift eines Mitglieds dieser Sozietät gefälscht. Zur Absicherung der Kredite trat der Angeklagte an die Banken in Form stiller Zessionen Forderungen ab, die zum großen Teil fingiert waren und legte, um seine Zessionen zu bekräftigen, Rechnungsdurchschriften der vorgetäuschten Lieferungen vor; auch führte er falsche Kundenkonten, in die die fingierten Verkäufe eingetragen waren. Hatte sich ein Bankprüfer angesagt, so wurden diese Konten vorübergehend anstelle der richtigen in die Karteikästen eingeordnet.

In der Hauptverhandlung räumten die Kreditprüfer von zwei Banken ein, daß ihre Institute um den Kontakt zum Angeklagten heftig konkurriert hatten. Von ihren Vorgesetzten seien sie angewiesen worden, bei dem als seriös, aber auch als anspruchsvoll und empfindlich geltenden Angeklagten nicht mit Akribie zu prüfen. So hatte man nie die Vorlage eines Lieferscheins verlangt, nie den Wareneingang mit dem Warenausgang verglichen, nie eine Zession offengelegt. Man war auch nicht stutzig geworden, als in den Bilanzen derart niedrige Steuern ausgewiesen waren, daß Zweifel am ausgewiesenen Gewinn entstehen mußten. Wegen dieser von oben geradezu angeordneten Nachlässigkeiten wurden nach Entdeckung der

Manipulation von keiner der Banken personelle Konsequenzen gezogen. Zwei der drei Banken wollten sogar zur Vermeidung unliebsamen Aufsehens von einer Anzeige gegen den Angeklagten Abstand nehmen.

Ein Kampf auf verlorenem Posten?

Man sieht, das Feld der Wirtschaftskriminalität ist groß und voll der seltsamsten Vorkommnisse. Und was hier an Schaden angerichtet wird, ist allein schon angesichts der versteckten, im Rahmen normaler Geschäftsbeziehungen vollbrachten Straftaten kaum abzuschätzen. Viele der typischen Arten der Wirtschaftskriminalität werden statistisch überhaupt nicht oder nicht gesondert erfaßt, und auch die Zahl der erfaßten Betrugsfälle hilft nicht weiter. Sie führt zum Teil sogar zu falschen Schlüssen. Wenn sie bei einzelnen Deliktarten eine sinkende Tendenz anzeigt, ist damit nicht gesagt, daß die Wirt-

Entwicklung der Betrugsdelikte

Delikt	1970	1972	1973	1974
Betrug insgesamt	170 702	175 458	179 331	195 644
davon Waren- und Kreditbetrug	40 540	37 661	36 246	37 530
Grundstücks- und Baubetrug	999	680	677	548
Kautions- und Beteiligungsbetrug	739	876	782	1 045
Geld- und Geldkreditbetrug	40 701	38 920	33 258	35 420
Veruntreuung	3 881	3 761	3 376	4 185
Unterschlagung	36 121	30 414	31 381	32 226
Konkursdelikte	543	708	643	744
Weitere Straftatbestände[1]	2 033	1 931	3 502	3 670

1 Nach dem Gesetz gegen den unlauteren Wettbewerb, der Vergleichsordnung, dem GmbH- und Genossenschaftsgesetz, Aktiengesetz, Börsengesetz und der Reichsversicherungsordnung.

Quelle: Polizeiliche Kriminalstatistik.

schaftskriminalität dort tatsächlich abflaut. Das Gegenteil ist der Fall: die Zahl der Geschädigten steigt und die Höhe der Schäden wächst. Auf der 23. Betriebswirtschaftlichen Tagung der Deutschen Gesellschaft für Betriebswirtschaft wurde im September 1969 auf Grund von Veröffentlichungen und vorsichtigen Schätzungen folgende Rechnung aufgemacht:

1. Verlust durch Ladendiebstähle: 100 Mio. DM;
2. Schäden durch Betrug an der Haustür bis zu Fälschungen der Vertragsunterlagen: 100 Mio. DM;
3. Schaden durch betrügerische Tätigkeiten von Schwindelfirmen, etwa in der Anlageberatung, Grundstücks- und Baubetrug, Beteiligungs-, Waren- und Geldkreditbetrug: 300 Mio. DM;
4. Gläubigerverluste durch betrügerischen Bankrott, Wechselfälschungen, insbesondere auch bei Insolvenzfällen: 1 Mrd. DM;
5. Vorsichtig geschätzter Anteil von Steuerhinterziehung und Mißbrauch steuerlicher Vergünstigungen: 3 Mrd. DM.

Diese Rechnung hat sich schon längst als viel zu niedrig herausgestellt, und man ist inzwischen zu der Ansicht gekommen, daß der durch die Verbrecher im weißen Kragen verursachte Gesamtschaden zwischen 20 und 50 Milliarden DM im Jahr beträgt. Und wahrscheinlich sind sogar diese Zahlen zu niedrig angesetzt, wenn man den Schwindel mit einbezieht, der von vielen betrieben wird, ohne auch nur im geringsten als anstößig empfunden zu werden.

Erhebliche Schwierigkeiten bei der Bekämpfung dieser Vergehen resultieren nicht nur daraus, daß der in vielen Fällen allein zur Verfügung stehende Tatbestand des Betrugs sich im Kampf gegen die Wirtschaftskriminalität als unzulängliche Handhabe erwiesen hat, weil der ein volles Jahrhundert alte § 263 des Strafgesetzbuches nicht bloß auf den Schaden am Vermögen des Opfers abstellt, sondern dem Täter auch die Absicht nachgewiesen werden muß, daß er sich oder einem Dritten einen rechtswidrigen Vermögensvorteil verschaffen wollte – eine Absicht, die bei raffinierten Tätern meist nur schwer nachgewiesen werden kann.

Nicht geringere Schwierigkeiten bereitet die Einstellung der Bundesdeutschen zur Wirtschaftskriminalität und die Mentalität ihrer Opfer. Schon die allgemeine Geschäftsmoral läßt im Wirtschaftsleben ein beträchtliches Maß an Täuschung und Übervorteilung zu, die Bandbreite zwischen unkorrektem, aber gerade noch erlaubtem Verhalten und dem gesetzlich strafbaren Verhalten ist daher groß. Mißbilligt wird nur, was Profitstreben und Gewinnsucht allzu deutlich sichtbar macht. Wer es versteht, dem Staat ein Schnippchen zu schlagen, erntet eher Bewunderung als Empörung, und je größer die Beträge sind, die sich jemand dabei erschwindelt, um so geringer ist die Neigung, ihn als Kriminellen anzusehen und zu verurteilen. Die Geprellten selbst fürchten nicht nur die Blamage, in der Öffentlichkeit als leichtgläubige Tölpel dazustehen, sondern oft auch das Finanzamt, wenn das verlorene Geld aus nichtversteuerten Einkünften stammt. Auch von dieser Seite aus wird es dem Staat also nicht leicht gemacht, der Wirtschaftskriminalität ernsthaft zu Leibe zu rücken.

Bei all diesen Schwierigkeiten wird das erste Gesetz zur Bekämpfung der Wirtschaftskriminalität, das im Jahre 1975 erlassen wurde, nicht viel ändern. Sicherlich wird es manche Strafverfolgung erleichtern, weil es Subventions- und Kreditbetrügereien schon im Vorfeld des Betrugs strafrechtlich erfassen soll[1]. Auch der neu gefaßte Tatbestand des Wuchers wird sich zweifellos positiv auswirken, weil er die Schutzgrenze für die Opfer nicht erst bei einer »Notlage«, sondern schon bei einer »Zwangslage« zieht, und weil sich schon strafbar macht, wer eine solche Zwangslage, die Unerfahrenheit,

1 Mit Freiheitsstrafe bis zu fünf Jahren oder mit Geldstrafe kann jetzt bereits belegt werden, »wer unrichtige oder unvollständige Angaben macht, die für die Bewilligung von Subventionen zuständigen Behörden oder Personen pflichtwidrig über subventionserhebliche Tatsachen in Unkenntnis läßt oder eine durch unrichtige oder unvollständige Angaben erlangte Subventionsbewilligung gebraucht«. Und mit Gefängnis oder Geldstrafe muß rechnen, wer bei einem Kreditantrag für einen Betrieb oder ein Unternehmen dem Kreditinstitut unrichtige oder unvollständige Unterlagen unterbreitet und Verschlechterungen der wirtschaftlichen Verhältnisse bis zur Inanspruchnahme des Kredits »pflichtwidrig nicht mitteilt«.

den Mangel an Urteilsvermögen oder die Willensschwäche eines anderen ausnutzt, um ihn durch Wucherzinsen auszubeuten. Schließlich hofft man jetzt auch betrügerische Bankrotteure leichter fassen und hinter Gitter schicken zu können, da zu den bisherigen Bankrotthandlungen (z. B. Beiseiteschaffung von Vermögensstücken oder Vernichtung von Handelsbüchern) als neues Tatbestandsmerkmal die Absicht des Täters hinzugekommen ist, seine Gläubiger zu benachteiligen.

Ob diese neuen, mit scharfen Strafandrohungen ausgestatteten Tatbestände in der Praxis auch wirklich jenen Erfolg haben werden, den sich der löbliche Gesetzgeber vorgestellt hat, ist trotzdem mehr als fraglich. Fraglich vor allem deshalb, weil man in der Ermittlung und Verfolgung der Wirtschaftskriminalität in letzter Zeit kaum weiter gekommen ist und nach Lage der Dinge zu befürchten ist, daß man auch in den nächsten Jahren trotz einiger Anstrengungen nicht viel weiterkommen wird. Man hat zwar beim Bundeskriminalamt und bei den Landeskriminalämtern Sonderdezernate eingerichtet, die sich ausschließlich mit Wirtschaftsstrafsachen befassen, hat die Verfolgung von Wirtschaftsstrafsachen bei spezialisierten Staatsanwaltschaften zusammengefaßt und die Verhandlung dieser Fälle bei bestimmten Kammern einzelner Landgerichte konzentriert. Nach wie vor stehen aber viel zu wenig Polizeibeamte und Staatsanwälte zur Verfügung, die über entsprechende Vorkenntnisse verfügen und genügend Einblick in komplizierte finanztechnische Sachverhalte haben. Nach wie vor mangelt es an Spezialisten, die den mit allen Wassern gewaschenen Wirtschaftsbetrügern wirksam Paroli bieten können.

Viele gute Absichten sind außerdem Papier geblieben. So gab es noch im September 1974 bei der Düsseldorfer Polizei nur sechs Beamte für die Verfolgung und Ermittlung von Wirtschaftsstrafsachen, die zudem keine spezielle Ausbildung besaßen. Und für das beim Bayerischen Landeskriminalamt im Oktober 1974 errichtete Spezialreferat für Wirtschaftsstrafsachen soll in »absehbarer Zeit« sage und schreibe ein akademisch ausgebildeter Wirtschaftsfachmann eingestellt werden,

Es waren beschäftigt in	Wirtschafts-spezialisten	Sonderdezernate und Wirtschafts-strafkammern
Bundeskriminalamt	13	1
Elf Landeskriminalämter der Bundesländer	284	20
104 Staatsanwaltschaften und Generalstaatsanwaltschaften	244	27
833 ordentliche Gerichte	200	44

Quelle: Capital Nr. 10/74.

um die Polizeibeamten mit seinen Spezialkenntnissen zu unterstützen. Unter diesen Umständen reichen weder Gesetze noch die personellen und materiellen Voraussetzungen aus, um die Wirtschaftskriminalität erfolgreich bekämpfen zu können. Die »Verbrecher im weißen Kragen« können weiter zuversichtlich in die Zukunft blicken.

Das Millionending: Verkehrsdelikte

Frappierende Ähnlichkeit mit den Wirtschaftsdelikten haben in mancherlei Hinsicht die Verkehrsdelikte.

Ein räuberischer Überfall kann geringeren Personen- und Sachschaden anrichten als ein Verkehrsunfall. Ein Dieb gefährdet nur Eigentum, der Verkehrsstraftäter außerdem Leben und Gesundheit von Mitmenschen. In beiden Fällen ist seine Gesellschaftsschädlichkeit größer als die der klassichen Kriminellen.

Trotzdem gelten die Verkehrsdelikte weithin als Kavaliersdelikte, werden Parallelen zwischen Verkehrsdelinquenz und allgemeiner Kriminalität entrüstet zurückgewiesen. Wenn von ihnen die Rede ist, nennt man die Dinge nur ungern beim Namen und spricht, statt von gemeingefährlichem Egoismus und brutaler Verantwortungslosigkeit, lieber von unvermeidbarem menschlichem Versagen im Straßenverkehr und von der Unmöglichkeit, alle Verkehrsregeln einzuhalten. Da die meisten Verkehrsdelikte ohnehin aus Fahrlässigkeit und nicht vorsätzlich begangen werden, fällt es nicht schwer, sie als »unglückliche Folgen eines erlaubten Risikos« zu betrachten, und sie werden auch dann, wenn sie vorsätzlich gefährliche Situationen heraufbeschwören, als harmlos empfunden, solange sie keinen Schaden anrichten. Sie gehören sozusagen zum Alltag des Bundesbürgers. Und wie über alltägliche Dinge setzt man sich daher auch über ihre Folgen und ihre Ausmaße hinweg.

In der Bundesrepublik Deutschland wurden in den letzten zehn Jahren (1965–1975) fast 200 000 Menschen durch einen Verkehrsunfall getötet, fast 2 Millionen Menschen schwer und mehr als 3½ Millionen leicht verletzt. Die Zahl der gebührenpflichtigen Verwarnungen wegen eines Verstoßes gegen die Straßenverkehrsordnung dürfte bei gut 10 Millionen jährlich liegen, und beim Verkehrszentralregister in Flensburg wurden allein im Jahre 1972 über 1,9 Millionen Vergehen und Ordnungswidrigkeiten eingetragen. Die von den Strafgerichten ausgesprochenen Verurteilungen wegen Verkehrsvergehen stellen den kleinsten Ausschnitt aus dem gesamten Komplex der amtlich dokumentierten Verkehrsdelikte dar. Immerhin machten sie im Jahr 1974, rund 317 000 an der Zahl, fast ebenso viel aus wie die Verurteilungen im ganzen Bereich des allgemeinen Strafrechts (382 000). Alles in allem genommen kann man sagen, daß in jedem Jahr durchschnittlich jeder zweite bundesdeutsche Kraftfahrer einmal wegen Verkehrswidrigkeiten bestraft, mit einer Geldbuße belegt oder gebührenpflichtig gerügt wird.

Das sind erschreckende Feststellungen. Sie sind um so erschreckender, als in ihnen der Umfang der tatsächlich begangenen Verkehrsdelikte nur unvollständig zum Ausdruck kommt. Dieser Umfang läßt sich nicht annähernd abschätzen. Viele gefährliche Fahrfehler wie hohe Geschwindigkeitsüberschreitungen, Vorfahrtverletzungen, Trunkenheit am Steuer und gefährliches Überholen werden nicht verfolgt und nicht registriert, weil sie keinen Schaden verursacht haben, unbemerkt blieben oder nicht angezeigt wurden. Und auch in der Registrierung der mittleren und der Bagatellefälle spiegelt sich oft eher der mehr oder minder große Verfolgungseifer der Polizeiorgane wider als das wirkliche Fehlverhalten im Straßenverkehr. Verwertbare Befragungsergebnisse über nicht registrierte Verkehrsdelikte liegen jedenfalls nicht vor. Über ihr Ausmaß kann man sich aber ungefähre Vorstellungen machen, wenn man auf Grund von Ergebnissen polizeilicher Sonderkontrollen davon ausgeht, daß aller Wahrscheinlichkeit nach nicht einmal ein Prozent der unter Alkoholeinfluß stehenden Kraftfahrer vor Gericht kommen oder mit einem Bußgeld belegt werden.

Das deutsche Volk bestünde, wenn man sich dies vor Augen hält, in der Tat vorwiegend aus Vorbestraften, wenn nicht große Teile des Verkehrsrechts aus dem allgemeinen Strafrecht und Strafverfahren herausgenommen, »entkriminalisiert« worden wären. Seit 1969 sind leichtere Verkehrsvergehen nicht mehr Sache der Strafgerichte, sondern werden als Ordnungswidrigkeiten geahndet, und an die Stelle von Strafen sind Geldbußen getreten, die von Verwaltungsbehörden verhängt werden.[1] Erst wenn der Betroffene gegen den Bußgeldbescheid Einspruch erhebt, kommt die Sache vor Gericht. Nach allgemeinem Strafrecht werden nur noch schwerere

1 Typische Verkehrsverstöße, die als Ordnungswidrigkeiten geahndet werden, sind:

- Nichtbeachten der *Vorfahrt* / des »Rotlichts« (in einer Lichtzeichen-Anlage) / der Haltezeichen von Polizeivollzugsbeamten / des »Stop«-Zeichens
- Überschreiten der zulässigen (Höchst-) *Geschwindigkeiten* innerhalb / außerhalb geschlossener Ortschaften; überhöhte Fahrgeschwindigkeit an unübersichtlichen Stellen oder an Straßenkreuzungen und Bahnübergängen; ungenügender Sicherheitsabstand
- Fehler beim *Überholen;* verbotenes Überholen oder Vorbeifahren an Fußgängerüberwegen (mit Gefährdung von Fußgängern); Überholen an unübersichtlichen Stellen oder bei unklarer Verkehrslage / Nichtbeachtung von Überholverboten oder Fahrstreifenbegrenzungen
- Führen eines Kfz, unter *Alkohol*-Einwirkung (bei einer Blutalkoholkonzentration von 0,8 ‰ bis zu 1,29 ‰)

Verstöße gegen die Normen des Verkehrsrechts behandelt[1], wobei auch nur in besonderen Fällen Freiheitsstrafen ausgesprochen werden. Zu den sonst üblichen Geldstrafen können Entziehung der Fahrerlaubnis (6 Monate bis 5 Jahre oder für immer) oder Fahrverbot (1 bis 3 Monate) treten.

Gründlich und tüchtig wie die Deutschen nun einmal sind, hat man auch gleich dafür gesorgt, daß Verwarnungsgebühren und Bußgelder im ganzen Bundesgebiet möglichst einheitlich praktiziert werden[2]. Man hat dabei allerdings die Rechnung ohne den Wirt, das heißt ohne den bundesdeutschen Föderalismus gemacht. Denn offensichtlich ist es trotz aller Kataloge und sorgfältig ausgetüftelter Vorschriften nicht gelungen, die Bußgeldpraxis der einzelnen Bundesländer unter einen Hut zu bringen. So werden, um nur ein Beispiel herauszugreifen, in Nordrhein-Westfalen verhältnismäßig wesentlich mehr Bußgeldbescheide mit 50 Mark und mehr erteilt als in Baden-Württemberg, Bayern, Berlin und dem Saarland. Und auch mit dem Entzug des Führerscheins ist man im Westen der Bundesrepublik rascher bei der Hand als im Süden.

1 *Straßenverkehrsvergehen* dieser Art sind:
- Verkehrsflucht (§ 142 StGb).
  Diese Vorschrift schützt das private Interesse der Unfallgeschädigten und -beteiligten, das an möglichst umfassender Aufklärung des Unfallhergangs besteht, um Schadensersatzansprüche zu sichern oder abzuwehren
- Gefährliche Eingriffe in den Straßenverkehr (§ 315b StGB) und Gefährdung im Straßenverkehr (§ 315c StGB)
  Diese Vorschriften schützen vornehmlich die Sicherheit des Straßenverkehrs, sowie Leben und körperliche Unversehrtheit des einzelnen und fremdes Eigentum.
  Die Tat ist *konkretes* Gefährdungsdelikt!
- Trunkenheit im Straßenverkehr (§ 316 StGB)
  Geschütztes Rechtsgut ist die Sicherheit des Verkehrs. Da weder die Verletzung noch die Gefährdung des Rechtsguts zum Tatbestand gehört, ist die Zuwiderhandlung *abstraktes* Gefährdungsdelikt! (Absolute Fahruntüchtigkeit bei einer Blutalkoholkonzentration von mehr als 1,3 ‰!)

2 Der zu diesem Zweck aufgestellte Bußgeldkatalog zählt 33 Arten von Ordnungswidrigkeiten auf, von denen die meisten in mehrere Positionen aufgegliedert sind. Für jede Position ist ein bestimmter Bußgeldbetrag festgesetzt, so daß sich für jede Art von Ordnungswidrigkeit ein bestimmter Bußgeldrahmen ergibt. Die Bußgeldbeträge sind, wie dem wißbegierigen Verkehrsteilnehmer in strengem amtlichem Ton erläutert wird, »Regelsätze, die von fahrlässiger Begehung, normalen Tatbeständen und mittleren wirtschaftlichen Verhältnissen ausgehen.«

Ungeachtet dieser regionalen Unterschiede ist die Bußgeldpraxis auffallend milde. Im Jahre 1974 betrug die durchschnittliche Geldbuße für Geschwindigkeitsüberschreitungen knappe 72 DM – bei einem Bußgeldrahmen von 40 bis 400 DM. Nicht viel höher lag sie – bei Regelsätzen zwischen 60 und 300 DM – bei Verletzungen der Vorfahrtsregel (73 DM) und bei verkehrswidrigem Abbiegen und Wenden (76 DM). Und als Buße für falsches Überholen wurde im Bundesdurchschnitt mit 62 DM gerade noch der unterste Regelsatz bezahlt, der hier mit 60 DM beginnt und bis 150 DM reicht.

Nicht ganz so freundlich gibt sich die Strafjustiz bei den von ihr behandelten Straßenverkehrsvergehen. Ursprünglich darauf versessen, alle Verkehrsvergehen, insbesondere Trunkenheit am Steuer, durch rigorose Freiheitsstrafen zu bekämpfen, mußte sie im Lauf der Zeit erkennen, daß sie die verkehrserzieherischen Wirkungen, die damit erzielt werden sollten, weit überschätzt hatte, wie es ja überhaupt recht merkwürdig war, daß das Prinzip der Abschreckung bei den meisten Verkehrsrichtern noch hohes Ansehen genoß, als es im allgemeinen Strafrecht schon längst für unwirksam befunden und zum alten Eisen geworfen worden war. Auch wenn jedoch seit 1969 die Freiheitsstrafen auch für Trunkenheitsdelikte drastisch reduziert worden sind[1], geht die Justiz gegen Verkehrssünder wesentlich schärfer vor als vergleichsweise die Verwaltungsbehörden. Die von ihr verhängten Geldstrafen haben sich im Lauf der Jahre ständig erhöht, insbesondere ist der Anteil der Geldstrafen über 1000 DM kräftig gewachsen.

Im übrigen hat sie es gerade in Verkehrssachen nicht eben leicht. Nirgends wird, wie Helmut Ostermeyer festgestellt

1 Der Pendel schlägt sporadisch zurück. So hat beispielsweise ein bekannter deutscher Verkehrspsychologe, Prof. Udo Undeutsch, Ende 1975 die Forderung aufgestellt, daß seinen Führerschein auf Lebenszeit verlieren soll, wer das zweite Mal betrunken am Steuer erwischt wird. Das erste Mal soll gleich mit zwei Jahren Führerscheinentzug geahndet werden. Der Professor ist sicher, daß dadurch »die Zahl derjenigen, die durch alkoholisierte Fahrer getötet oder verletzt werden, auf 20 Prozent gesenkt werden». Wir sind es nicht. Die Strafe ist erfahrungsgemäß nur eines von vielen Gliedern im Gesamtsystem der sozialen Kontrolle und – ob scharf oder milder – nicht immer das wirksamste.

hat, so hartnäckig gelogen wie in Verkehrsprozessen, nirgends so eine falsche Seriosität gemimt und die verfolgte Unschuld gespielt. Die Urteilsfindung fällt schon aus diesem Gründen oft sehr schwer. Sie fällt um so schwerer, als im Strafprozeß zwar das Schuldprinzip gilt, das Erfolgsprinzip aber herrscht. Und das führt in Verkehrssachen dazu, daß »ein und dieselbe Geschwindigkeitsüberschreitung, ein und dasselbe riskante Überholen verschiedene Strafen nach sich ziehen, je nachdem, ob ihnen ein Menschenleben zum Opfer fiel oder nicht, obwohl dies vom Zufall und nicht von der Schuld abhängt. Viele Verkehrsunfälle werden überhaupt nur deshalb als Straftaten verfolgt, weil sie ein Menschenleben gekostet haben – eine Schuld muß dann oft mühsam konstruiert und dazu die Sorgfaltspflichten in grotesker Weise überspannt werden[1].« (Ein Kraftfahrer, der bei Nebel einen Bahnübergang überquert, muß sein Ohr an die Schienen legen. Oder er soll, bei unklaren Verhältnissen an einer Kreuzung, umkehren und eine Kreuzung suchen, wo ein Polizist steht.)

Kein rechter Erfolg war bisher dem Versuch beschieden, die Verkehrstäter zu klassifizieren, sie nach bestimmten Merkmalen einer bestimmten Gruppe von Verkehrsdelinquenten, von besonders guten oder besonders schlechten Verkehrsteilnehmern zuzuordnen. Die meisten Untersuchungen darüber haben Erkenntnisse zu Tage gefördert, auf die man wohl auch ohne sie kommt, Binsenwahrheiten, zu deren Erforschung man weder Statisken wälzen noch wissenschaftliche Methoden bemühen muß. Es überrascht sicher niemanden, durch eine solche Untersuchung zu erfahren, daß von den verschiedenen Altersgruppen die 18- bis 25jährigen häufiger an Verstößen gegen die Regeln des Straßenverkehrs beteiligt sind als ihrer Teilnahme am Kraftfahrzeugverkehr entspricht. Und die gleichfalls erkundete Tatsache, daß der Anteil der Frauen an Verkehrsdelikten wesentlich geringer ist als bei der allgemeinen Kriminalität, wird vermutlich nur jene Männer frappie-

1 Helmut Ostermeyer in »Die juristische Zeitbombe«, Wilhelm Goldmann Verlag München, 1973.

ren, die eine Frau am Steuer grundsätzlich für ein Übel halten. Die Feststellung, daß ein – von den Versicherungsgesellschaften weidlich ausgenutzter – Zusammenhang zwischen Unfallhäufigkeit und Fahrerfahrung besteht[1], ist ebenso wenig aufsehenerregend wie die Behauptung, daß sich zwischen Verkehrsdelinquenz und Berufszugehörigkeit Zusammenhänge nicht konstruieren lassen. Eine Ausnahme davon bilden lediglich die öffentlichen Bediensteten, die bekanntlich niedrigere Beiträge zur Kfz-Versicherung bezahlen können, weil sie sich den Ruf erworben haben, seltener als die anderen Bundesbürger an Verkehrsunfällen beteiligt zu sein[2]. Zweifel daran, ob das auch wirklich zutrifft, sind nicht erlaubt. Gewisse Zweifel darf man jedoch hegen, wenn als Ergebnis von Untersuchungen festgestellt wird, daß Geschiedene und Ledige deutlich über ihrem Bevölkerungsanteil, Verheiratete in geringerem Umfang an Verkehrsdelikten beteiligt sind, – obgleich es selbst dafür plausible Gründe gäbe.

Als einziges wirklich interessantes Kriterium zur Kennzeichnung der Verkehrstäter haben sich die Vorstrafen erwiesen, und zwar sowohl die einschlägigen als die allgemeinen Vorstrafen. Wer im allgemeinen nicht bereit ist, die Regeln des sozialen Zusammenlebens einzuhalten, ist gewöhnlich auch nicht bereit, sie im Straßenverkehr zu beachten. Und wer sich z. B. einer fahrlässigen Körperverletzung oder fahrlässigen

1 Über einen anderen, wesentlich interessanteren Zusammenhang geben die Versicherungsgesellschaften keine Auskunft, nämlich über den Zusammenhang zwischen Unfallhäufigkeit und bestimmten Kfz-Typen. Die Unterlagen darüber werden top-secret behandelt, zum Vorteil sicherlich der Automobilfirmen, die jene Typen herstellen, die besonders häufig in Unfälle verwickelt sind. Ob auch zum Vorteil der Kraftfahrer, ist eine andere Frage.

2 Man begründet diese erstaunliche Feststellung damit, daß Beamte, die sich eines Straßenverkehrsvergehens schuldig machen, über die allgemeine Strafe oder Geldbuße hinaus mit Disziplinarmaßnahmen zu rechnen haben und daher ganz besonders sorgfältig fahren. Es gibt Berufsgruppen, wie z. B. die Handelsvertreter, für die eine Verkehrsstrafe mit Entziehung der Fahrerlaubnis die Bedrohung der beruflichen Existenz bedeutet, was man von Disziplinarmaßnahmen des öffentlichen Dienstes im allgemeinen kaum behaupten kann. Vertreter müßten unter diesen Gesichtspunkten noch sorgfältiger fahren als Beamte. Offentlichtlich tun sie das nicht. Sie sind eben keine Beamte.

Tötung schuldig gemacht hat, schreckt offenbar auch im Straßenverkehr nicht vor der Gefährdung menschlichen Lebens zurück. Kriminell Vorbestrafte sind daher oft notorische Verkehrsdelinquenten.

Aber das ist auch die einzige Klassifizierung der Verkehrsteilnehmer, die mit einigem Anspruch auf Exaktheit getroffen werden kann. Und das heißt mit anderen Worten: Außerhalb der Kriminellen, also im großen Kreis der Normalbürger, gibt es selbst unter Berücksichtigung der erwähnten Schattierungen nach Alter und Geschlecht, keinen einheitlichen Typ des Verkehrssünders. Der eine Verkehrsteilnehmer tendiert mehr, der andere weniger zu verkehrssicherem und unfallfreiem Fahren, der eine ist mehr, der andere weniger bereit, gegen die Verkehrsordnung zu verstoßen. Aber diese Bereitschaft ist völlig unabhängig von generellen Kennzeichen, vom Beruf etwa, den jemand ausübt, der beruflichen Stellung, die er innehat, der gesellschaftlichen Schicht, der er angehört. Sie hängt ausschließlich von Bedingungen ab, die in seiner Person liegen, und diese Bedingungen sind, wie sich an den hohen Zahlen der Verkehrsdelikte nur allzu deutlich zeigt, für die Sicherheit im Straßenverkehr alles andere als förderlich.

Viele scheinen sich von dem Gedanken leiten zu lassen, daß sich vor allem die anderen penibel an die Regeln des Straßenverkehrs zu halten hätten. Fremdes Fehlverhalten wird heftig und schonungslos kritisiert, eigenes Fehlverhalten dagegen bagatellisiert und mit einem Achselzucken quittiert. Seine Rechte im Straßenverkehr nimmt man voll und ganz, ja unerbittlich wahr, seine Pflichten erfüllt man mit weit geringerer Überzeugung (obgleich einem jeden klar sein müßte, daß diese Pflichten die Rechte anderer sind und umgekehrt die eigenen Rechte auf den Pflichten anderer beruhen). Der brave Normalbürger beschwert sich gern über »Radarfallen« der Polizei, weil die nur den Zweck hätten, ihn »hineinzulegen«, und merkt dabei gar nicht, daß er durch sein Verhalten solche »Fallen« selbst heraufbeschwört, weil er sich ohne Angst davor, bei einem Verkehrsvergehen ertappt zu werden, noch weniger an die Verkehrsregeln halten würde, als er es im allgemeinen tut. Es ist kein besonderes Kompliment für ihn, daß es hauptsächlich die Angst vor Strafen, vor Bußgeldern, vor Eintragungen in das Zentralverkehrsregister ist, die die Sicherheit im Straßenverkehr noch einigermaßen aufrechterhält und daß ohne diese Angst chaotische Zustände auf Deutschlands Straßen herrschen würden. Ausfluß von Angst ist zum großen Teil daher auch, was sich Verkehrsmoral nennt und eigentlich das Ergebnis besserer Einsicht und eines größeren Verantwortungsgefühls sein sollte.

Dabei geschieht mancherlei, was den Normalbürger zu besseren Einsichten verhelfen, zu einem größeren Verantwortungsgefühl hinführen könnte. Wenn man sich allein ansieht, was an Verkehrsaufklärung und Verkehrserziehung geleistet wird, muß man sich fast wundern, daß überhaupt noch Verkehrsunfälle passieren. Da gibt es, vom Deutschen Verkehrssicherheitsrat und Mitgliedsorganisationen, von Ländern, Massenmedien, Wohlfahrtsverbänden, von Automobilklubs und der Deutschen Verkehrswacht organisiert, Aufklärungsaktionen über den »Klimawechsel im Verkehr«, über die »soziale Einordnung der Verkehrsteilnehmer in die Gemeinschaft«, die Aufklärung von Fußgängern und von motorisierten Zweiradfahrern, von Kraftfahrern über die besonderen Verhaltensweisen der Kinder und älteren Menschen, die Verkehrsaufklärung älterer Menschen und jugendlicher Kraftfahrer, die Verkehrserziehung der Kinder im Vorschulalter, die Verkehrserziehung in den Schulen, die Verkehrserziehung in den Jugendverkehrsschulen, die Verkehrserziehung in Gymnasien und berufsbildenden Schulen, Aufklärungsprogramme über die Ausbildung der Berufskraftfahrer und Ausbildungskurse für Fahrer im privaten Omnibusgewerbe, Verkehrsaufklärung ausländischer Arbeitnehmer, Aufklärung über typische Gefahrensituationen, die Aufklärungsaktion »Alkohol am Steuer« und die Aufklärungsaktion »Sicherheitsgurte«.

Aufklärung und Erziehung also, wohin man schaut, aber offensichtlich ist das alles immer noch zu wenig. Oder es wird in einer Form praktiziert, die unwirksam ist. Oder der Normalbürger hört einfach nicht hin. Wer will sagen, welche dieser Möglichkeiten zutrifft oder ob vielleicht gar alle Möglichkeiten zugleich zutreffen. Zu sagen ist aber, daß die Bemühungen um eine Verringerung der Verkehrsdelinquenz, und das heißt um eine Verbesserung der Verkehrssicherheit Flickwerk sind, solange es nicht gelingt, die grundsätzliche Einstellung des Normalbürgers zum Verkehrsverhalten zu ändern, solange diese Einstellung bleibt, wie sie heute ist.

Da jedermann als Verkehrsteilnehmer jederzeit selbst Verkehrsdelinquent oder Opfer eines Verkehrsdelinquenten werden kann, müßte die Einsicht – so sollte man zumindest meinen – leicht fallen, daß das eigene Leben und die eigene Gesundheit um so stärker und um so andauernder bedroht sind, je größer das Ausmaß der Verkehrsdelikte ist. Jedermann – so sollte man weiter meinen – müßte schon aus Rücksicht auf sich selbst daran interessiert sein, daß die Verkehrsdelikte auf ein denkbares Minimum reduziert werden, die Verkehrssicherheit dementsprechend wächst. An mangelnder Intelligenz kann es beim deutschen Volk doch wohl nicht liegen, wenn sich dieser einfachen Erkenntnis so viele verschließen oder zumindest nicht nach ihr handeln. Es kann nur daran liegen, daß der deutsche Normalbürger, wie in anderen Bereichen auch, Ansprüche an andere stellt, die selbst zu erfüllen er nicht bereit ist, daß er solidarisches Handeln von anderen erwartet, sich aber versagt, wenn es von ihm selbst verlangt wird, daß er Verpflichtungen der Gemeinschaft ihm gegenüber für selbstverständlich hält, sich selbst aber nicht in die Gemeinschaft fügt, wenn die Gemeinschaft ihn braucht.

Die Verkehrsdelinquenz spiegelt in diesem Sinn ein Verhalten wider, das für viele Deutsche typisch ist, und das – in umgekehrten Sinn – eine wesentliche Ursache der hohen Verkehrsdelinquenz ist. An den Haaren herbeigezogen ist der von Systemkritikern erhobene Vorwurf, daß 18 000 Verkehrstote im Jahr das »völlige Versagen einer Rechtsordnung bezeugen, deren höchstes Gut angeblich das menschliche Leben ist«. Man kann der deutschen Justiz viel vorwerfen, aber nicht alles in die Schuhe schieben, was in unserem Staat faul ist. Wohl kann man aber sagen, daß 18 000 Menschen im Jahr sterben, weil

Millionen von Verkehrsgefährdungen unverfolgt bleiben. Und daran trägt die deutsche Justiz nun wirklich keine Schuld. Daran tragen alle diejenigen Schuld, die diese Verkehrsgefährdungen begehen.

VII

Besonderes Kennzeichen: vorbestraft

Schlechte Noten für den Strafvollzug

Wer eine Schuld, die er auf sich lud, durch die Strafe, die er verbüßt hat, für gesühnt hält, irrt. Der Staat führt über seine Verfehlungen Buch und trägt sie ihm geraume Zeit nach. Sorgsam nach Strafmaß differenziert, erteilt er anderen Auskunft über sie, er entfernt Vorbestrafte aus seinen Diensten oder nimmt sie erst gar nicht in seine Dienste auf[1], versagt wegen Vorstrafen Gewerbegenehmigungen und Führerschein, und kann einem aus dem gleichen Grund das Recht verweigern, auf die Jagd oder angeln zu gehen.

Er handelt damit zweifellos im Interesse aller derjenigen, für die es aus verschiedenen Gründen wichtig sein kann, zu erfahren, ob die Menschen, für die sie etwas tun wollen oder die etwas für sie tun sollen, eine reine Weste oder etwas auf dem Kerbholz haben. Keiner Bank wird man zum Vorwurf machen können, wenn sie nur ungern einen Mann als Kassier beschäftigt, der einmal als Bankkassier Gelder unterschlagen hat, keiner Spedition übelnehmen, wenn sie zum Lagerverwalter nicht ausgerechnet einen Mann bestellen will, der Lagerdiebstähle begangen hat, keinen Eltern das Verständnis versagen, wenn sie als Lehrer ihrer Kinder nicht jemanden sehen möchten, der wegen Unzucht mit Kindern verurteilt wurde. Und dem Staat selbst wird man zubilligen müssen, die Konsequenzen aus der Einsicht zu ziehen, daß verkappte Rechtsbrecher nicht unbedingt die Idealtypen von Staatsdienern sind.

Für den Betroffenen allerdings bedeutet die registrierte Vorstrafe, die er hinter sich herschleppt, eine Diskriminierung über die verbüßte Strafe hinaus, eine zusätzliche Strafe, die um so schwerer wiegt, je geringer die Schuld ist, die er auf

1 Beamtenernennungen können zurückgenommen oder versagt werden, wenn der Beamtenanwärter ein Verbrechen oder Vergehen begangen hat, das ihn für die Berufung in das Beamtenverhältnis unwürdig erscheinen läßt. Ein aktiver Beamter muß aus dem Dienst ausscheiden, wenn er zu einer Freiheitsstrafe von mindestens einem Jahr verurteilt worden ist. Seine Beamtenpension verliert, wer zu einer Freiheitsstrafe von mindestens zwei Jahren verurteilt wird.

Alt	Neu
Strafregisterverordnung und das Gesetz über beschränkte Auskunft aus dem Strafregister und die Tilgung von Strafvermerken	Bundeszentralregistergesetz (Gesetz über das Zentral- und das Erziehungsregister)
A) Auskünfte werden erteilt:[1]	
In Form polizeilicher Führungszeugnisse	In Form neuartiger Führungszeugnisse
Keine Angaben über: Erststrafen bis zu 6 Wochen	Keine Angaben über: Geldstrafen wegen Übertretungen Erststrafen bis zu einem Monat
Geldstrafen, falls Ersatzstrafe nicht mehr als ein Monat	Geldstrafen, falls Ersatzstrafe nicht mehr als ein Monat
5 Jahre nach Strafverbüßung über: Geld- und Freiheitsstrafen bis zu 3 Monaten	3 Jahre nach Verurteilung über: Freiheitsstrafen bis zu 3 Monaten Erststrafen bis zu 1 Jahr, wenn zur Bewährung ausgesetzt
10 Jahre nach Strafverbüßung über:	5 Jahre nach Strafverbüßung über:
Alle übrigen Strafen	Alle übrigen Strafen
B) Gelöscht werden:	
	Nach 5 Jahren: Erststrafen bis zu einem Monat
Nach 10 Jahren seit Verurteilung:	Nach 10 Jahren seit Verurteilung:
Geldstrafen oder Freiheitsstrafen wegen einer Übertretung	Alle Freiheitsstrafen bis zu 3 Monaten Zur Bewährung ausgesetzte Erststrafen bis zu 1 Jahr
Nach 15 Jahren seit Verurteilung:	Nach 15 Jahren seit Verurteilung:
Freiheitsstrafen bis zu 3 Monaten	Alle anderen Strafen
Nach 20 Jahren seit Strafverbüßung:	
Alle anderen Strafen	

1 Nach Eintritt der Auskunftbeschränkung darf sich der Verurteilte gegenüber privaten Stellen als unbestraft bezeichnen, nach der Tilgung gegenüber jedermann. Vorstrafen, die in einem Führungszeugnis nicht verzeichnet sind, dürfen gegenüber jedermann verschwiegen werden.

sich geladen hat, je aufrichtiger er sein Vergehen bereut und je entschlossener er ist, die Lehre daraus zu ziehen und den Pfad staatsbürgerlicher Tugend künftig nicht mehr zu verlassen. Das Strafregister macht zwischen ihm und einem notorischen Verbrecher keinen Unterschied, es verzeichnet für beide mit der gleichen Akribie Tatbestände, die durchaus nicht gleich sein müssen. Der Zwiespalt zwischen den Schutzinteressen der Gemeinschaft und den Schutzinteressen des einzelnen, der sich hier auftut, ist eklatant. Er ist nicht dadurch überbrückt worden, daß man (im neuen Bundeszentralregistergesetz) die Fristen für die Auskunfterteilung über Vorstrafen herabgesetzt und die Tilgungsfristen für Vorstrafen verkürzt hat. Wahrscheinlich hat man damit den Interessen der Gemeinschaft ebenso wenig gedient wie den Interessen des Vorbestraften genützt.

In der Bundesrepublik gibt es zur Zeit 195 Strafvollzugsanstalten, die für rund 60 000 Strafgefangene Platz haben[1]. Die in den Haushaltsplänen der Bundesländer dafür ausgewiesenen Kosten machten im Jahre 1974 813 Millionen Mark aus. Effektiv kommt aber der Strafvollzug dem Steuerzahler etwas billiger zu stehen, da ein Teil dieser Kosten durch Einnahmen der Strafanstalten aus Häftlingsarbeit gedeckt werden. In Nordrhein-Westfalen beispielsweise betrugen die Betriebseinnahmen der Arbeitsverwaltungen im Strafvollzug 57 Millionen Mark, so daß sich die im Haushalt für den Strafvollzug vorgesehenen Ausgaben in Höhe von 252 Millionen Mark auf 190 Millionen Mark reduzieren. Im ganzen Bundesgebiet liegen unter Berücksichtigung dieser Einnahmen die tatsächlichen Kosten des Strafvollzugs bei rund 600 Millionen Mark jährlich. Das Scherflein, das jeder Erwerbstätige in der Bundesrepublik zum Strafvollzug beiträgt, macht also im Jahr etwa 25 DM aus[2].

1 Jugendliche und Frauen werden im Strafvollzug grundsätzlich getrennt untergebracht. Auch für Untersuchungshäftlinge ist die getrennte Unterbringung zwingend vorgeschrieben.

2 Dafür, wie sich die Kosten im einzelnen verteilen, wieder das Beispiel Nordrhein-Westfalen: Von den Gesamtausgaben in Höhe von 252 Mill. DM entfielen im Jahre 1974 132 Mill DM auf Personalausgaben,

Die Bundesdeutschen pflegen zu Silvester an die 80 Millionen Mark in den nächtlichen Himmel zu jagen, um den Übergang vom alten zum neuen Jahr nach Gebühr zu feiern. Schon im Vergleich dazu ist es also nicht sehr viel, was für den Strafvollzug in der Bundesrepublik ausgegeben wird. Er sieht auch dementsprechend aus. In dem Entwurf zum neuen Strafvollzugsgesetz hat (1971) der damalige Bundesjustizminister Jahn über den Strafvollzug in der Bundesrepublik festgestellt, daß er seiner eigentlichen Aufgabe niemals habe nachkommen können, weil er an entscheidenden Mängeln leide. Der Zustand in den meisten Strafvollzugsanstalten sei »schlimmer als beklagenswert«. Und schlicht als »untragbar« hat im Oktober 1974 der Bund der Strafvollzugsbediensteten Deutschlands die gegenwärtigen Verhältnisse im Strafvollzug der Bundesrepublik bezeichnet.

Dieser Ansicht sind nicht nur Minister und Beamte.

Ein Strafgefangener gibt zu Protokoll

Protokoll, aufgenommen über Gespräche mit F. D., 60 Jahre alt, Jurist, zu 15 Jahren Gefängnis verurteilt und nach zehn Jahren Haft auf Bewährung entlassen:

Wenn Sie wissen wollen, wie es im deutschen Strafvollzug zugeht, brauchen Sie sich eigentlich nur die Strafanstalten in der Bundesrepublik anzuschauen: Toll- und Werkhäuser, wie man sie früher genannt hat. Sie verdienen diesen Namen heute noch. Die meisten von ihnen sind vor dem Ersten Weltkrieg erbaut. Alte miese Kästen, denen man schon von außen ansieht, wie es drinnen aussieht. Einige hat man im Laufe der Zeit renoviert, aber viel Geld hat man dafür nie ausgegeben.

rund 20 Mill. DM auf Maßregeln der Besserung und Sicherung in Anstalten anderer Verwaltungen (Heil- und Pflegeanstalten, Trinkerheilanstalten, Entziehungsanstalten) und rund 30 Mill. DM auf die »Gefangenenpflege«, darunter rund 16 Mill. auf die Verpflegung, rund 4 Mill. DM für die Bekleidung der Strafgefangenen und rund 9 Mill. DM für »Sonstiges« (Seelsorge, Unterricht, »Freizeit«-Gestaltung, Berufsförderung, ärztliche Betreuung). Der Rest von rund 70 Mill. DM wurde für Investitionen (Ausbau und Renovierung der Anstalten) verwandt.

Herausgekommen sind immer nur halbe Sachen. Noch bis zum Ende der sechziger Jahre gab es in den Zellen jeder zweiten Strafanstalt weder fließendes Wasser noch Spülklosetts, sondern nur Waschschüsseln und die berüchtigten Kübelaborte. Viel geändert hat sich seitdem nicht. Die etwas moderneren Anstalten sind zwar mit Spülklosetts ausgestattet, wenn man das Wort «ausstatten» in diesem Zusammenhang gebrauchen darf, aber diese Aborte sind nicht abgeteilt und der Effekt ist daher fast der gleiche wie bei den Kübelaborten. Hermetisch abgeschlossene Zellentüren, stehende Luft, kein Durchzug: Sie können sich ausmalen, was für ein Geruch da herrscht, schon bei kühlem Wetter kaum zu ertragen, und wenn es heiß ist, unerträglich.

In dieser für den Knast typischen Atmosphäre leben die Strafgefangenen in einer selbst aufgebauten strengen Hierarchie und nach den Regeln einer Hackordnung, wie sie rücksichtsloser und gnadenloser nicht sein kann. Auf den untersten hierarchischen Stufen stehen die Flurarbeiter, auf den nächsthöheren Stufen die Vorarbeiter im Betrieb, die Schreiber und Kalfaktoren im Sanitätsdienst und in der Küche, und auf den obersten Stufen die ungekrönten Könige ihres Herrschaftsbereichs, einzelne Strafgefangene, die es mit List, Tücke und Gewalt zu dieser Position gebracht haben, und sich mit List, Tükke und Gewalt gewöhnlich auch während ihrer ganzen Strafhaft in ihr behaupten. Welche hierarchische Stufe man erreicht, hängt davon ab, wie groß der Einfluß ist, den man sich in irgendeiner Form verschaffen kann, als Kalfaktor in der Küche, weil der es in der Hand hat, einem Strafgefangenen etwas mehr oder etwas weniger Essen zuzuteilen, oder als Sanitätskalfaktor, weil der einem Tabletten geben kann, mit deren Hilfe man sich die trostlose Eintönigkeit der Haft etwas auflockern kann. Keine Aufputschmittel, damit Sie von den Zuständen in den deutschen Gefängnissen keine falschen Vorstellungen bekommen, da genügen schon Kopfschmerzmittel zusammen mit starkem Pulverkaffee, um einen ganz schön in Fahrt zu bringen. Man ist davon, das kann ich Ihnen aus eigener Erfahrung sagen, wie besoffen.

Strafgefangene, die zu dumm oder aus anderen Gründen nicht dazu fähig sind, solche Pöstchen mit Einfluß zu ergattern, sind arme Schweine. Bestenfalls bringen sie es zu Dienern der Führungsfiguren, dürfen dann die Fußböden in den Zellen reinigen, die Zellen herrichten, die Anzüge ihrer »Herren« sauber machen und heimsen dafür ein paar Vorteile ein, bißchen Tabak, hin und wieder eine Zigarette und so was.

Wer sich nicht in diese Ordnung einfügt oder gegen sie verstößt, dem sei Gott gnädig – ich muß es schon so pathetisch sagen. Er gerät in eine totale Isolierung, bekommt, auch wenn er sich noch so darum bemüht, keinen Anschluß an die anderen Häftlinge, man handelt nicht mit ihm, leiht ihm nichts, hilft ihm nicht, auch wenn er Hilfe noch so dringend braucht, rührt keinen Finger für ihn, auch wenn er sich noch so sehr demütigt. Er wird bei jeder sich bietenden Gelegenheit schikaniert, in jeder denkbaren Weise benachteiligt, man ekelt ihn aus dem Arbeitsbetrieb heraus, und das alles mit einer unglaublichen Konsequenz, nicht etwa nur vorübergehend. Wissen Sie, alles, was von der sogenannten »Ganovenehre« erzählt wird, ist Unsinn. Die gibt es nur in der Phantasie von Romanschriftstellern. »Draußen« betrügen sich die Gauner und Ganoven, wie sie andere betrügen, verraten einander, wo sie nur können, schrecken auch um kleinster persönlicher Vorteile willen nicht vor den schäbigsten Handlungen ihren Kumpanen gegenüber zurück.

»Drinnen«, im Knast, ist das anders. Hier existiert tatsächlich ein gewisser Ehrenkodex, der nicht verletzt werden darf, wenn man sich selbst nicht aus der Gemeinschaft ausschließen will. Intelligente Straftäter haben es da besonders schwer. Wenn sie eingeliefert werden, neigen sie zunächst dazu, sich abzusondern und eigene Wege zu gehen. Mit ihnen wird dann kurzer Prozeß gemacht. Sie werden bei der ersten sich bietenden Gelegenheit zusammengeschlagen und bei jeder weiteren Gelegenheit so lange traktiert, bis sie klein beigeben und sich der von den Strafgefangenen bestimmten Ordnung anpassen.

Die Vollzugsbeamten wissen das natürlich alles, mischen

sich aber nicht hinein, weil sie sich auf Hilfskräfte aus den Reihen der Strafgefangenen stützen müssen, um den Dienstbetrieb halbwegs ordnungsgemäß aufrecht zu erhalten. Das geht so weit, ich habe es selbst erlebt, daß alte Ganoven, Wiederholungstäter, bei ihrer Einlieferung von den Beamten geradezu freudig empfangen und begrüßt werden, weil man sie als eine Art Mitarbeiter betrachtet, auf die man sich verlassen kann. Es ist schon grotesk: So unzuverlässig und inkorrekt sie »draußen« sind, so zuverlässig und korrekt führen sie sich in der Anstalt auf. Sie tun das natürlich nicht, weil sie zur Einsicht gekommen sind, daß es so nicht mit ihnen weitergehen kann und sie »ordentliche Menschen« werden wollen, sondern weil sie aus Erfahrung wissen, daß sie auf diese Weise rasch und bequem in der Anstaltshierarchie hochklettern und Jobs bekommen, die ihnen Einfluß, ein angenehmeres Leben und vielleicht sogar zusätzliches Geld verschaffen.

Abgesehen davon sind die Beziehungen zwischen den Vollzugsbeamten und den Strafgefangenen schlecht. Das Niveau der Beamten ist gewöhnlich so niedrig, daß nicht ohne Grund in den Reihen der Strafgefangenen der Spruch umgeht: Wer nichts hat und wer nichts kann, zieht sich die Uniform eines Vollzugsbeamten an. Da im Vollzugsdienst dringend Leute gebraucht werden, sind die Anforderungen, die an die Bewerber gestellt werden, nicht sehr groß. Man ist froh, wenn sich überhaupt welche melden, und nimmt jeden, der sich bewirbt. Man braucht sich unter diesen Umständen nicht zu wundern, wenn sehr viele Vollzugsbeamte reichlich primitiv und wenig qualifiziert sind, und daß es unter ihnen eine Menge Leute gibt, die in anderen Berufen gescheitert sind.

Man unternimmt auch nichts, um die Beamten für ihre Aufgaben auszubilden. Noch schlechter als die Leute selbst, die zur Kontrolle, Betreuung und Fürsorge der Strafgefangenen eingesetzt werden, ist die Ausbildung, die sie erfahren. Sie werden mit Dienstvorschriften und Paragraphen des Strafrechts vollgestopft, über den psychologischen Umgang mit Menschen bekommen sie nichts zu hören. Man bemüht sich gar nicht, sie aus Vorurteilen herauszulösen und auf ihre speziellen Aufgaben einzustellen. Ihr Verhalten zu den Strafgefangenen spiegelt daher die allgemeine Abneigung der Bevölkerung gegen die »Knastbrüder« wider. Leute, die für eine Resozialisierung und entsprechende Behandlung der Strafgefangenen eintreten, sind in ihren Augen »Spinner«, die die Häftlinge nur renitent machen und den Beamten dadurch die Arbeit erschweren.

Da Druck bekanntlich Gegendruck erzeugt, ist es eigentlich klar, daß die Strafgefangenen den Vollzugsbeamten feindselig gegenüberstehen. Ja, ich möchte sagen, daß die Primitivität der Vollzugsbeamten Aggressionen häufig geradezu herausfordert, und die fangen mit ebenso primitiven Aggressionshandlungen an, gehen bis zur Zerstörung von Zellen und direkten körperlichen Angriffen auf Beamte und gipfeln in raffiniertesten Schikanen, die – zugegeben – den Beamten den Dienst zur Hölle machen können.

Neben den vielen schlecht qualifizierten, für ihre Aufgabe denkbar ungeeigneten Vollzugsbeamten gibt es Beamte, die sich der Strafgefangenen wirklich annehmen, mit ihnen umzugehen verstehen, sich wirklich von Idealen leiten lassen. Sie resignieren aber, wenn sie sehen, daß das, was sie aufbauen, von den anderen zunichte gemacht wird. Und zunichte gemacht wird rasch. Das Vertrauen des Häftlings, das von den einen in oft mühseliger Kleinarbeit und monatelangen Bemühungen gewonnen wurde, kann von den anderen in wenigen Minuten wieder zerstört werden. Was die einen mit einem großen Aufwand an Geduld und Nachsicht beim Häftling erreichen, geht so durch Vorurteile und Mißtrauen der anderen in kürzester Zeit wieder verloren.

Auch unter den Pfarrern, den Anstaltsgeistlichen, gibt es viele, die für den Anstaltsdienst überhaupt nicht geeignet sind. Ich habe welche kennengelernt, die den Strafgefangenen danach beurteilen, wie oft er die Kirche besucht und wie viele »Erbauungsgespräche« er mit sich führen läßt. Die Häftlinge bekommen das bald heraus. Glauben Sie, daß durch diese Seelsorger im Häftling auch nur ein Funke innerer Einsicht entzündet, der Wille zur Besserung auch nur um einen Grad verstärkt, geschweige denn geweckt wird? Die Leute wissen, daß die Anstaltsgeistlichen bei bestimmten Vergünstigungen, bei der Beurteilung der Gefangenen, bei Entscheidungen über die bedingte Entlassung, bei Gnadengesuchen und so weiter ein gewichtiges Wort mitzureden haben. Wenn sie sich daher am sonntäglichen Kirchgang beteiligen oder mit den Geistlichen in ein »Erbauungsgespräch« einlassen, dann entspringt das selten einer inneren Überzeugung, sondern gewöhnlich reiner Berechnung. Wie sie sich da geben und was sie da sagen, ist in den meisten Fällen pure Heuchelei. Sie werden zu einem Pharisäertum erzogen, das in seiner Widerlichkeit kaum noch zu überbieten ist. Ich habe mich oft gefragt, ob das die Anstaltsgeistlichen denn nicht merken, – oder ob sie es nicht merken wollen. Ein gutes Werk tun sie so oder so nicht.

Die in den Anstalten eingesetzten Psychologen sind, das kann ich auf Grund meiner Erfahrungen sagen, weder Fisch noch Fleisch, schlechtbezahlte Idealisten, die sich ihrer selbst nicht ganz sicher sind und sich daher auch oft nicht trauen, selbst dort, wo sie es könnten, den Strafgefangenen zu helfen, sie z. B. als »gebessert« zu bezeichnen und damit zu einer Entlassung auf Bewährung beizutragen. Das Gebiet, auf dem sie arbeiten, ist eben noch zu neuartig und auch wissenschaftlich noch viel zu wenig abgestützt. Die Folge: Sie sind oft zu Experimenten gezwungen, die mißlingen. Erfahrungen, die sie sammeln, können sie nicht generell anwenden, wenn sie nicht Gefahr laufen wollen, sie im Einzelfall falsch anzuwenden. Bezeichnend ist übrigens und sagt meiner Ansicht nach alles, daß die beamtenrechtliche Einordnung dieser Psychologen auf große Schwierigkeiten stößt.

Vollends am Sinn des Strafvollzugs verzweifeln muß man aber, wenn man sieht, was die Strafe aus den Menschen macht. Das gilt vor allem für diejenigen, die zu einer lebenslänglichen oder langjährigen Freiheitsstrafe verurteilt worden sind.

Der Anpassungsprozeß der »Lebenslänglichen« an das Leben in der Strafanstalt ist besonders schwierig und langwierig. Der »Lebenslängliche« glaubt zunächst einmal gar nicht daran, daß er wirklich lebenslang im Gefängnis sitzen muß, er macht sich nicht bewußt, was es heißt, lebenslänglich eingesperrt zu sein.

In den ersten Jahren seiner Haft ist er ununterbrochen mit der Frage beschäftigt, ob er wirklich in dem Maße schuldig ist, in dem er schuldig gesprochen wurde, ob er die Strafe, die über ihn verhängt wurde, auch wirklich verdient. Er hofft in der ersten Zeit auch immer noch darauf, daß sein Anwalt für ihn etwas unternimmt, daß das letzte Wort über das Strafmaß noch nicht gesprochen ist. Erst nach zwei, drei Jahren wird ihm klar, daß die lebenslängliche Haft eine unabänderliche, eine unausweichliche Tatsache ist, und dann findet er sich mit dieser Tatsache ab. Er resigniert, beginnt sich in das Unabänderliche zu fügen, sucht sich Vorteile zu verschaffen, ist um Kontakte mit Pfarrern und Fürsorgern bemüht. Diese Phase dauert so acht bis zehn Jahre, bis dann der Zeitpunkt kommt, in dem er endgültig absackt. Und wenn dann doch noch hier und da eine Hoffnung auf Entlassung in ihm aufflackert, dann erlischt auch sie immer wieder, wenn er von anderen »Lebenslänglichen«, die schon länger als er in Haft sind, hört, daß die Gnadengesuche, die sie stellen, abgelehnt werden, sogar von solchen, die über zwanzig Jahre im Knast sitzen. Sie können diesen Vorgang wie an einem Studienobjekt verfolgen, können sehen, wie der Mann von Woche zu Woche verfällt, immer apathischer wird, kaum noch ansprechbar ist. Das Wort vom lebendigen Leichnam, wissen Sie, ich habe es immer für eine dichterische Übertreibung gehalten, für die Erfindung eines Romanschriftstellers, bis ich es selbst erlebt habe, nicht an einem, sondern an vielen, an immer wieder anderen. Ich habe einen Mann erlebt, der im Jahr 1947 seine Frau umgebracht hat, weil er sie in flagranti bei einem Ehebruch erwischt hatte, der dann 22 Jahre im Gefängnis gesessen hat und im Alter von 62 Jahren entlassen worden ist. Der Mann war völlig stupid und unfähig geworden, mit den einfachsten Dingen des Lebens fertig zu werden, ein menschliches Wrack, das total auf die Hilfe anderer angewiesen war.

Eine ähnliche Entwicklung wie die »Lebenslänglichen« machen die Strafgefangenen durch, die mit einer hohen Freiheitsstrafe, das heißt zwischen zehn und fünfzehn Jahren bestraft wurden. Auch sie beginnen spätestens im sechsten oder siebten Jahr ihrer Haft durchzudrehen und innerlich zu zerbrechen. Nach den geltenden gesetzlichen Bestimmungen hat, das wissen Sie, nur der Ersttäter Aussicht auf Erlaß eines Drittels der Strafe, nicht der Wiederholungstäter. Das ist nach den Erfahrungen, die ich gemacht habe, völlig verkehrt. So wie ein Weg gesucht und gefunden werden müßte, um dem »Lebenslänglichen« durch ein genormtes Verfahren die Möglichkeit zu bieten, von seiner lebenslänglichen Freiheitsstrafe wegzukommen, so müßte auch der Wiederholungstäter mit einer langen Freiheitsstrafe eine Chance erhalten, sich in die Gesellschaft wieder einzugliedern.

Es gibt dann noch zwei Dinge, die ich als Strafgefangener besonders bitter empfunden habe.

Das eine sind die sexuellen Probleme, die die Strafhaft zwangsläufig mit sich bringt und die in meinen Augen eine zusätzliche Bestrafung des Strafgefangenen darstellen, besonders dann, wenn dadurch Ehen kaputtgehen und Familien zerstört werden. Ich frage mich – und Sie, ob es wirklich notwendig ist, daß der Mensch nicht nur mit dem Entzug der Freiheit, sondern darüber hinaus in ureigensten menschlichen Bereichen bestraft wird.

Das zweite ist die sogenannte Belohnung, die der Strafgefangene für seine Arbeit im Strafvollzug erhält. Die drei Mark, die z. B. ich für meine Arbeit an einem Tag bekommen habe, kann man doch wirklich nur als bösen Witz bezeichnen. Die Hälfte des Geldes, mit dem der Strafgefangene für seine Arbeit entlohnt wird, kann er dazu verwenden, sich in der Strafanstalt Tabak, Zigaretten und Toilettenartikel zu kaufen, sein Essen aufzubessern und ähnliches. Die andere Hälfte muß zurückgelegt werden und wird ihm erst am Tag seiner Entlassung ausgezahlt, während der Haft kann er daraus nur seiner Familie etwas zugutekommen lassen. Sie können sich leicht ausrechnen, über welche Beträge er verfügt, wenn er entlassen wird. Einer, der mit mir gesessen hat und fünf Jahre im Knast war, bekam 1900 Mark auf die Hand, und auch das nur, weil er während seiner Haft keinen Pfennig an seine Familie geschickt hatte. Ich selbst habe nach zehn Jahren Gefängnis genau 1702 Mark ausgezahlt bekommen – nicht mehr, weil ich während meiner Gefängniszeit kleinere Beträge an meine Frau überweisen ließ. Das zurückgelegte Geld wird natürlich nicht verzinst. Die übelste Sache von allem aber ist es, wenn die Strafgefangenen als eine Art Mietsklaven eingesetzt werden, das heißt für irgendwelche Privatfirmen arbeiten, die Gefängnisverwaltung kassiert von den Firmen den normalen Lohn, sie selbst erhalten nur einen Bruchteil davon, und nicht einmal für diese Arbeit wird auch nur ein Pfennig für ihre Sozialversicherung gezahlt.

Nach alldem brauche ich nicht mehr viel darüber zu sagen, was ich von der Resozialisierung halte, über die so viel gesprochen wird: Es geschieht meinen Erfahrungen nach schon in den Strafanstalten alles, was nur geschehen kann, um die Resozialisierung zu erschweren oder überhaupt unmöglich zu machen. Und auch nach der Entlassung des Strafgefangenen geht ausgerechnet der Staat, der die Resozialisierung auf sein Panier geschrieben hat, mit schlechtesten Beispielen voran. Ich denke dabei gar nicht einmal daran, daß es die staatlichen Behörden ablehnen, Strafentlassene in ihre Dienste zu nehmen – von der privaten Wirtschaft verlangen oder erwarten sie das –, ich denke daran, wie sie sich praktisch Vorbestraften gegenüber verhalten. Bekanntlich muß jeder Verurteile die Kosten des Strafprozesses tragen. Das wird in jedem Urteil klar ausgesprochen. Mir ist ein Fall bekannt, in dem die Prozeßkosten mehr als 100 000 DM betrugen. Wie soll der Mann das jemals bezahlen können? Trotzdem läßt die Justizkasse nicht locker. Sowie sie erfährt, daß er eine Stellung angetreten hat, beginnt sie prompt das Geld von ihm einzutreiben. Selbst dem gutwilligsten Arbeitgeber wird das ständige Drängen der Kasse auf die Dauer lästig, vor allem dann, wenn die Kasse mit Lohnpfändungen vorgeht. Folge davon: Der Mann wird entlassen, und wenn ihm das ein paarmal hintereinander passiert ist, wird es ein reines Wunder sein, wenn er nicht wieder auf die schiefe Bahn gerät.

In einem anderen Fall, in dem es um Kosten in Höhe von etwa 50 000 DM ging, ließ die Justizkasse durch den Gerichtsvollzieher immer wieder Teilbeträge pfänden. In der Nachbarschaft sprachen sich die regelmäßigen Besuche des Gerichtsvollziehers rasch herum, und bald wußte man auch, warum der Gerichtsvollzieher erschien. Das Ergebnis können Sie sich denken: Der Mann wurde – zusammen mit seiner Familie – »geschnitten«, statt der früheren gutnachbarlichen Beziehungen bekam er jetzt kaum getarnte Zurückhaltung und kaum verhüllte Verachtung zu spüren, und weil er nicht die Nervenkraft hatte, das durchzustehen, zog er fort. Er gab damit auch seine neue, eben aufgebaute berufliche Existenz auf.

Und dann der Gipfel des ganzen: Es gibt Strafanstalten, die einzelne Strafgefangene während ihrer Strafhaft zu Gesellen ausbilden, so richtig mit Gesellenbrief und allem Drum und Dran. Eine großartige Sache – werden Sie denken. Wäre es auch, wenn sie nicht einen Haken hätte. Mit dem Gesellenbrief wird nämlich zusammen mit dem Entlassungsschein das gesamte Vorstrafenregister des frisch gebackenen Gesellen präsentiert, und wie hervorragend das geeignet ist, den Leuten den Weg in einen gutbürgerlichen Beruf zu ebnen, können Sie sich vorstellen. Das erinnert mich übrigens noch an einen anderen Fall. Da mußte sich ein entlassener Strafgefangener über die Allgemeine Ortskrankenkasse einen Krankenschein besorgen, auf dem dann auch prompt als letzter Versicherungsträger die Strafanstalt XY verzeichnet war. Der behandelnde Arzt war natürlich sofort im Bilde, wen er vor sich hatte, und auch wenn er an seine ärztliche Schweigepflicht gebunden war, irgendwie sprach sich das doch in der Gegend und im Betrieb herum. Auch dieser Strafentlassene hat rasch wieder seinen Job verloren.

Glauben Sie mir: Wenn man das alles miterlebt, kommt man sich vor wie in einem Irrgarten, in dem die Menschen aneinander vorbeilaufen, unentwegt in Bewegung sind und doch nicht zum Ziel kommen, das, was sie suchen, niemals finden, und das, was sie finden sollten, niemals suchen. Es ist traurig, trostlos, hoffnungslos, wenn man das sieht. Es ist zum Verzweifeln.

Mit dem Rücken an der Wand – die Vollzugsbeamten

Aus der Sicht eines Vollzugsbeamten sieht das natürlich anders aus – nicht in allen Punkten, aber doch in sehr wesentlichen. Man muß auch ihn zu Worte kommen lassen, wenn man sich nicht dem Vorwurf aussetzen will, ausgerechnet diejenigen zu übergehen, die praktisch und unmittelbar mit dem Strafvollzug zu tun haben. Auf die Reform des Strafvollzugs haben ohnehin Ideologen einen zu großen, Praktiker einen zu geringen Einfluß ausgeübt. Man hätte sonst nicht in mancher Hinsicht den harten Boden der Wirklichkeit unter den Füßen verloren.

Protokoll, aufgenommen mit L. N., Betriebsinspektor der Justizvollstreckungsanstalt B.:

Ich möchte ausdrücklich vorausschicken, ich bin nicht gegen Reformen des Strafvollzugs. Ich weiß, daß wir die Reform brauchen, auf jeden Fall. Aber wenn man die Praxis sieht, dann muß man sich wirklich fragen, gehen die Reformen nicht vor die Hunde? Kommt überhaupt etwas dabei heraus? Alle diese Neuerungen, die im Vorgriff auf das Strafvollzugsgesetz vorgenommen worden sind, sind ja auf uns Vollzugsbeamte zugekommen wie ein Tornado, alles, was sich die Theoretiker so schön ausgedacht haben, hat man uns vorgeworfen, so quasi unter dem Motto: Friß, Vogel, oder stirb.

Man hat dabei aber entscheidende Fehler gemacht.

Man hat zunächst einmal zugelassen, daß die Reformen völlig einseitig interpretiert werden, und zwar einseitig von den Strafgefangenen aus. Diese Leute haben ja Zeit, haben Rundfunk, Fernsehen, Zeitungen, können das alles für sich in Anspruch nehmen und entwickeln ein sagenhaftes Gespür dafür, sich im Vollzug alle nur möglichen Vorteile herauszuholen, auch Leute, man muß da wirklich staunen, denen man das von ihrem Intelligenzgrad und ihrer Schulbildung her nicht zutrauen würde. Und die beschäftigten jetzt den ganzen Vollzugsapparat bis hinauf zu den Ministerien und Petitionsausschüssen der Landtage mit den unmöglichsten Anträgen und Beschwerden. Darunter leiden vor allem diejenigen Gefangenen, um die man sich wirklich kümmer müßte. Für die bleibt keine Zeit. Bei aller Humanität und Liberalisierung müßte man, auf diesem Standpunkt stehe ich, als Vollzugsbeamter auch unpopuläre Maßnahmen treffen können, ohne gleich Gefahr zu laufen, sich vor dem Justizministerium oder dem Anstaltsleiter rechtfertigen zu müssen. Man müßte den Gefangenen mit aller Entschiedenheit klar machen, wo die Grenzen sind. Man redet ununterbrochen davon, daß der Inhaftierte gewisse Rechte hat, aber man versäumt es, ihn auf die Pflichten hinzuweisen, die er hat, und das ist das Grundübel an der ganzen Sache.

Wir haben hier in B. 700 Strafgefangene, von denen sich 90 Prozent zufriedenstellend verhalten. Das heißt natürlich nicht, daß diese 90 Prozent von Resozialisierungsmaßnahmen angesprochen werden, aber sie verhalten sich, sagen wir mal, vollzugskonform. Die restlichen zehn Prozent sind die potentiellen Beschwerdeführer, die Leute, die sich dauernd über das Essen, die Behandlung, über die mangelnde ärztliche Betreuung und so weiter und so fort beschweren. Unter ihnen sind auch Renitente, die aus irgendwelchen nichtigen Gründen die Zellen kaputtschlagen, und wenn sie in eine andere Zelle verlegt werden, auch die kaputt hauen. Ich möchte, um Gottes willen, nie in die Situation kommen, mal schießen zu müssen, aber wenn man einem solchen renitenten Gefangenen eine ganz normale Abreibung verpassen würde, wäre Ruhe.

Selbstverständlich entspricht das nicht dem sogenannten modernen Geist des Strafvollzugs. Es entspricht diesem modernen Geist, daß dieser Mann statt bestraft auch noch belohnt wird. Er verschafft sich durch seine Aufsässigkeit, seine Aggressivität Vorteile, während sich brave und ruhige Gefangene vergeblich die Finger an Anträgen wundschreiben. Sie müßten sich, um zu kriegen, was sie wollen, so aggressiv verhalten wie dieser Kerl. Was ich damit sagen will: Statt immer nur den Weg des geringsten Widerstands zu gehen, müßte man auch an oberster Stelle den Mut zu unpopulären Maßnahmen haben. So schiebt man alles auf den kleinen Vollzugsbeamten ab. Er ist auch derjenige, der es ausbaden muß, wenn es wirklich einmal zu Handgreiflichkeiten mit Gefangenen kommt. Wir haben zwar einen Mann, der für Ordnung und Sicherheit in der Anstalt zuständig ist, und haben auch eine Aufsichtsdienstleitung, aber wenn Gefangene randalieren oder die Zellentür verkeilen, dann denken diese Herren nicht daran, vorzugehen, sondern überlassen es dem kleinsten uniformierten Beamten, mit den Dingen fertig zu werden. Wenn etwas schief geht, waschen sie ihre Hände in Unschuld.

Ich sage Ihnen: Wir werden aus dem Teufelskreis, in dem wir uns befinden, niemals herauskommen, wenn man sich nicht entschließt, Gefangenen dort, wo es notwendig ist, knallhart entgegenzutreten. Wenn man es ihnen weiter überläßt, alles, was sich Reform nennt, einseitig zu ihren Gunsten auszulegen. Und ich sage Ihnen noch etwas: Man bleibt bei allem, was geschieht, viel zu sehr an Oberflächlichkeiten kleben. Unter dem Stichwort »moderner Strafvollzug« wird den Gefangenen zwar viel an Sport, Musik und sonstigen Unterhaltungsmöglichkeiten geboten, aber das hat mit einer echten Resozialisierung sehr wenig zu tun. Die Leute haben sich asozial verhalten und sie müßten daher – erlauben Sie mir das harte Wort – einer gewissen Gehirnwäsche unterzogen werden. Sie müßten ihr Fehlverhalten einsehen und in Gesprächen auch darauf hingewiesen werden. Wenn man sich aber erst mit ihnen beschäftigt, wenn sie ihre Gesamtstrafe in etwa abgesessen haben oder im letzten halben Jahr ihrer Haft, dann ist das einfach zu spät und zu wenig. Die Resozialisierung muß mit dem Strafantritt beginnen, und davon sind wir weit entfernt.

Man hat auch erst im Nachhinein gemerkt, daß vieles nicht so geht, wie man es von der Theorie aus gesehen hat, und fängt z. B. jetzt mit Schulungen der Vollzugsbeamten an, vor allem der uniformierten Beamten. Das hätte natürlich vorausgehen müssen. Man muß sich doch einmal überlegen, was für einen Umschwung in der Einstellung und Auffassung die ganze Entwicklung für die älteren Vollzugsbeamten bedeutet. Für sie ist das ein Übergang von – ich möchte fast sagen – der Steinzeit zur Neuzeit. Früher waren sie darauf gedrillt, Distanz zu den Gefangenen zu halten, Gespräche über private Dinge unter allen Umständen zu vermeiden. Jetzt sollen sie, jetzt müssen sie mit den Gefangenen darüber reden. Wenn sie sich aber mit den Leuten beschäftigen und sich z. B. mit einem Gefangenen über seine Straftat unterhalten, um ihn zu einer gewissen Einsicht zu bewegen, dann riskieren sie eine Beschwerde, wenn sich der Gefangene dadurch »in seinen Menschenrechten verletzt« fühlt. Und sie können von Glück reden, wenn sie zu dieser Beschwerde nicht öfter als drei- oder viermal Stellung nehmen müssen.

Es ist sicher richtig: Wenn es im Vollzug nicht so läuft, wie man sich das wünscht und vorstellt, liegt das auch am mangelnden Interesse vieler Vollzugsbeamter. Aber dieses Desinteresse hat, nicht bei allen, aber bei vielen, seine Gründe. Wenn z. B. ein uniformierter Vollzugsbeamter aktiv mitarbeiten will, Initiativen entwickelt und Ideen bringt, beim nächsthöheren Dienst aber wie gegen Gummiwände anrennt, dann sagt er sich nach einer gewissen Zeit, wozu das alles, und resigniert. Sie müssen das so sehen: Hier die Verwaltung, da die Gefangenen und dazwischen der Vollzugsbeamte als Puffer. Die unmöglichen und unqualifizierten Anfeindungen der Gefangenen auf der einen Seite, auf der anderen Seite die Gummiwand der Verwaltung, an der alles abprallt, was der Vollzugsbeamte vorbringt, und darüber das Ministerium, das laviert und Entscheidungen scheut, die in die Öffentlichkeit dringen und dort – Gott behüte – unpopulär wirken könnten. Daß der Vollzugsbeamte auf diese Weise in eine immer schlechtere Position auch den Gefangenen gegenüber kommt, interessiert die Herren nicht. So stehen wir mit dem Rücken an der Wand, sind ständig in der Defensive, fühlen uns in die Enge getrieben.

Völlig falsch ist es auch, wenn man meint, das Problem des

Strafvollzugs und der Resozialisierung nur mit Sozialarbeitern, Psychologen und Lehrern lösen zu können. Man hat so und so viele Stellen für Sozialarbeiter geschaffen, so und so viele Lehrerstellen für die Erwachsenenbildung und so und so viele Stellen für Psychologen, man hat die Besoldung dieser Leute enorm erhöht, aber was hat man damit schon erreicht?

Das Problem lösen kann man nur mit Leuten, die von ihrer ganzen Berufsauffassung her ein wirkliches Interesse für ihre Aufgabe mitbringen. Ich habe Fürsorger kennengelernt, bei denen ich mich gefragt habe, was die eigentlich im Strafvollzug zu suchen haben. Gerade diese Leute sind ja nun für die Gefangenen da, aber zu wem gehen sie, wenn sie mit irgendwelchen Schwierigkeiten nicht fertig werden? Zu uns. Statt daß sie uns beraten, müssen wir ihnen helfen. Praktisch haben die Vollzugsbeamten im Zug der ganzen Reformbestrebungen Aufgaben übernommen, die eigentlich gar nicht ihre Aufgaben sein sollen, man verlangt auch von ihnen höhere Leistungen, ohne daß sich das in der Dienstpostenbewertung niederschlägt. Man erklärt ihnen zwar immer wieder, wie wichtig ihre Funktion im modernen Strafvollzug ist, aber der Lohn, den sie dafür bekommen, ist der einer Putzfrau.

Als alter Praktiker – ich bin jetzt 20 Jahre im Vollzugsdienst – habe ich den Eindruck: Resozialisierung bedeutet für viele Theoretiker, die an der Reform des Strafvollzugs herumbasteln, daß sich der Vollzugsbeamte ändern muß, nicht der Täter. Und infolge der einseitigen Interpretation der Reformen läuft alles darauf hinaus, daß es zum Schluß heißt: Böses Opfer, armer Täter. Vielleicht ist es daher ganz gut, daß wir jetzt die Terroristen haben. Vielleicht werden dadurch gewisse Illusionen im Bereich des Strafvollzugs abgebaut, gewisse euphorische Vorstellungen der Gesellschaft und vor allem der Behörden, die für den Strafvollzug zuständig sind, in den Hintergrund gedrängt. Vielleicht schlägt das Pendel, das viel zu stark auf eine Seite ausgeschlagen hat, dann wieder etwas normaler. Die falsche Interpretation des Strafvollzugs reformiert nicht den Strafvollzug, sie macht ihn kaputt. So wie es jetzt geht, werden uns die Reformen jedenfalls keinen

Schritt weiter bringen und die Gesellschaft wird sich damit abfinden müssen, daß wir im Strafvollzug wie bisher nichts anderes als eine verwaltete Unordnung haben.

Resozialisierung – bloßes Spiel mit schönen Worten?

Von welcher Seite immer man es also betrachtet: Der Strafvollzug in der Bundesrepublik befindet sich fraglos in einem miserablen Zustand, und er ist weit davon entfernt, den Zweck zu erfüllen, den ihm schon die alte Bibel des Vollzugsdienstes, die sogenannte Dienst- und Vollzugsordnung[1] vorgeschrieben hatte. Danach sollte er dem Gefangenen »zu der Einsicht verhelfen, daß er für begangenes Unrecht einzustehen hat, ihn in die Gemeinschaft wieder eingliedern und seinen Willen und seine Fähigkeit wecken und stärken, künftig ein gesetzmäßiges und geordnetes Leben zu führen.« Gute Absichten – in der Tat, und schöne Worte für einen guten Zweck. Leider ist es trotz jahrzehntelanger Bemühungen, sie zu verwirklichen, bei den Worten geblieben. Und wahrscheinlich wird es, so wie die Dinge liegen, trotz noch schönerer Worte und noch besserer Absichten auch weiterhin bei Worten und Absichten bleiben.

Auf politischer Ebene geht man gerne mit der Behauptung hausieren, daß die Einstellung der bundesdeutschen Bevölkerung zum Strafvollzug eines der größten Hindernisse auf dem Weg zu einem modernen Strafvollzug sei. Nun stimmt es zwar, wie eine Untersuchung des Arbeitskreises für Rechtssoziologie an der Universität Köln nachweist, daß fast die Hälfte der Bevölkerung Abschreckung und Schutz der Gesellschaft vor Straftätern und nur ein Viertel die Erziehung der Straftäter für die wichtigsten Zwecke der Strafe halten. Es ist auch richtig, daß die Mehrheit der Bundesbürger der Ansicht ist, daß nur durch harte Strafen die Kriminalität gesenkt werden könne, und nur eine kleine Minderheit glaubt, daß ein »rich-

1 Sie war nicht gesetzlich verankert, sondern beruhte auf von den einzelnen Landesjustizministern erlassenen Verwaltungsanordnungen.

tiger Verbrecher« umerzogen werden kann. Aber so hart im allgemeinen die Einstellung zur Funktion der Strafe und zur Höhe des Strafmaßes sein mag, so tolerant ist sie offenkundig zum Strafvollzug. Wenn einmal das Urteil gesprochen ist, scheint nicht selten die Entrüstung über das »kriminelle Verhalten« in mitfühlendes Wohlwollen für den Strafgefangenen umzuschlagen. Nicht anders ließe sich sonst erklären, daß sich fast 60 Prozent aller befragten Bundesbürger dafür aussprachen, man solle bestimmte Gefangene bei guter Führung tagsüber außerhalb des Gefängnisses ohne Aufsicht arbeiten lassen, daß genau die Hälfte der Befragten sogar dafür eintrat, den Strafgefangenen zu erlauben, »am Wochenende nach Hause zu ihrer Familie zu gehen«, und die Frage, ob sie als Unternehmer bereit seien, einen vorbestraften Arbeiter einzustellen, zu 35 Prozent uneingeschränkt und zu 55 Prozent unter gewissen Vorbehalten bejahten und nur zu sieben Prozent kategorisch verneinten.

Am Widerstand der Bevölkerung liegt es also sicher nicht, wenn die Reform des Strafvollzugs immer wieder ins Stocken gerät.

Wo sie aber doch in Gang gesetzt worden ist, hat man nicht immer eine glückliche Hand bewiesen. Man hat alte Schwierigkeiten beseitigt und neue dafür aufgebaut, hat alte Mißstände abgeschafft, um sich neue dafür einzuhandeln oder hat gar nur alte Vorstellungen neu aufgelegt. Vor allem aber – und das ist der entscheidende Punkt – hat man unverdrossen an einem Zentralproblem des Strafvollzugs vorbeioperiert.

Als ein Krebsübel war schon seit langem erkannt worden, daß der Strafvollzug im einzelnen nicht gesetzlich geregelt ist, sondern daß es ganz der Exekutive überlassen wird, die Schrauben des Vollzugs schärfer anzuziehen oder zu lockern. Das Urteil des Richters ist auf diese Weise zu einer Fahrkarte ins Ungewisse geworden. Die Gefahr, daß Ungleiches über gleiche Leisten geschlagen wird, ist ohnehin gewachsen, seitdem nach der Zusammenfassung von Zuchthaus-, Gefängnis- und Haftstrafen zu einer einheitlichen Freiheitsstrafe professionelle Verbrecher im Strafvollzug genau so behandelt werden wie Menschen, die aus Leichtsinn oder Not straffällig geworden sind. Um so mehr müßte daher der Richter übersehen können, welche Folgen die Strafe für den Betroffenen hat, um so größer sein Wissen darüber sein, wie der Strafvollzug praktiziert wird.

Das neue Strafvollzuggesetz, das 1977 in Kraft treten soll, trägt dem – in gewissem Umfang – Rechnung. Es schreibt die Rechtsstellung des Strafgefangenen erstmals gesetzlich fest und entzieht sie dadurch dem mehr oder minder willkürlichem Ermessen des Exekutive. Es fixiert genau, was der Strafgefangene tun und lassen kann – und was andere mit ihm tun und lassen können[1].

Völlig unberührt von allen Reformbestrebungen ist dabei allerdings das Gnadenrecht geblieben, das vom Bundespräsidenten bzw. den Ministerpräsidenten der Bundesländer ausgeübt wird und ganz in Händen der Exekutive liegt. Relikt aus absolutistischen Zeiten und Überbleibsel der Kabinettjustiz setzt es die Exekutive praktisch in die Lage, die Rechtsprechung nach Gutdünken zu korrigieren[2] und wird daher auch von Rechtswissenschaftlern und Richtern als verfassungswidrig bezeichnet, weil es gegen das verfassungsmäßige Prinzip der Gewaltenteilung verstößt[3]. Von dem erhebenden Ge-

1 Im einzelnen regelt das Gesetz u. a.: den Rechtsanspruch der Gefangenen auf Besuche und Schriftverkehr (Beschränkungen sind jedoch möglich), die Mitwirkung des Häftlings bei der Planung des Vollzugs, bis zu 21 Tage im Jahr Urlaub, Freizeitgestaltung und Gesundheitsfürsorge (Vorsorgeuntersuchungen werden vorgeschrieben), Disziplinarmaßnahmen vom Entzug des Lesestoffs bis zu vier Wochen Arrest, von 1977 an angemessene Bezahlung der Arbeitsleistung und Einbeziehung der Häftlinge in die Arbeitslosenversicherung, von 1980 an Krankenversicherung und von 1986 an Einbeziehung in die Rentenversicherung.

2 Ein klassisches Beispiel dafür: Ein sehr bekannter deutscher Journalist wurde wegen Trunkenheit am Steuer (wegen des gleichen Delikts bereits wiederholt vorbestraft), zu acht Monaten Gefängnis ohne Bewährung verurteilt. Die Strafe wurde von der Justizverwaltung gnadenweise ausgesetzt, das heißt, der Mann mußte trotz des von einem Gericht über ihn verhängten Urteils keinen Tag ins Gefängnis.

3 Rechtsstaatlich wäre es beispielsweise, wenn statt des Ministerpräsidenten, wie die Richter es fordern, ein Oberstes Landesgericht über die Begnadigungen entscheidet oder wenn das Gnadenrecht, wie es namhafte Rechtsprofessoren und Anwälte vorschlagen, in Gremien verlagert würde, die aus Juristen, Ärzten, Psychologen und Fürsorgern zusammengesetzt sind.

fühl, Gewalt über Leben und Tod zu besitzen, ist den Landesfürsten zwar nur die Möglichkeit übrig geblieben, den Strafvollzug auf dem Gnadenweg auszusetzen (die Entlassung eines zu einer lebenslänglichen Freiheitsstrafe Verurteilten hängt ausschließlich von einem solchen Gnadenerweis ab), aber bevor man sich selbst von diesem Rest einstiger Macht und Herrlichkeit trennt, erklärt man lieber das Gnadenrecht zum »justizfreien Raum«, nimmt man in Kauf, daß von der Rechtsprechung gefällte Entscheidungen abgeändert werden können, ohne daß die Rechtsprechung darauf den geringsten Einfluß hat.

Aber abgesehen davon: Das Problem des Strafvollzugs wird nicht allein dadurch gelöst, daß man die Rechte des Strafgefangenen fein säuberlich Punkt für Punkt auf dem Papier festlegt. Außenseiter wieder in die Gesellschaft einzugliedern ist weniger eine Frage von Paragraphen als vielmehr die Frage einer bestimmten geistigen Grundhaltung, eines mitmenschlichen Engagements, das sich weit über die Erfüllung gesetzlicher Vorschriften hinaushebt.

Der Schluß daraus liegt nahe.

Ein sinnvoller, an modernen Gesichtspunkten orientierter Strafvollzug ist nur mit einer ausreichenden Anzahl gut qualifizierter, gut ausgebildeter Kräfte zu verwirklichen. Nun hat man Tonnen von Papier beschrieben, um alle möglichen Detailfragen des Strafvollzugs von allen nur möglichen Seiten zu beleuchten und zu durchleuchten, hat jahrelang darum gestritten, ob der offene oder halboffene Vollzug das Nonplusultra eines modernen Strafvollzugs ist, hat tiefschürfende Diskussionen darüber geführt, ob der Strafvollzug allein der Resozialisierung dienen oder der Strafgefangene in der Sühne zu einem besseren Menschen werden soll. Und hat bei alledem so getan, als stünden auch die Menschen zur Verfügung, um die mit dieser oder jener Zielsetzung verbundenen Aufgaben bewältigen zu können. Tatsache ist aber, daß der Strafvollzugsdienst personell unterbesetzt, die menschliche Qualifikation der Vollzugsbeamten und der im Vollzugsdienst beschäftigten Angestellten im großen und ganzen unzulänglich, ihre fachliche Ausbildung unzureichend ist[1]. Und Tatsache ist, daß sich an diesem Zustand in absehbarer Zeit kaum etwas wesentliches ändern wird, da man weder ernsthaft gewillt noch in der Lage ist, die erheblichen finanziellen Mittel aufzubringen, die notwendig wären, um durch eine bessere Besoldung der Vollzugsbeamten und eine größere Attraktivität der Vollzugslaufbahn qualifiziertere Kräfte für den Vollzugsdienst zu gewinnen und heranzubilden. Mit finanziellen Aufwendungen für den Strafvollzug sind kaum Wählerstimmen zu mobilisieren, sie sind nun einmal nicht so populär wie Aufwendungen für Krankenhäuser, Schulen oder Autostraßen. Und sie werden dadurch nicht populärer, daß ideologische Phantasten einen Strafvollzug fordern, der in den Augen der Bevölkerung eher einem angenehen Hotel- oder Sanatoriumaufenthalt gleicht.

Das ganze reformerische Gehabe um den Strafvollzug entlarvt sich also schon in Hinblick auf die fehlenden finanziellen Mittel als unzulänglich, unaufrichtig und heuchlerisch. Als bloßes Spiel mit schönen Worten und guten Absichten erweist es sich aber auch an anderen Punkten. Das gilt vor allem für das Kern- und Prunkstück der Maßnahmen zur Resozialisierung, die sozial-therapeutischen Anstalten, die für alle jene »geborenen Kriminellen«, »milieugeschädigten« und aggressiven Straftäter bestimmt sind, die mit Strafen nicht mehr zu beeindrucken sind und die den zu einer langjährigen Freiheitsstrafe verurteilten Gefangenen davor bewahren sollen, durch die lange Haftzeit das Gefühl für ein eigenverantwortliches Leben und den Kontakt zur Außenwelt völlig zu verlieren. Von den Reformpolitikern wird offen zugegeben, daß nicht genügend Geld vorhanden ist, um die notwendige Anzahl von

1 Daß die Ausbildung bei den Vollzugsbeamten im argen liegt, haben wir schon den Protokollen mit F. D. und L. N. entnehmen können. Noch schlimmer steht es damit, wie ergänzend hinzugefügt werden muß, bei den Gefängniswärtern im Angestelltenverhältnis, die immerhin fast ein Viertel aller Vollzugsbediensteten stellen. Der Vorsitzende des Bundes der Strafvollzugsbediensteten Rupprecht hat zugegeben, daß Straßenbahnschaffner, Friseure und sonstige Leute, die ihren Beruf aufgegeben haben, vielfach schon vier Wochen nach ihrer Übernahme in den Vollzugsapparat Aufseherdienste in einer Strafanstalt versehen.

Anstalten zu errichten und alle Mediziner, Soziologen und Psychologen zu bezahlen, die man für sie braucht. Es wird daher nur ein Bruchteil der Strafgefangenen in den Genuß jener sozial-therapeutischen Behandlung kommen, von der man sich so viel verspricht. Bei der Masse der Strafgefangenen wird alles beim alten bleiben. Boshafte Leute behaupten ohnehin, daß die sozial-therapeutischen Anstalten nichts andres seien als die in wissenschaftlich verbrämtem Gewand neu erstandenen Arbeitshäuser seligen Angedenkens, die abgeschafft wurden, weil sie nicht mehr in die soziale Landschaft paßten. Die gleichen Leute behaupten daher auch, daß es von vornherein zweckmäßiger und billiger gewesen wäre, diese alten Arbeitshäuser zu reformieren statt sie aufzulösen, sie mit Therapeuten zu besetzen und ihnen diejenigen Aufgaben zuzuweisen, die jetzt die sozial-therapeutischen Anstalten erfüllen sollen. Aber mit solchen Vorstellungen handelt man sich wohl nur den Ruf ein, destruktiv, neuen Gedanken abhold und ein finsterer Reaktionär zu sein.

In den gleichen Ruf kommt man sicher auch, wenn man feststellt, daß man mit vielem, was in Zusammenhang mit der Resozialisierung geschieht, übers Ziel hinausschießt, weil man ein an sich richtiges und vernünftiges Prinzip generell anwenden und einfach nicht wahrhaben will, daß sehr viele Strafgefangene zu einer aktiven Mitarbeit an ihrer Wiedereingliederung in die Gesellschaft nicht bereit sind. Von 1255 im Jahr 1973 aus bayerischen Strafanstalten entlassenen Gefangenen, denen ein Arbeitsplatz besorgt worden war, traten 580, also fast die Hälfte, die vermittelten Stellen überhaupt nicht an. Resozialisierung hat aber nur bei Resozialisierungsfähigen einen Sinn. Sie herauszufinden, ist sicher schwer, weil den Richtern, die letztlich über »Maßnahmen zur Besserung und Sicherung« zu entscheiden haben, zum Teil prophetische Gaben zugemutet würden. Noch schwerer wiegt aber, daß eine solche Unterscheidung nach der grundsätzlichen Umfunktionierung der Strafe vom Prinzip der Sicherheit auf das Prinzip der Besserung gar nicht gemacht wird, daß das Prinzip der Besserung auch bei denjenigen Strafgefangenen angewandt wird, die nicht resozialisierungsfähig sind. Die unausbleibliche Folge davon ist, daß in dem Zwiespalt zwischen dem Anspruch des Verbrechers auf Wiedereingliederung in die Gesellschaft und dem Anspruch der Gesellschaft auf Schutz vor dem Verbrecher die Gesellschaft vor den Verbrechern kapituliert, die nicht daran denken, sich ihrer Ordnung zu fügen. Die Kriminalität wird auf diese Weise nicht ab-, sondern aufgebaut.

Es bleibt danach nur noch die ketzerische Frage offen, ob um den Strafvollzug nicht mehr Aufhebens gemacht wird als seiner wirklichen Bedeutung für die Gesellschaft zukommt, ob er nicht zu einem Problem hochstilisiert wird, das im gesamtgesellschaftlichen Bezug eine so gewichtige Rolle gar nicht spielt.

Von den 92 000 erwachsenen Bundesbürgern, die im Jahr 1972 zu einer Freiheitsstrafe verurteilt worden sind, erhielten

Strafen bei den nach allgemeinem Strafrecht Verurteilten

	1968		1972		1974	
	Heranwachsende	Erwachsene	Heranwachsende	Erwachsene	Heranwachsende	Erwachsene
bis einschl. 9 Monate	9 796	183 873	4 100	72 093	4 300	77 684
9 Monate bis 1 Jahr	180	5 316	451	9 742	494	11 191
mehr als 1 Jahr bis 2 Jahre	191	6 968	237	6 529	203	6 951
mehr als 2 Jahre bis 5 Jahre	83	3 879	84	2 953	72	3 096
mehr als 5 Jahre bis 15 Jahre	15	484	12	494	15	635
lebenslang	3	66	–	46	2	83
insgesamt	10 268	200 586	4 794	91 587	5 086	99 640
darunter mit Strafaussetzung	4 939	70 097	3 232	51 916	3 658	60 205
Geldstrafe	35 374	325 700	46 837	447 562	41 992	452 274

Quelle: Statistisches Bundesamt.

52 000 die Strafe zur Bewährung ausgesetzt. Mehr als die Hälfte aller Verurteilten mußte die Strafe also überhaupt nicht antreten. Zu mehr als zwei Jahren Gefängnis wurden 3500 Personen verurteilt, darunter 500 zu einer lebenslänglichen Freiheitsstrafe.

Wenn man davon ausgeht, daß in den letzten 15 Jahren rund 8000 Personen zu Freiheitsstrafen von mehr als fünf Jahren verurteilt worden sind, sind das, gemessen an der Erwachsenenzahl, ganze zwei Promille der deutschen Bevölkerung. Und selbst wenn man alle jene hinzuzählt, die im gleichen Zeitraum Freiheitsstrafen von mehr als zwei Jahren abbüßen mußten, sind es knapp 70 000 Menschen, die den Strafvollzug mehrere Jahre hindurch am eigenen Leib zu spüren bekamen. Diese Zahl ist kleiner als die der Geisteskranken, die man ihrer Gemeingefährlichkeit wegen lebenslang einzusperren gezwungen ist. Vor ihnen die Gesellschaft zu schützen, gilt als selbstverständlich, ohne daß man sonderliches Mitleid mit ihnen empfindet. Zumindest wird ihnen nicht ein Bruchteil jener öffentlichen Aufmerksamkeit gewidmet, die man um so großzügiger den Strafgefangenen schenkt.

Armer Täter – böses Opfer

In auffallendem Gegensatz auch zu dem oft rührendem Verständnis, das man Straftätern entgegenbringt und mit dem man ihre verbrecherischen Neigungen und Handlungen aus allen nur möglichen Gründen zu erklären und zu entschuldigen sucht, steht eine erschreckende Gleichgültigkeit gegenüber den Opfern dieser Täter. Während die Resozialisierung zum offiziellen Programm deutscher Rechtspolitik gehört und die Wiedereingliederung des Straftäters in die Gesellschaft immer wieder emphatisch als eine der wichtigsten Aufgaben des Strafvollzugs bezeichnet wird, hielt man es offensichtlich nicht für notwendig, sich um die Opfer von Straftaten zu kümmern. Die Sorge um das Schicksal von Menschen, die zu Verbrechern geworden sind, ist oft geradezu herzergreifend. Das Schicksal von Menschen, die unter den Folgen von Straftaten zu leiden haben, schien kaum jemanden zu interessieren. Es wurde als absolute Selbstverständlichkeit betrachtet, daß für Jürgen Bartsch, der in bestialischer Weise vier Kinder umgebracht hatte, Hunderttausende von Mark ausgegeben wurden, damit er unter der Pflege und Kontrolle hochdotierter Professoren in – wie sein Anwalt Bossi meinte – »jedweder Form seine Persönlichkeit entfalten« konnte, und sicher ist ihm auch der Kaffee bezahlt worden, den er mit seiner ihm frisch angetrauten Frau Gisela getrunken hat, als ihn diese zu einem kleinen Plauderstündchen besuchte. Als ebenso selbstverständlich wurde aber auch betrachtet, daß die Eltern der Kinder, die von Bartsch ermordet wurden, sogar die Begräbniskosten selbst tragen mußten.

Die Strafprozeßordnung sieht zwar im sogenannten Adhäsionsverfahren die Möglichkeit vor, daß zivilrechtliche Schadensersatzansprüche des Opfers gegen den Täter im Strafprozeß mitentschieden werden. Von dieser Möglichkeit wird aber in den seltensten Fällen Gebrauch gemacht, weil sich offensichtlich weder Strafgericht noch Strafverteidiger in einem Strafprozeß mit zivilrechtlichen Angelegenheiten beschäftigen wollen. In Frankreich gehört es zur Pflicht des Strafrichters, die Höhe des Schadens festzusetzen, den der Straftäter verursacht hat, und im italienischen Strafgesetzbuch gibt es allein 47 Paragraphen, die sich ausschließlich mit dem Verhältnis Täter-Opfer beschäftigen.

Nichts dergleichen in der Bundesrepublik Deutschland. Hier sieht es vielmehr folgendermaßen aus:

Aus einem Schreiben von Willi B.:

Es handelt sich in meinem Fall um meine fünfzehnjährige Tochter H., die am 22. 11. 1974 Opfer eines Sexualmordes wurde. Von seiten der Polizei wurde mir geraten, kein gerichtliches Verfahren gegen den Mörder, es handelt sich um einen sechzehnjährigen Hilfsarbeiter aus niedrigem Milieu, anzustreben, da dieser ebenso wie seine Eltern mittellos ist und ich am Ende noch sämtliche Kosten des Verfahrens selbst tragen müßte. Daß man mir meine Tochter für kein Geld der Welt ersetzen kann, ist verständlich. Ich bin aber der Auffassung, daß man mir als Rentenempfänger nicht zumuten kann, sämtliche Kosten, die durch den gewaltsamen Tod meiner Tochter entstanden sind, allein zu tragen. Auch Kosten, die auf Anweisung der Kriminalpolizei entstanden sind, wie Überführung zur Obduktion in ein 12 km entferntes Krankenhaus, mußte ich bezahlen. Bis jetzt habe ich nur der Krankenkasse meiner Tochter alle Formulare und Rechnungen eingereicht, die ich besitze, und habe daraufhin DM 385,80 erhalten.

Aus einem Schreiben von Helga K.:

Mein Mann wurde am 28. 3. 71 von Griechen krankenhausreif geschlagen. Er erlitt einen doppelten Schädelbasisbruch und einen Nasenbeinbruch und lag mehrere Tage auf Leben und Tod. Nach der Entlassung zeigte mein Mann drei Haupttäter an, die alle schon der Polizei bekannt sind. Die Polizei und das Gericht ließen sich lange Zeit, bis endlich die Sache am 6. 2. 74 vor Gericht kam. Zwei wurden freigesprochen, einer erhielt eine Geldstrafe von DM 500.

Aus einem Schreiben von Heide-Marie T.:

Am 9. auf den 10. 7. 67 wurde ich überfallen. Davon trug ich Schädelbasis- und Schädelbrüche, war an der linken Körperseite durchgehend gelähmt und das rechte Bein war auch lahm. Nach Verheilung wurde noch festgestellt, daß der Geruchssinn auch nicht mehr hergestellt werden kann. Durch diesen Überfall mußte ich meine kaufmännische Lehre abbrechen und konnte diese nicht beenden. Dadurch bin ich zu 50 Prozent schwer behindert und kann auch keine stehende Arbeit verrichten. Ich leide unter ständigen Kopfschmerzen und habe auch nicht mehr so ein Gedächtnis wie ein gesunder Mensch. Ich kann auch keine Arbeit verrichten, damit ich zumindest einen kleinen Verdienst habe.

Ich bekam auch keine Entschädigung für diese Schmerzen, und ein Leben, wie andere junge Frauen es haben, ist für mich ab diesem Tage vorbei gewesen. Des öfteren habe ich mich darum bemüht, eine Rente zu bekommen, leider wurde es immer wieder abgelehnt. Das Sozialamt zahlt mir auch keine

Unterstützung. Am 27. 1. 70 habe ich eine Klage gegen den Täter wegen Schmerzensgeld geführt. Ich bekam DM 3000 zugesprochen. Bekommen habe ich von dem Geld noch nichts. Was sind schon DM 3000, die ich nie zu sehen bekomme, für das, was ich mitgemacht habe. Andere brechen sich ein Bein durch die Schuld eines Zweiten und bekommen denselben Satz von DM 3000 und das auch noch während des Heilverfahrens. Und bei mir sind schon fünf Jahre nach der Klage vergangen.

Aus einem Schreiben von Annemarie L.:

Meine Schwester Katharina B. wurde am 23. 5. 70 bei der Arbeit auf dem Feld das Opfer eines Sexualmordes. Der Mörder soll ein Pflegling aus dem Landes-Alters- und Pflegeheim in H. gewesen sein. Von der Kripo bzw. der Staatsanwaltschaft oder dem Gericht haben wir bis jetzt nichts Amtliches gehört. Meine Schwester war ledig und die Ernährerin ihrer Eltern (beide 80 Jahre alt), da sie die kleine Landwirtschaft gepachtet hatte. Sie bezahlte die landwirtschaftliche Alterskasse und war auch freiwillig in der Angestelltenversicherung. Lediglich von der Berufsgenossenschaft erhalten jetzt meine Eltern eine kleine Rente.

Aus einem Schreiben von Alfred B.:

Vor sieben Monaten ist durch einen Verkehrsunfall mein sechsjähriger Sohn ums Leben gekommen. Mein Sohn war an dem Unfall völlig schuldlos. Er ist auf dem Gehweg vor unserem Haus getötet worden. Bei dem Abwickeln der Ersatzansprüche erfahre ich nun von meinem Rechtsanwalt, daß sich außer der reinen Unkostenerstattung, welche mir durch das Begräbnis entstanden sind, keine anderen Ansprüche wie Schmerzensgeld an den Täter bzw. die zuständige Haftpflichtversicherung stellen kann. Ein Rechtsanwalt sagte mir, Schadensersatzansprüche würden durch den Tod des Kindes nicht an die Eltern übergehen. Für mich als juristischen Laien ist es unbegreiflich, daß ein totes Kind den Täter billiger kommt als zum Beispiel ein Kind, das nur ein Bein gebrochen hat. Für mich als Vater bedeutete der Tod des Sohnes einen ungeheuren Schmerz und das Ende aller Hoffnungen und Erwartungen, die ich in ihn gesetzt hatte.

Aus einem Schreiben von Walter G.:

Am 13. 1. 1968 wurde ich durch einen Leberstich verletzt, mußte operiert werden und bekam eine Transfusion und stehe seitdem bei der medizinischen Hochschule H. und Hausarzt unter ärztlicher Kontrolle. Es hat sich eine chronische Hepatitis daraus entwickelt. 1973 mußte ich mit der Arbeit ganz aussetzen. Am 16. 4. 1969 wurde der Beschuldigte zu neun Monaten Gefängnis verurteilt. Ein Zahlungsbefehl wegen meines Schadensersatzes sowie weitere Ermittlungen über seinen Verbleib blieben erfolglos.

In der Bundesrepublik werden jährlich 50 000–70 000 Bürger von Gewalttaten betroffen. Die Täter sind in der Regel finanziell nicht in der Lage, den von ihnen verursachten Schaden wiedergutzumachen, selbst dann nicht, wenn sie es wollten. Auch das Adhäsionsverfahren wird in den meisten Fällen dem Opfer bestenfalls einen Vollstreckungstitel verschaffen, mit dem es praktisch nicht viel anfangen kann. Und selbst wenn, wie es beabsichtigt ist, der Arbeitslohn der Strafgefangenen erhöht wird, ist es fraglich, ob aus den Überschüssen dieses Lohns die Opfer des Täters entschädigt werden können, da in den meisten Fällen Unterhaltsverpflichtungen Vorrang haben. Im neuen Strafvollzugsgesetz ist zwar an einer Stelle davon die Rede, daß die in Strafanstalten eingesetzten Sozialarbeiter sich bemühen sollen, den Strafgefangenen auf die Pflichten der Versorgung der Unterhaltsberechtigten und auf die Wiedergutmachung des von ihnen angerichteten Schaden hinzuweisen. Sie werden dabei allerdings vor psychologischen Barrieren stehen, die nur schwer zu überwinden sind. Ein Mann, der seine Strafe abgesessen hat, hat gar nicht mehr das Gefühl einer Schuld oder einer Verpflichtung zur Wiedergutmachung. Er hat auf seine Freiheit verzichten müssen, hat »gesühnt«. Er empfindet es daher als Zumutung, wenn man von ihm darüber hinaus eine materielle Entschädigung für das Opfer verlangt.

Ich habe mit einem Straftäter gesprochen, der wegen Mordes zu einer lebenslangen Freiheitsstrafe verurteilt und nach

21 Jahren Gefängnis entlassen worden war. Er hatte sich beruflich einigermaßen gefangen und verdiente recht gut. Frage an ihn: »Die Eltern des Mädchens, das Sie damals umgebracht haben, sind alte Leute, denen es sicherlich nicht sehr gut geht. Tun Sie etwas für sie?« Daraufhin die Antwort: »Ich habe einundzwanzig Jahre gesessen. Was wollen Sie eigentlich noch von mir?«

Übrig bleibt daher die staatliche Entschädigungsregelung, wie sie schon seit längerer Zeit in Neuseeland, Großbritannien, einigen Staaten der USA, einigen kanadischen Provinzen und australischen Teilstaaten besteht und wie sie in Schweden, Norwegen, den Niederlanden und Österreich eingeführt werden soll. Dort geht man davon aus, daß die Gesellschaft, wenn sie Straftaten schon nicht verhindern kann, wenigstens dafür sorgen soll, daß ihre Folgen nicht allein von den Opfern getragen werden müssen. Begreiflicherweise kann es sich dabei nur um »Personenschäden«, nicht aber um Sachschäden handeln, die kein vergleichbares soziales Problem darstellen. Wer – vielleicht sogar durch eigene Dummheit – einem Betrüger aufgesessen ist, kann vom Staat nicht verlangen, dafür entschädigt zu werden.

Nach jahrelangem Hin und Her ist Anfang 1976 auch in der Bundesrepublik ein Gesetz verabschiedet worden, das den Opfern von Gewalttaten und ihren Hinterbliebenen die im Bundesversorgungsgesetz vorgesehenen Leistungen »zur Erhaltung, Besserung und Wiederherstellung der Gesundheit und der Leistungsfähigkeit sowie eine angemessene wirtschaftliche Versorgung« bieten soll. Die Entschädigung ist auf Opfer vorsätzlicher tätlicher Angriffe und von Verbrechen beschränkt, die mit gemeingefährlichen Mitteln begangen wurden. Für Sachschäden kommt der Staat nur in Härtefällen auf. Noch ist nicht sicher, wann das Gesetz praktiziert werden kann, weil man sich erst noch darüber einig werden muß, wie die Kosten der vorgesehenen staatlichen Wiedergutmachung für die Opfer von Verbrechen auf Bund und Länder verteilt werden sollen.

Diese Kosten werden auf jährlich 20 Millionen Mark geschätzt. Das ist kein Betrag, der die staatlichen Finanzen ruinieren könnte. In der Bundesrepublik wird mit leichter Hand für viel weniger wichtige Dinge viel mehr Geld ausgegeben.

VIII

Aus alt mach neu

Justizreformen zwischen Hangen und Bangen

Reformen sind ein mühseliges Geschäft. Viele bleiben schon in den Anfängen stecken, weil man sich nicht über ihre Ziele einig werden kann, geschweige über ihre Durchführung. Kommen sie zustande, stellen sie oft zwar alte Mißstände ab, schaffen dafür aber neue. Oder sie rücken Dinge, die falsch placiert waren, zurecht, müssen jedoch in Kauf nehmen, daß sich dadurch einiges, was an der richtigen Stelle stand, plötzlich an einer falschen wiederfindet. Es kann einer Reform auch blühen, daß sie – wohldurchdacht und wunderschön – nicht verwirklicht werden kann, weil die dazu notwendigen finanziellen Mittel fehlen. Und es gibt schließlich Reformen, die diese Bezeichnung nicht verdienen. Aus aktuellen Anlässen heraus entstanden und allein auf diese zugeschnitten, ziehen sie in der Praxis des Alltags verheerende Folgen nach sich und lassen sich aus diesem Grund oft überhaupt nicht durchführen.

Die Justizreformer waren offensichtlich darauf bedacht, sich keine dieser Möglichkeiten entgehen zu lassen.

Daß das im vergangenen Jahrhundert geschaffene Strafrecht ebenso wie das Zivilrecht in vieler Hinsicht unzulänglich ist, ist nicht erst eine Erkenntnis der jüngsten Zeit. Darüber ist man sich schon seit langem im klaren, genaugenommen seit der Jahrhundertwende. Von einer Justizreform wird seitdem denn auch je nach den vorherrschenden Zeitströmungen, einmal lauter und einmal leiser gesprochen, wird an ihr mit der Regelmäßigkeit von Ebbe und Flut einmal intensiver und das andere Mal weniger intensiv gearbeitet. Als in den sechziger Jahren Reformen zur großen Mode wurden, blieb das Gebiet der Justiz davon natürlich nicht unberührt.

Einiges ist seitdem geschehen. Es ist viel und wenig zugleich.

Bei der Reformierung der Gerichtsorganisation hat man sich zunächst einmal im wesentlichen darauf beschränkt, die Zahl der Amtsgerichte erheblich zu verringern (auf 638 im Jahre 1974 gegenüber 863 im Jahre 1960). Allein in Bayern wurden 95 Amtsgerichte, in Rheinland-Pfalz 34 und in Hessen 25 aufgelöst. Ob durch den Trend zu größeren Gerichten, der darin zum Ausdruck kommt, auch der Rechtsschutz des Bürgers vergrößert wird, ist umstritten.

Im Bereich des Zivilrechts hat man durch die Gerichtsstandnovelle vom 21. März 1974 einen größeren Schutz des kleinen Schuldners vor mächtigen Gläubigern erreicht, da nunmehr Vereinbarungen über den Gerichtsstand nur zwischen Vollkaufleuten getroffen werden können, im übrigen aber grundsätzlich dasjenige Gericht zuständig ist, das sich im Wohnsitzbereich des Beklagten befindet. Vordem war in den meisten Kaufverträgen der Sitz der Firma als Gerichtsstand festgelegt worden, was automatisch dazu geführt hatte, daß in gerichtlichen Auseinandersetzungen mit der Lieferfirma kleine Leute, deren Wohnsitz vom Sitz der Firma weit entfernt war, schon aus diesem Grund gehandikapt waren, ihre Interessen wahrzunehmen. Man hat ferner (in einem zweiten Schritt) durch Vereinfachung der Protokollierung, die Zulassung von Tonbandprotokollen und die mögliche Verweisung des Verfahrens an Einzelrichter Maßnahmen getroffen, um die Verfahren zu straffen. Man hat schließlich dadurch, daß die Zuständigkeit des Amtsgerichts auf Streitwerte bis zu 3000 DM (früher 1500 DM) erweitert wurde, für eine erhebliche Entlastung der Landgerichte gesorgt (bei gleichzeitiger zusätzlicher Belastung allerdings der Amtsgerichte) und hat durch Anhebung der Berufungsgrenze auf 500 DM (früher 150 DM) und der Revisionsgrenze auf 40 000 DM (früher 25 000 DM) bei vermögensrechtlichen Streitigkeiten sowohl in den unteren wie in den obersten Etagen die Grundlagen für eine Verkürzung der Verfahren gelegt. Auf der Strecke blieb der Versuch, die mündliche Verhandlung im Zivilprozeß stärker zum Mittelpunkt des Verfahrens und dadurch das Prozeßgeschehen vor den Zivilgerichten für den Bürger verständlicher zu machen.

Im Bereich des Strafrechts wurde die Reform des allgemeinen Teils des Strafrechts abgeschlossen. Das größte Verdienst dieser Reform besteht darin, Fragen geklärt zu haben, deren Klarstellung der Gesetzgeber früher verabsäumt hatte und die daher immer wieder und zum Nachteil der Rechtssicherheit völlig unterschiedlich ausgelegt worden waren. Ob die Entscheidungen, die jetzt getroffen wurden, immer der Weisheit letzter Schluß sind, ist nicht so wichtig wie die Tatsache, daß überhaupt entschieden worden ist. Die Reform hat außerdem die moderne Straftheorie in das Strafrecht eingeführt. Der Zweck der Strafe ist jetzt in erster Linie auf die »Besserung« des Straftäter, auf seine Wiedereingliederung in die Gesellschaft ausgerichtet.

Was außerdem an Strafrechtsreformen zustandegekommen ist, werden selbst Euphoriker nicht immer als besonders glücklich empfinden.

In dem löblichen Eifer, die Freiheit des einzelnen über alles zu stellen, ist man in mancher Hinsicht so weit gegangen, daß dem Mißbrauch der Freiheit durch einzelne Tür und Tor geöffnet wurde. Professoren, Politiker und Journalisten schienen miteinander zu wetteifern, es Verbrechern möglichst leicht zu machen, Unrecht zu begehen, und der Justiz möglichst schwer, es zu verfolgen. Auch wenn dies vermutlich weder angestrebt noch gewünscht worden ist, war das Ergebnis einiger reformerischer Teilstücke eine faktische Solidarisierung mit den Verbrechern; der Verbrecher wurde schlechthin begünstigt, der Schutz der Gesellschaft vor Verbrechern vernachlässigt. Das kann man nicht nur von der Liberalisierung des Haftrechts behaupten, die selbst ein so liberaler Jurist wie der Bundesanwalt Dr. Kohlhaas »als geradezu weltfremd« charakterisiert hat. Auch die Möglichkeit, Freiheitsstrafen bis zu zwei Jahren (statt wie früher nur bis zu 9 Monaten) zur Bewährung auszusetzen, hat zu einem Desaster geführt, nicht zuletzt deshalb, weil die Bewährungshelfer nicht mehr in der Lage sind, ihren Schützlingen wirklich hilfreich zur Seite zu stehen[1]. Allzu häufig hat der Gesetzgeber ideologische Forderungen zur Richtschnur seines Handelns gemacht, ohne den praktischen Bedürfnissen auch nur einen Blick zu schenken[2].

Noch steht nicht fest, ob er sich nicht den gleichen Vorwurf

1 Als Richtzahl gelten 40 »Probanden«, d. h. auf Bewährung Entlassene, je Bewährungshelfer. In der Praxis sind heute 80 bis 100 »Probanden« je Bewährungshelfer keine Seltenheit.

2 So etwa der Kriminaldirektor Willi Wittkowski, der die Dinge von

dafür machen lassen muß, daß Haft und kleine Gefängnisstrafen grundsätzlich durch Geldstrafen ersetzt worden sind. Auf den ersten Blick scheint das nicht der Fall zu sein, weil die Geldstrafen, die früher mehr oder weniger über den Daumen gepeilt worden waren, »gerechter« gemacht worden sind. Jetzt muß nicht nur die Höhe des angerichteten Schadens, sondern auch die Höhe des Einkommens berücksichtigt werden, wobei die Zahl der Tagessätze nach der Schwere der Schuld und die Höhe des Tagessatzes an den wirtschaftlichen Verhältnissen gemessen werden (ein Tagessatz soll dem Nettoeinkommen entsprechen, das der Verurteilte an einem Tag hat oder haben könnte)[1].

Auf den zweiten Blick allerdings ist nicht mehr alles Gold, was glänzt. Für jemanden, der nicht mit Glücksgütern gesegnet ist, kann eine Geldstrafe ein größeres Übel sein als eine Freiheitsstrafe, – was nicht unbedingt im Sinne der Reformer liegt. Und obgleich alle jene, die so eifrig für die Verhängung von Geld- statt von Freiheitsstrafen plädieren, nichts davon wissen wollen, können Geldstrafen unter Umständen auch mehr Kriminalität erzeugen als Freiheitsstrafen. Ein Mann, der zu einer verhältnismäßig hohen Geldstrafe verurteilt worden ist, kann leicht auf den Gedanken verfallen, sich das Geld dafür auf krummen Wegen zu verschaffen, weil ihm das auf geraden Wegen zu langwierig oder zu schwierig erscheint.

Im Gegensatz zu den Bemühungen, mit Hilfe differenzierter Geldstrafen »mehr Gerechtigkeit« zu schaffen, steht im übrigen die Nivellierung der Ordnungswidrigkeiten. Wer eine Ordnungswidrigkeit begangen hat, zahlt das gleiche, ob er nun stolzer Mercedes-Fahrer oder kleiner Mopedfahrer ist. Was auf dem einen Gebiet als ungerecht beseitigt wurde, gilt auf dem anderen weiterhin als gerecht.

den »praktischen Bedürfnissen« her sieht, in einem Bericht über die Kriminalität in der Bundesrepublik, erschienen in »Der Kriminalist«, Zeitschrift des Bundes Deutscher Kriminalbeamter, November 1974.

1 Ein Diebstahl beispielsweise, der mit drei Monaten = 90 Tagessätzen bestraft wird, kostet jetzt bei einem monatlichen Nettoeinkommen von 900 DM 30 DM × 90 = 2700 DM. Früher konnte man, auch wenn man mehr als 900 DM monatlich verdiente, bei der gleichen Straftat mit wesentlich weniger, ungefähr mit 500 bis 900 DM, rechnen.

Neues Unrecht durch neues Eherecht

Ein typisches Beispiel dafür, welche Schwierigkeiten selbst Reformen bereiten, über deren Grundsätze man sich sowohl klar wie einig ist, ist die Eherechtsreform. Nachdem der Nationalsozialismus aus »bevölkerungspolitischen« Gründen den Paragraphen 48 so weit aufgelockert hatte, daß eine Scheidung nach dreijähriger Trennung auch gegen den Willen eines Ehepartners möglich war, wurde nach 1945 die Schraube wieder angezogen und dem scheidungsunwilligen Ehepartner ein Widerspruchsrecht eingeräumt, das in den wenigsten Fällen zurückgewiesen werden konnte. Die Justiz kapitulierte: Ehen wurden auch dann nicht geschieden, wenn die Ehegatten seit zehn, fünfzehn, ja zwanzig Jahren nicht mehr zusammenlebten und von einer ehelichen Gemeinschaft beim besten Willen nicht mehr die Rede war.

Ein Mann, der fünfzehn Jahre von seiner Frau getrennt lebte und mit einer anderen Frau Kinder hatte, konnte (von diesem Fall berichtete ein Nürnberger Anwalt) diese Kinder nicht einmal adoptieren, weil die Ehefrau ihre Zustimmung dazu verweigerte. Regelungen, die in gerechter Weise den tatsächlichen Verhältnissen Rechnung trugen, waren daher praktisch nur gegen das Gesetz zu realisieren. Es mußte manipuliert werden, um vernünftige Lösungen herbeizuführen, ohne daß nach außen hin gegen das geheiligte Recht der Ehe verstoßen wurde. Die Novellierung des Ehegesetzes von 1962 bot zwar die Möglichkeit, eine Ehe nach mehrjähriger Trennung trotz Widerspruchs eines Ehegatten zu scheiden, wenn die »zumutbare Bereitschaft zur Wiederherstellung der Ehegemeinschaft« fehlt. Aber da muß schon mit scharfem Geschütz geschossen und dem sich widersetzenden Partner etwa ein Ehebruch nachgewiesen werden, damit es wirklich zur Scheidung kommt.

Ob geschieden wird oder nicht, kann übrigens davon abhängen, wie man heißt. Diesen merkwürdigen Eindruck von der deutschen Justiz gewinnt man jedenfalls, wenn man von einem Anwalt in einer deutschen Großstadt hört, daß man nach Lage der Dinge sicher geschieden wird, wenn der Familienname mit R beginnt, weil man dann vor eine Kammer komme, die als äußerst liberal und »scheidungsfreudig« bekannt sei. Ebenso sicher könnte man sein, bei gleicher Lage der Dinge nicht geschieden zu werden, wenn der Familienname mit B beginnt. Dann sei nämlich eine Kammer zuständig, die »stockkonservativ« sei und die »Heiligkeit der Ehe« über alles stelle.

Auch die »stockkonservative« Kammer muß aber, ob sie will oder nicht, die Scheidung aussprechen, wenn sie auf, wie es so schön heißt, »konventionalem« Weg angestrebt wird[1].

An das Gesetz gebunden, müssen die Richter auch dann eine Ehe scheiden, wenn sie erkennen, daß der Auftritt der Parteien vor Gericht nichts anderes ist als ein abgekartetes Spiel. Die Verlogenheit, die hier produziert wird, nur um dem Buchstaben des Gesetzes zu folgen, ist kaum noch zu überbieten.

In einer Ehescheidungssache, von der Rüdiger Lautmann berichtet, soll konventional geschieden werden. Der Vorsitzende der Kammer hält, weil dies nun einmal als förmliche Anhörung der Partei vorgeschrieben ist, dem Mann die Behauptungen der Ehefrau vor, daß er, der Beklagte, sie unter anderem lieblos behandelte und sich nach dem letzten Geschlechtsverkehr von ihr abgewandt habe; er trage die Schuld an der Zerrüttung der Ehe. Rein routinemäßig wird der Mann dann gefragt, ob er das zugebe. Er durchschaut den Formalismus des Verfahrens nicht und erklärt überraschend: »Nein, ich bin mir keiner Schuld bewußt.« Nach einem Wortwechsel stimmt er aber dann doch zu. Die Ehe wird also geschieden; es war, wie Lautmann meint, ein Fall wie viele andere. Erst als die Parteien den Saal verlassen haben, bricht der Vorsitzende los: »Warum zwingt man uns, hier immer diese Farcen abzuziehen? Warum wird das Ehegesetz nicht geändert? Ich

1 In diesen Fällen, die immerhin 60 bis 80 Prozent aller Ehescheidungen in der Bundesrepublik ausmachen, sind beide Ehepartner mit der Scheidung einverstanden, sie regeln, bevor sie vor Gericht gehen, alle Folgen, die sich aus der Scheidung ergeben, und besprechen auch, welcher Ehepartner eine Eheverfehlung auf sich nimmt, die als Scheidungsgrund ausreicht. Ob er sie wirklich begangen hat, ist von zweitrangiger Bedeutung.

bin dafür, daß wir an das Gesetz gebunden sind, aber es ist furchtbar, was wir immer machen müssen. Es ist albern und peinlich. Man mutet uns da einiges zu, und das schon seit Jahrzehnten.«

Nun, dieser Zumutung soll mit dem neuen Scheidungsrecht ein Ende gemacht werden. Der Richter soll auch nicht mehr gezwungen werden, sich mit der Intimsphäre der Ehepartner auseinanderzusetzen. Ehen sollen – über diesen Kernpunkt der Reform ist man sich allseits einig geworden – nicht mehr auf Grund subjektiven Verschuldens eines oder beider Ehepartner, sondern nur noch wegen des objektiven Tatbestands der Ehezerrüttung geschieden werden. Künftig gilt die Ehe als gescheitert, wenn die eheliche Gemeinschaft nicht mehr besteht und auch nicht mehr zu erwarten ist, daß sie wieder aufgenommen wird. Nach dreijähriger Aufhebung der häuslichen Gemeinschaft wird dies unwiderlegbar, bei Einverständnis beider Ehegatten schon nach einjähriger Trennung vermutet.

In diese »unwiderlegbare Vermutung« vom Scheitern einer Ehe ist allerdings durch die Einführung einer Härteklausel eine Bresche geschlagen worden. Auch wenn sich diese Klausel nur auf »immaterielle« Härten erstreckt und »auf besonders gelagerte Ausnahmefälle« beschränkt bleiben soll, mit dem Zerrüttungsprinzip ist sie nicht zu vereinbaren. Abgesehen davon, daß es mitunter sehr schwer sein kann, materielle von immateriellen Härten zu unterscheiden, besteht die Gefahr, daß durch die Härteklausel – sozusagen auf Schleichwegen – das Verschuldensprinzip wieder in das neue Gesetz eingeführt wird. In dem Moment, in dem dem »schuldlosen« Ehegatten ein Widerspruchsrecht gewährt wird, muß der Richter doch wieder ein moralisches Urteil über das Verhalten des einen oder anderen Ehepartners fällen, muß er wieder in die Intimsphäre der Ehe eindringen. Wie schwer es doch offensichtlich ist, sich von alten Zöpfen zu trennen, eine einmal als richtig erkannte Linie konsequent einzuhalten! Wie schwer es doch ist, auch per Gesetz anzuerkennen, daß mit der formalen Aufrechterhaltung einer Ehe niemandem gedient ist und daß es nicht Aufgabe der staatlichen Rechtsordnung sein kann, einen

Ehegatten zu zwingen, gegen seinen Willen an einer nur noch formal bestehenden Ehe festzuhalten! Und welche Überwindung es doch kostet, als unbestreitbare Tatsache anzuerkennen, daß eine Ehe nicht erst durch die Scheidung zerstört wird, sondern daß diese Scheidung nur der Schlußpunkt einer bereits zerstörten Ehe ist.

So richtig kompliziert wird die Sache aber erst beim Folgerecht, das heißt bei der Frage, wie die Unterhalts- und Versorgungsansprüche geschiedener Ehegatten geregelt werden sollen. Nach der heute noch gültigen Regelung hängt die Entscheidung darüber, ob ein geschiedener Ehepartner Unterhalt zahlen muß oder erhält, allein von dem Maß des Verschuldens ab. Eine schuldig geschiedene Ehefrau bekommt keinen Unterhalt, in welcher wirtschaftlichen und sozialen Situation sie sich befindet, spielt dabei keine Rolle. Umgekehrt muß der schuldig geschiedene Ehemann Unterhalt zahlen, ohne Rücksicht darauf, ob seine wirtschaftlichen Verhältnisse das zulassen oder nicht.

Die Mängel dieses Rechts zeigen sich besonders deutlich in einem vom Bundessozialgericht entschiedenen Fall: Bei einer Scheidung ohne Schuldausspruch hatten die Ehegatten vertraglich vereinbart, daß die Ehefrau für die nächsten fünf Jahre auf Unterhalt verzichtet, um den Unterhalt für drei Kinder sicherzustellen. Anschließend sollte ihr der Ehemann Unterhalt leisten. Als der Ehemann vor Ablauf der fünf Jahre starb, verlor die Frau nicht nur die Aussicht auf die vereinbarten Unterhaltszahlungen, sondern, wie das Bundessozialgericht bestätigte, auch den Anspruch auf eine Geschiedenen-Witwen-Rente. Einen solchen Anspruch hat nämlich nach den geltenden Vorschriften eine geschiedene Frau nur dann, wenn sie »unschuldig« geschieden und der Ehemann deshalb unterhaltspflichtig war.

Entsprechend der Abkehr vom Verschuldensprinzip werden künftig auch die Unterhalts- und Versorgungsansprüche der geschiedenen Frau schuldneutral geregelt. Man geht dabei von dem Grundsatz aus, daß die geschiedene Frau nach Möglichkeit für sich selbst sorgen soll. Aber was heißt: »nach Möglichkeit«? Eine Frau, die während der Ehe ihre Erwerbstätigkeit längere Zeit unterbrechen mußte, hat in den meisten Fällen den Kontakt zu ihrem Beruf verloren und ist kaum in der Lage, ihn sofort wieder auszuüben. Der frühere Ehemann soll daher während ihrer Fortbildung oder Umschulung für ihren Unterhalt und die Kosten ihrer Ausbildung aufkommen. Gleiches gilt, wenn eine Frau wegen ihrer Heirat eine Ausbildung unterbrochen oder gar nicht erst aufgenommen hat. Unterhaltsansprüche stehen schließlich einer Frau zu, die zunächst noch für die gemeinsamen Kinder sorgen muß, bevor sie wieder erwerbstätig werden kann[1].

Von diesem Unterhaltsanspruch zu unterscheiden ist der Versorgungsausgleich. Das neue Folgerecht sieht vor, daß eine wegen Alters oder Erwerbsunfähigkeit gewährte Versorgung zwischen den Ehegatten auszugleichen ist, und zwar im Verhältnis der in die Ehezeit fallenden Versicherungsjahre zu den insgesamt für die Versorgung angerechneten Jahren[2].

Praktisch sieht das so aus, daß einen Ausgleichsbetrag zahlen muß, wer – auf die Ehezeit bezogen – die höheren Ansprüche erworben hat. Ein Mann beispielsweise, der vierzig Jahre lang Beiträge zur Sozialversicherung gezahlt und damit ein Anrecht auf eine Rente von 800 DM erworben hat, muß, wenn er sich nach zwanzig Jahren scheiden läßt, den Rentenanspruch für die Dauer der Ehe teilen, also der geschiedenen Frau 200 DM überlassen.

Mit solchen Mini-Renten ist natürlich niemandem gedient, die Lösung des Versorgungsausgleichs daher auch an allen Ekken und Enden unbefriedigend. Die einzig befriedigende Lösung ist aber praktisch undurchführbar. Sie bestünde in einer selbständigen, vom Mann nicht abgeleiteten, unabhängigen

1 Verschuldenstatbestände spielen übrigens auch hier wieder eine Rolle, da alle diese Unterhaltsansprüche der Frau nicht bestehen, wenn sie beispielsweise ihre Bedürftigkeit »mutwillig« herbeigeführt oder während der Ehe ihre Pflicht, zum Familienunterhalt beizutragen, »gröblich verletzt« hat.

2 Dieser Anspruch auf Versorgungsausgleich wird fällig, wenn entweder beide Ehepartner eine Versorgung erlangt haben oder ein Partner die Versorgung erlangt hat und der andere wegen Alters oder Krankheit nicht mehr erwerbstätig sein kann.

Altersversorgung der verheirateten Frauen, in der sogenannten Hausfrauenrente. Sie würde den Staat, je nach Höhe der in Aussicht gestellten Rente, jährlich zwischen 4 und 17 Milliarden Mark kosten. Und da kann man wirklich nur fragen: Wer soll das bezahlen?

Man kann die Dinge drehen und wenden, wie man will: So klare Verhältnisse durch die Umstellung vom Verschuldens- auf das Zerrüttungsprinzip im Scheidungsrecht geschaffen werden, so unklar bleiben die Verhältnisse im Folgerecht, in den Unterhalts- und Versorgungsansprüchen der Eheleute nach der Scheidung. Und nicht nur unklar, sondern in vielen Fällen auch ungerecht. Das neue Unterhaltsrecht soll die volle rechtliche Gleichstellung der Frau herbeiführen. Praktisch läuft es aber unter den gegebenen wirtschaftlichen und sozialen Verhältnissen auf eine ungleiche Behandlung von Mann und Frau, auf eine ungleiche Behandlung unter den Frauen selbst hinaus. Auch wenn eine Ehe daran scheitert, daß die Frau ihren Mann betrogen hat, muß der Arme ihr jetzt so lange Unterhalt zahlen, bis sie eine zumutbare Erwerbstätigkeit gefunden hat, sogar bis zu ihrem Lebensende, wenn sich herausstellt, daß sie einer Erwerbstätigkeit nicht gewachsen ist. Für die Frage, welche Erwerbstätigkeit der Frau zuzumuten ist, sind, wie es heißt, außer ihrer Ausbildung und ihren Fähigkeiten auch die ehelichen Lebensverhältnisse unter Berücksichtigung der Dauer der Ehe in Betracht zu ziehen. Die Frau soll also – wenn die Ehe nicht von allzu kurzer Dauer war – nicht schlechter gestellt sein, als vor der Scheidung. Der Ehemann, ob betrogen oder nicht, muß seiner ehemaligen Frau daher auch einen Zuschuß zahlen, wenn sie zwar eine zumutbare Tätigkeit findet, ihre Einkünfte aber nicht ausreichen, um den entsprechenden Lebensstandard beibehalten zu können. Besonders gut kommen bei dieser Regelung Frauen weg, die sich »hochgeheiratet« haben und mit Männern verheiratet waren, die ein besonders gutes Einkommen hatten. So ist zwar eine Sekretärin, die mit einem Arbeiter verheiratet war, gezwungen, ihre ursprüngliche Tätigkeit wieder aufzunehmen, aber eine Sekretärin, die es zur Gattin eines Bankdirektors gebracht hat, braucht daran nicht einmal zu denken. Mit Gerechtigkeit hat das eine so wenig zu tun wie das andere mit der rechtlichen Gleichstellung der Frau. Von der Vorstellung, daß die Ehe letzten Endes doch ein Versorgungsinstitut für die Frau ist, scheinen wir nicht loszukommen.

Das neue Eherecht soll demjenigen Ehepartner, der in der Auseinandersetzung nach dem Scheitern der Ehe der wirtschaftlich und sozial Schwächere ist, besser schützen als bisher. Das ist ein durchaus richtiger und wichtiger Gedanke. Es wird allerdings auch solche schützen, die so schutzwürdig gar nicht sind. Es macht soziale Unterschiede dort, wo es sie nicht machen dürfte. Und es stellt die Gleichberechtigung der Frau bestenfalls in den unteren Etagen der Gesellschaft her. In den oberen Etagen privilegiert es die Frauen, stattet sie nicht nur mit mehr Rechten aus als die Männer, mit denen sie verheiratet waren, sondern auch mit mehr Rechten als ihre Schicksalsgefährtinnen auf den niedrigeren sozialen Rängen.

Eine Reform lebt, wie man aus alledem sieht, nicht vom Prinzip allein. Da wird durch eine solche Reform unwürdigen und unhaltbaren Zuständen ein Ende bereitet, und prompt stellen sich Folgen ein, die manches verschlechtern, statt zu verbessern, manches komplizieren, statt zu vereinfachen, manches ungerechter machen, als es vorher war. Die Justiz hat es – man muß es nochmals sagen – wirklich schwer.

Nun demonstriert mal schön

Sie hat es noch schwerer, wenn es um Reformen geht, die über das Ziel hinausschießen, wie etwa – um auch dafür ein typisches Beispiel herauszugreifen – in der Neugestaltung des Demonstrationsstrafrechts.

Mit diesem Recht wurden gesetzliche Vorschriften reformiert, die nach Meinung mancher Strafrechtler den Normen des Grundgesetzes nicht entsprachen. Kritisiert wurde vor allem der »obrigkeitsstaatliche Geist« der aus dem Jahre 1871 stammenden Strafbestimmungen über Auflauf, Aufruhr und

Landfriedensbruch. Kern der Reform war die Neufassung der Bestimmungen über den Widerstand gegen die Staatsgewalt, die nun eine Irrtumsregelung enthalten sowie Bestimmungen über den Landfriedensbruch, nach denen jetzt nur noch bestraft wird, wer sich als Täter, Teilnehmer oder »Anheizer« an Gewalttätigkeiten beteiligt[1].

Aufforderung zum Ungehorsam gegen Gesetze oder behördliche Anordnungen sind ebenso straffrei gestellt worden wie der frühere Straftatbestand des Auflaufs, der zu einer Ordnungswidrigkeit herabgestuft wurde. Friedliches Demonstrieren soll für den Demonstranten kein Risiko mehr in sich bergen.

Sitzstreiks, Institutsbesetzungen, Demonstrationen gegen überhöhte Straßenbahntarife und gegen bestimmte Tageszeitungen sind relativ junge Erscheinungsformen unserer Gesellschaft. Die deutsche Justiz stand ihnen, als sie sich erstmals und in stärkerem Ausmaß bemerkbar machten, ebenso ratlos wie unsicher gegenüber, was sich auch an den höchst unterschiedlichen Urteilen zeigt, die über ein und denselben rechtlichen Tatbestand ausgesprochen wurden. So verhängte das Amtsgericht München über den damals noch nicht so berüchtigten Gerichtsreferendar Rolf Pohle eine Gefängnisstrafe von 15 Monaten (ohne Bewährung), weil er nach dem Attentat auf Dutschke in München an einem Sitzstreik und einer Demonstration gegen den Springer-Verlag teilgenommen hatte. In der Begründung des Urteils betonte das Gericht die Gemeingefährlichkeit von Demonstrationen, die Schutzbedürftigkeit der Bevölkerung und die Aufgabe der Gerichte, »einem Überhandnehmen der sogenannten Massendelikte« entgegenzuwirken.

Völlig anderer Ansicht als die Münchner Richter waren zu etwa der gleichen Zeit ihre Kollegen in Bremen. Hier hatte ein Angeklagter zusammen mit anderen gegen die Fahrpreiserhöhungen bei den Verkehrsbetrieben demonstriert, die Stra-

1 Als »Anheizer« gilt, wer ohne Täter oder Teilnehmer zu sein, auf die Menge einwirkt, um Gewalttätigkeiten zu fördern.

ßenbahngleise besetzt und auf diese Weise einen Straßenbahnzug angehalten. Die hanseatischen Richter sprachen den Demonstranten frei, da ihm die Grundrechte der Meinungs- und Versammlungsfreiheit zur Seite gestanden hätten und ein verwerfliches Handeln somit nicht vorgelegen habe. Wörtlich heißt es in dem Urteil: »Dieses Anliegen (Kampf gegen die Fahrpreiserhöhung) ist anerkennenswert. Es ist geradezu eine Angelegenheit von allgemeinem öffentlichem Interesse, über ungerechtfertigte oder auch nur vermeintlich ungerechtfertigte Preissteigerungen eines Monopolbetriebes ... öffentlich zu diskutieren und mit angemessenen Mitteln eine Überprüfung dieser Preissteigerungen zu erzwingen.«

Man sieht: Entgegengesetztere Standpunkte kann man nicht einnehmen. Während den einen Demonstrationen von vornherein als eine Bedrohung der Rechtsordnung und die Massen, die sie durchführen, unheimlich und gefährlich erscheinen, sehen die anderen in ihnen eine Notwendigkeit, weil die freiheitliche Demokratie, wie der Frankfurter Rechtslehrer Denninger meint, nicht allein von der alle vier Jahre wiederholten Zustimmung oder Ablehnung zu ausformulierten Parteiprogrammen leben könne, sondern »mannigfaltige Schauplätze ständiger öffentlicher Kritik brauche«.

Gerade da liegt aber auch das Problem: Es geht um die Formen, in denen sich diese öffentliche Kritik vollzieht, um die grundsätzliche Einstellung derer, die sie ausüben. Die zum Schauplatz demokratischer Kritik freigegebenen Straßen und Plätze können sehr leicht zu Tummelplätzen von Kräften werden, die weniger die Kritik an bestimmten Zuständen innerhalb der freiheitlich-demokratischen Gesellschaftsordnung als vielmehr die Zerstörung dieser Ordnung im Sinn haben. Die im Grundgesetz verankerte Versammlungs- und Meinungsfreiheit in allen Ehren: Wenn sie dazu benutzt wird, das Grundgesetz selbst in Frage zu stellen, erfüllt sie ja doch wohl nicht den Sinn, den sie haben soll.

Kein Zweifel, daß die Reform Bestimmungen des Strafrechts geändert hat, die zum Teil antiquiert und daher für neuartige Phänomene in der Gesellschaft mehr oder weniger unbrauchbar waren. Kein Zweifel aber auch, daß sie in ihrem Eifer, das Demonstrationsrecht einer freiheitlichen Grundordnung anzupassen, des Guten für den einzelnen zuviel, des Guten für den Schutz der Gemeinschaft zuwenig getan hat. Wenn ihr etwas nicht gelungen ist, dann ist es ein ausgewogenes Verhältnis zwischen der Versammlungs- und Meinungsfreiheit einerseits und dem notwendigen Schutz der Allgemeinheit andererseits. Sie hat nicht nur die Grenzen zwischen diesen beiden Sphären zu Lasten des Allgemeininteresses verwischt, sondern auch dazu geführt, daß durch die Einengung der Strafbestimmungen auf diejenigen, die selbst aktiv Gewalt ausüben, die Rädelsführer, die im Hintergrund bleiben, überhaupt nicht oder nur ungenügend zur Rechenschaft gezogen werden können. Und sie lädt durch die Umwandlung des »Auflaufs« von einem Straftatbestand zu einer bloßen Ordnungswidrigkeit geradezu zu Störungen des öffentlichen Lebens ein. Da es jetzt außerdem heißt: »Ordnungswidrig handelt, wer sich einer öffentlichen Ansammlung anschließt oder sich nicht aus ihr entfernt, obwohl ein Träger von Hoheitsbefugnissen die Menge dreimal rechtmäßig aufgefordert hat, auseinanderzugehen«, muß die Polizei jetzt zunächst einmal sorgfältig prüfen, ob ihr Vorgehen auch rechtmäßig ist, wenn sie eine Menschenansammlung zum Auseinandergehen auffordert. Worüber sich am grünen Tisch gewiefte Juristen oft erst nach stundenlangen Überlegungen klarwerden, muß sie an Ort und Stelle und sofort entscheiden. Sie wird dadurch zweifellos überfordert.

Einige Massenmedien – und nicht eben die einflußlosesten – haben es sich ohnehin zur Übung gemacht, eher in den Ruhestörern als in der Polizei die wahren Hüter der Demokratie zu sehen. Für Versäumnisse verantwortlich gemacht, die nicht sie, sondern andere zu vertreten haben, in ihrer Stellung innerhalb der Gesellschaft systematisch angegriffen und daher zutiefst verunsichert, vermochte die Polizei mit dem Rest an Autorität, der ihr verblieben war, oft nicht viel anzufangen, reagierte sie oft auf falsche Weise. Sie verhielt sich opportunistisch, wo alles andere als Opportunismus angebracht war, oder schlug zu, wo alles andere als Gewalt am Platz war. Sie mußte schließlich resignieren, wenn sie sah, daß der Haftrichter die von ihr festgenommenen Krawallmacher wieder freiließ – da er sie auf Grund des reformierten Gesetzes freilassen mußte. Was diejenigen, die es darauf angelegt haben, nur ermutigen konnte, bei nächster Gelegenheit weitere oder noch schlimmere Ausschreitungen vom Zaun zu brechen, mußte den Polizeibeamten als Hohn auf ihren Einsatz erscheinen und ihre Einsatzbereitschaft verhängnisvoll schwächen.

Helmut Schöck hat darauf hingewiesen, daß der Gesetzgeber auf einigen Gebieten des täglichen Lebens auf die Verdichtung von Gefahrenmomenten ohne Bedenken mit verschärften Strafen und einer umfassend zugeschriebenen Verantwortlichkeit des einzelnen reagiert. Jeder, der Waren oder Dienstleistungen auf den Markt bringt, ist einer erweiterten Haftpflicht unterworfen, die sich »vor hundert Jahren niemand hätte träumen lassen«. Wo technische und ökologische Veränderungen fahrlässiges oder mutwillig abweichendes Verhalten gefährlicher machen als früher, hat sich der Gesetzgeber keineswegs als besonders zimperlich erwiesen, konnte er es mit seiner »Modernität« und »Liberalität« vereinbaren, Strafen anzudrohen, die noch vor nicht allzu langer Zeit als übertrieben empfunden und allgemein abgelehnt worden wären. Gewalttätigen Demonstrationen gegenüber kannte er diese Kompromißlosigkeit nicht. Ihnen gegenüber hielt er sich zu einem besonders weiten und großzügigen Liberalismus verpflichtet, glaubte er, »modern« zu sein, wenn er ihren Spielraum ausweitete, statt ihn einzuengen.

Bezahlt wird diese Schizophrenie mit einer Stärkung staats- und gesellschaftsfeindlicher Kräfte, für die es kaum noch ein Risiko bedeutet, Unruhe und Unfrieden zu stiften, ganze Stadtviertel zu Schauplätzen von Gewalt und Tumult zu machen. Bezahlt wird diese Schizophrenie aber auch mit dem Verlust an staatlicher Autorität, weil dem Bürger mit aller nur wünschenswerten Deutlichkeit vor Augen geführt wird, wie machtlos sich der Staat Störenfrieden gegenüber gebärdet, wie schutzlos die Gesellschaft Störungen des Gemeinschaftsfriedens ausgeliefert ist.

So hat es die Reform des Demonstrationsstrafrechts mühelos zustande gebracht, Demonstranten aller Schattierungen faktische Vorrechte gegenüber den Grundrechten aller anderen Bürger zu verschaffen und diese Vorrechte auch denjenigen zu gewähren, die offen bekennen (oder kaum verhehlen), daß sie die Grundordnung dieses Staates bekämpfen oder zerstören wollen.

IX

Die deutsche Justiz auf der Armsünderbank

Vom wahren Elend der deutschen Justiz

Wir sind beim letzten Kapitel unserer Betrachtungen angelangt. Es betrifft die Konfrontation der Justiz mit Anarchisten und Terroristen, einer Gattung von Rechtsbrechern also, die erst in jüngster Zeit traurige Bedeutung gewonnen hat. Das Kapitel steht nicht ohne Grund am Schluß dieses Buches. Es demonstriert auf eine ganz besondere Art das Dilemma, in dem sich die deutsche Justiz befindet, und es ist geradezu hervorragend geeignet, ihre Stellung in der Gesellschaft ins richtige Licht zu rücken, ihr Bild abzurunden.

Wer von uns hat nicht schon mit Verwunderung das Verhalten verfolgt, das die Angeklagten in den Anarchistenprozessen an den Tag zu legen pflegen, und mit vielleicht noch größerer Verwunderung die Reaktion der Gerichte darauf. Wer hat dabei nicht daran gedacht, wie das Gericht mit simplen Straftätern, einfachen Raubmördern etwa oder schlichten Einbrechern, umspringen würde, die sich einen ähnlichen Umgang mit dem Gericht erlauben würden, und wer ist nicht auf den Gedanken gekommen, daß ein rascher und totaler Zusammenbruch unserer Rechtssprechung unausweichlich wäre, wenn ein solcher Umgang zu einer selbstverständlichen Gepflogenheit, einer allseits geduldeten lieben Gewohnheit würde.

Wer von uns hat nicht mit Erstaunen die Hilflosigkeit registriert, mit der die Gerichte der von den Anwälten in diesen Prozessen praktizierten Ausschöpfung rein formaler Verfahrensregeln gegenüberstehen, die praktisch dazu führt, daß im Prozeß die längste Zeit hindurch überhaupt nicht zur Sprache kommt, was Gegenstand des Verfahrens ist, und daß die Fragen von Schuld oder Unschuld, von Recht oder Unrecht zu absoluten Nebensächlichkeiten herabsinken. Und wer hat sich dabei nicht gefragt, in welchem anderen natürlich auch rechtsstaatlich orientiertem Land der Welt etwas Ähnliches möglich wäre, ohne daß es, selbst wenn es formal gerade noch zulässig wäre, von den Anwälten selbst unmöglich gemacht würde.

Und wer von uns hat schließlich nicht den Eindruck gewonnen, daß es mit unserer Rechtssprechung weit gekommen sein muß, wenn die Sicherheit der Prozeßbeteiligten und des Prozeßablaufs nur dadurch gewährleistet werden kann, daß die Gerichte in festungsartigen Gebäuden unter dem Schutz von Maschinenpistolen tagen oder sich in unterirdische Bunker zurückziehen müssen, um Recht finden und Recht sprechen zu können.

Man kann es ohne Übertreibung sagen:

Wenn etwas, dann ist es den Anarchisten und Terroristen gelungen, in weitesten Kreisen der Bevölkerung erhebliche Zweifel an der Glaubwürdigkeit unseres ganzen Verfahrensrechts aufkommen zu lassen. Es ist ihnen gelungen, die Autorität der Justiz herabzusetzen oder gar der Lächerlichkeit preiszugeben.

Aber wir haben schon im ersten Kapitel dieses Buches festgestellt: Nicht an allem, was man der Justiz vorwirft, trägt sie allein die Schuld. Und manches, das sie im schlechten Licht erscheinen läßt, ist nicht ihr, sonderen anderen anzulasten.

Auch im Komplex der Anarchistenprozesse – und hier ganz besonders – liegen die Ursachen ihres Dilemmas außerhalb ihres Einflußbereichs und ihrer Wirkungsmöglichkeiten. Hier muß sie ausbaden, was eigentlich andere an Mißdeutungen, Fehlern und Versäumnissen zu vertreten hätten. Hier kreidet man ihr als Übel an, was in Wirklichkeit das Übel anderer ist. Sie muß die Folgen einer geistigen Verwirrung tragen, für die wirkliche oder angebliche Geistesheroen der bundesdeutschen Gesellschaft verantwortlich zeichnen und die von der politischen Führung dieses Landes geduldet und teilweise sogar mit unverkennbarem Wohlwollen hingenommen worden ist. Um das Ausmaß dieser Verwirrung zu erkennen, braucht man sich nur folgendes zu Gemüte führen (in aller Ruhe, aber leider ohne jeden Genuß):

Im Manifest der Gruppe, im Wagenbach-»Rotbuch« 26 (Alex Schubert: Stadtguerilla) ist zu lesen: »Am 14. Mai 1970, bei der Befreiung Baaders in Berlin, ebenso wie in Frankfurt, wo zwei von uns abgehauen sind, weil wir uns nicht einfach verhaften lassen wollten, haben die Bullen zuerst geschossen.

Die Bullen haben jedesmal gezielte Schüsse abgegeben. Wir haben zum Teil überhaupt nicht geschossen, und wenn, dann nicht gezielt: in Berlin, in Nürnberg, in Frankfurt. Wir schießen, wenn auf uns geschossen wird. Den Bullen, der uns laufen läßt, lassen wir auch laufen.«

Dazu Heinrich Böll im Jahre 1972:[1]

»Hebt man die Kränkung, die in der Bezeichnung ›Bulle‹ liegt gegen das Wort ›Bande‹ auf, zieht man von den zahlreichen vermuteten die bisher nachgewiesenen Taten ab und vergleicht man diese Passage mit dem wilden Schluß des Manifests DEN BEWAFFNETEN KAMPF UNTERSTÜTZEN! SIEG IM VOLKSKRIEG, so klingt das nicht ganz so wahnwitzig, wild und schießlustig, wie die Gruppe bisher dargestellt worden ist ... Die Kriegserklärung, die im Manifest enthalten ist, richtet sich eindeutig gegen das System, nicht gegen seine ausführenden Organe. Es wäre gut, wenn Herr Kuhlmann, der Vorsitzende der Polizeigewerkschaft, dafür sorgte, daß seine Kollegen, die einen so gefährlichen und schlechtbezahlten Beruf ausüben, dieses Manifest einmal lesen. Es ist eine Kriegserklärung von verzweifelten Theoretikern, von inzwischen Verfolgten und Denunzierten, die sich in die Enge begeben haben, in die Enge getrieben worden sind und deren Theorien weitaus gewalttätiger klingen als ihre Praxis ... Die Bundesrepublik Deutschland hat 60 Millionen Einwohner. Die Gruppe um Ulrike Meinhof mag zur Zeit ihrer größten Ausdehnung 30 Mitglieder gehabt haben. Das war ein Verhältnis von 1 : 2 000 000. Nimmt man an, daß die Gruppe inzwischen auf sechs Mitglieder geschrumpft ist, wird das Verhältnis noch gespenstischer: 1 : 10 000 000. Das ist tatsächlich eine äußerst bedrohliche Situation für die Bundesrepublik Deutschland. Es ist Zeit, den nationalen Notstand auszurufen ... Haben die Polizeibeamten, Juristen, Publizisten je bedacht, daß alle Mitglieder der Gruppe um Ulrike Meinhof, alle, praktische Sozialarbeit getan haben und Einblick in Verhältnisse genommen, die möglicherweise zu (ihrer) Kriegserklärung geführt haben? Schließlich

1 Im »Spiegel« 3/1972.

gibt es das ›Rotbuch‹ 24 des Wagenbach Verlages. Titel: »Bambule«, Verfasserin: Ulrike Marie Meinhof. Lesenswert, aufschlußreich – als Film immer noch nicht gesendet . . . Es kann kein Zweifel bestehen: Ulrike Meinhof hat dieser Gesellschaft den Krieg erklärt, sie weiß, was sie tut und getan hat, aber wer könnte ihr sagen, was sie jetzt tun sollte: Soll sie sich wirklich stellen, mit der Aussicht, als die klassische rote Hexe in den Siedetopf der Demagogie zu geraten? Man kann die Nase schon voll kriegen, und ich habe sie voll .. Haben alle, die einmal verfolgt waren, von denen einige im Parlament sitzen, der eine oder andere in der Regierung, haben sie alle vergessen, was es bedeutet, verfolgt und gehetzt zu sein? Weiß keiner mehr, was es bedeutet, einer gnadenlosen Gesellschaft gegenüberzustehen? Wollen die ehemals Verfolgten die verschiedenen Qualitäten des Verfolgtseins gegeneinander ausspielen und ernsthaft die Termini »kriminell« und »politisch« in absoluter Reinheit voneinander scheiden, einer Gruppe gegenüber, die ihre Erfahrungen unter Asozialen und Kriminellen gesammelt hat? . . . Wollen sie, daß ihre freiheitlich-demokratische Grundordnung gnadenloser ist als irgendein historischer Feudalismus, in dem es wenigstens Freistätten gab, auch für Mörder und erst recht für Räuber? Soll ihre freiheitlich-demokratische Grundordnung sich als so unfehlbar darstellen, daß keiner sie in Frage stellen darf: Unfehlbarer, als alle Päpste zusammen je waren? Ich weiß, das sind viele Fragen, aber fragen dürfen wird man ja noch.«

Gerhard Mauz im *Spiegel*[1] zur Behauptung der Verteidiger im Prozeß gegen Mahler, Ingrid Schubert und Irene Goergens, daß nach »einer Kampagne ohnegleichen in der Bundesrepublik kein unvoreingenommenes Gericht mehr zu finden« sei:

»Spektakulär ist nicht der Vorstoß der Verteidiger, sondern, daß wir uns erst nach diesem Vorstoß der Verteidiger überrascht die Augen reiben . . . Selten war ein Vorstoß der Verteidigung so notwendig wie dieser; was heute Mahler und seinen Mitangeklagten widerfährt, wird morgen Verdächtigen und

1 In der Ausgabe vom 17. 5. 1971, Nr. 21.

Angeklagten zustoßen, denen sich unsere Teilnahme leichter zuwenden kann. Wer behauptet, hier sei Federlesen einmal nicht am Platz, der möge sich morgen nicht beklagen, wenn man morgen mit ihm ohne Federlesen verfährt. Wir fragen uns, ob wirklich noch ein fairer Prozeß in Westberlin möglich ist ... Daß es Dinge gibt, reformbedürftige und grundlegend abzuändernde zuhauf, die man verbal und erfolglos zu reformieren und abzuändern sucht, bis einige die Geduld verlieren und meinen, nur noch Handeln, notfalls auch blutiges, könne Reform und Änderung bringen, ist wohl nicht zu bestreiten. Man wird von diesem Prozeß zögernd, nachdenklich und beunruhigt und ohne den salvatorischen Trennungsstrich zwischen Politik und Kriminalität zu sprechen haben. So nicht – aber wie dann?«

Und schließlich Frau Renate Riemeck, PH-Professorin in Wuppertal, im Jahre 1971 in einem »Offenen Brief«[1] an Ulrike Meinhof, ihre frühere Pflegetochter, schreibt: »Du bist anders. Ganz anders als die Leute meinen, die Dein Bild auf dem Steckbrief gesehen haben. Wer Dich kennt, weiß, Du knallst nicht jeden nieder, der sich Dir in den Weg stellt. Du hast Ängste, wie alle Menschen sie haben, aber Du bist tapfer, tapferer als die meisten. Als es der Protestbewegung nicht gelang, die Solidarisierung der lohnabhängigen Massen zustande zu bringen, war der Eklat perfekt und die Enttäuschung unvermeidbar ... Du machtest den verzweifelten Versuch mit, wenigstens an einem Ort die auseinanderfallende Bewegung durch eine signalisierende Aktion zu koordinieren. Die Baader-Befreiung, wäre sie nach Plan verlaufen, sollte wohl dieses Ziel gehabt haben ... Mir ist ganz klar, daß – nachdem Ihr in den Untergrund gegangen seid – fast alles, was Euch an Gangstermethoden unterstellt wird, auf Unwahrheiten beruht. Wenn Du nicht in der Gruppe währst, würde allerdings auch ich nicht dagegen gefeit sein, Euch für politisch frisierte Kriminelle zu halten ... Das Ausmaß der Verhetzung kann Euch nicht verborgen geblieben sein ... Ich bin überzeugt, daß Du

1 Aufruf in »Konkret« vom 18. 11. 1971, Nr. 24.

in der »Rote Armee Fraktion« mitmachst, weil Du ehrlich den Jugendlichen in Gefängnissen und Heimen, in Schulen und in der Ausbildung helfen möchtest und Dich an die richtest, »denen es am dreckigsten geht (Konzept Stadtguerilla).«

Ein Nobelpreisträger, Zierde der deutschen Literatur, ein weitbekannter Journalist und eine Professorin an einer deutschen Pädagogischen Hochschule: Man muß wirklich mehrmals lesen, was sie schreiben, um zu glauben, daß sie wirklich meinen, was sie schreiben. Baader, Meinhof und Genossen also als Verfolgte und Denunzierte, in die Enge getrieben von einer gnadenlosen Gesellschaft, Menschen, die nur die Geduld verloren haben, weil reformbedürftige Dinge einfach nicht reformiert werden und die sich deshalb – notfalls – »zu blutigem Handeln« entschlossen haben. Aber sie knallen bei Gott nicht jeden nieder, der sich ihnen in den Weg stellt, sondern haben Ängste wie jeder von uns und sind nur tapferer als die meisten. Was ihnen an Gangstermethoden unterstellt wird, beruht auf Unwahrheit. Sie haben – im Gegenteil – viel Gutes getan, die verzweifelten Theoretiker, haben praktische Sozialarbeit geleistet und wollen ehrlich allen helfen, denen es dreckig geht. Wen wundert – mit dieser Rückendeckung und unter diesen Aspekten – jetzt noch das Auftreten von Baader, Meinhof und Genossen vor deutschen Gerichten, wen setzen jetzt noch die Reaktionen dieser Gerichte darauf in Erstaunen?

Herr Robert Koch, Untersuchungshäftling, aus seiner Zelle im Gefängnis München-Stadelheim mit »hochachtungsvollem Gruß«:

»Hierzulande wird sehr viel von der Gleichheit aller vor dem Gesetz und besonders im Strafvollzug gelabert. Nun aber kommt eine Handvoll Leute daher, in ein politisches Mäntelchen gekleidet, nennen sich politische Idealisten, Fanatiker, und schon wird aus einer Bande schlicht eine Gruppe. Das Bildmaterial, das Baader-Meinhof-Wohnkultur im Knast demonstriert, spricht Bände. Da ist von Hunderten von Büchern die Rede, die den Delinquenten angeblich zur Verfügung stehen. Während sich meinesgleichen mit der allgemein verpönten Blut- und Bodenliteratur zu begnügen hat. Daß ich während meiner mehr als einjährigen Untersuchungshaft nur ein bzw. zwei der dargereichten Bücher zu lesen vermochte, nur am Rande. Ich möchte hier im Hause von den mehr als 1500 Gefangenen auch nur einen sehen, der sich seine Zelle mit einem Bücherregal ausschmücken dürfte. Tischlampen haben allenfalls Privilegierte, die es in jedem Knast auch gibt. Fließendes warmes Wasser ist der Wunschtraum tausender Inhaftierter. In der Straubinger Anstalt sollen die Gefangenen dem Vernehmen nach noch heute ihren Bedarf an Frischwasser aus der Toilette decken. In meinem Wohnklo, einen anderen Namen verdient das kalte Loch nicht, bin ich täglich bis zu 23 1/2 Stunden eingepfercht, vier Schritte vor und vier zurück. Dabei muß man sich noch in acht nehmen, daß man nicht mit der Pritsche, mit dem Brett, hier Tisch oder Stuhl genannt, oder mit dem Schrank bzw. dem sogenannten Bretterverschlag kollidiert. Seine Habseligkeiten hat man gefälligst in Kartons unter dem Bett zu verbunkern, weil es sonst keinen Platz zum Unterbringen gibt. Also, wenn sie mich fragen, ich tausche jederzeit und gern mit Baader–Meinhof und Genossen. Noch ein Wörtchen zur angeblichen Isolationsfolter: Auch in dieser Hinsicht bin ich zum Tausch sofort bereit – und nicht nur ich. Denn hier genügt bereits die Denunziation eines Entmündigten, um in die sogenannte Sicherheitsabteilung verlegt zu werden.«

Die Glaubwürdigkeit der rechtsprechenden Gewalt wird aber nicht nur von den Anarchisten selbst, sie wird auch von einer Seite untergraben, von der man es am allerwenigsten erwarten dürfte.

Einen Menschen, den »wir nicht vergessen werden« nannte die »Bildzeitung« den Vorsitzenden der Berliner CDU, Peter Lorenz, als sie ihn in aller Breite und mit allen Details schildern ließ, wie er von Angehörigen einer politischen Terrorgruppe entführt wurde, was er während seiner Entführung erlebt, gedacht und gefühlt hatte. Und in der Tat: Wir sollten die Vorgänge nicht vergessen, die uns in jenen Tagen geboten wurden, und auch nicht die Rolle, die der Hauptdarsteller dabei spielen mußte.

Als die Politiker nach der Entführung von Peter Lorenz verzweifelt, wie es hieß, »nach einer Lösung suchten«, bestand diese letztlich darin, das Leben des Entführten zu retten, – was menschlich verständlich ist und in anderen Rechtsstaaten unter den gleichen Umständen nicht anders gehandhabt wird. Aber der Fall, um den es hier ging, hatte exemplarische Bedeutung, da der Mann, der auf Kosten des Rechts und der rechtsstaatlichen Ordnung gerettet werden sollte, nicht irgendein kleiner Bürger war, den die Verbrecher in ihre Gewalt bekommen hatten, sondern ein Mann, der zu den kompromißlosesten Vorkämpfern eines auf Recht und Ordnung gegründeten Staatswesens gehörte, für das er oft und laut seine Stimme erhoben hatte. In dem Augenblick allerdings, als es darauf ankam, für Recht und Ordnung mehr einzusetzen als Worte, da waren diese Prinzipien plötzlich nicht mehr so ehern, wie man es allen und vermutlich auch sich selbst weisgemacht hatte. Da nahm man in Kauf, daß das Unrecht über das Recht triumphierte und die rechtsstaatliche Ordnung von ein paar Gewaltverbrechern über den Haufen geworfen wurde. Da wurde aus dem Kampf zwischen Recht und Unrecht, zwischen Ordnung und Unordnung ein »absurdes Theater«.

»Ich weiß nicht, ob es Tag oder Nacht war«, berichtete Lorenz nach seiner Befreiung der »Bildzeitung«[1], »ich weiß auch nicht, ob es der dritte oder vierte Tag war. Plötzlich kam ein Kapuzenmann zu mir in die Zelle ... mit einem Schachspiel unter dem Arm. Er sagte: ›Wollen wir eine Partie spielen?‹ Ich war völlig verblüfft. Es war so unwirklich. Es war wie ein Wechselbad ... draußen vor dem Gitter sitzt einer mit der Maschinenpistole, und neben mir steht einer mit einem Schachbrett. Ich sagte: ›Ich bin aber kein guter Spieler und habe schon lange nicht mehr ...‹ Der Mann unter der Maske sagte: ›Ich spiele auch nicht besonders.‹

Und dann setzten wir uns hin – er auf dem Stuhl, ich aufs Bett, und auf dem kleinen Tischchen bauten wir die Figuren auf. Ich weiß nicht, ob mich meine Erinnerung täuscht, aber

1 In der Ausgabe vom 12. März 1975.

ich glaube, es war so: Wir losten die Farben aus. Ich zog Schwarz ... ich versuchte zu witzeln: ›Schwarz für den Schwarzen.‹ Es war absurdes Theater.«

Und worüber wurde zwischen Lorenz und seinen Entführern gesprochen? »Eigentlich nur über Politik. Kolonialismus, Ausbeutung, die Multis, die Dritte Welt – und natürlich auch über unseren Staat.

»Sie sagten: ›Hier wird doch nur ausgebeutet. Das ist doch ein Faschisten-Staat.‹ Ich sagte: ›Diese Bundesrepublik ist der freiheitlichste Staat, den die Deutschen je hatten.‹ Sie sagten: ›Ein Polizeistaat ist das‹.

Ich sagte: ›Das glauben Sie doch selbst nicht.‹

Ich versuchte, ihnen klarzumachen, daß ich nicht in ihre Klischeevorstellung von einem Reaktionär paßte. Aber aus ihren Äußerungen, ihren Worten konnte ich entnehmen, wie sehr sie unseren Staat hassen und unsere demokratische Ordnung und wie groß ihr Haß auf alles war, was mit Polizei und Staatsanwaltschaft zu tun hat.«

Aber die Rechtsbrecher konnten zufrieden sein. Der von ihnen gehaßte Staat tat alles, was sie gefordert hatten. Er setzte rechtskräftig zu langjährigen Freiheitsstrafen verurteilte Terroristen in Freiheit.

Peter Lorenz hat, wie *Bild* zu berichten wußte, »die demütigende Haft ungebrochen überstanden«.

Hat er auch die demütigende Kapitulation des Rechts vor dem Unrecht überstanden? Und ungebrochen in Kauf genommen, daß durch Kapitulationen dieser Art die Grundlagen eines Rechtsstaates stärker erschüttert werden können als durch die Terrorakte selbst, die diesen Rechtsstaat bedrohen?

Wir sehen: Das wahre Elend der deutschen Justiz kommt nicht von ungefähr. Man erteilt ihr Aufträge, über die man sich, wenn man aus Zweckmäßigkeitsgründen nicht anders handeln zu können glaubt, ohne Rücksicht auf die Glaubwürdigkeit eben dieser Justiz hinweggesetzt. Und man verlangt Autorität von ihr, Ansehen, Würde, Unabhängigkeit, und läßt sie gleichzeitig erdulden, daß ihre Autorität untergraben, ihr Ansehen herabgesetzt, ihre Würde lächerlich gemacht und ihre Unabhängigkeit in Frage gestellt werden.

Sie hat zu alledem das ausgesprochene Pech, daß sie allzu oft und von allzu vielen mit der Gesetzgebung identifiziert, also auch für Gesetze verantwortlich gemacht wird, die sich, früher oder später, als schlecht, lückenhaft oder kaum praktizierbar herausstellen. In der Flut von Gesetzen, die sich jahraus jahrein über die Deutschen ergießen, sind manche nichts anderes als das – vielleicht sogar notwendige – Ergebnis schauriger Kompromisse zwischen einzelnen Interessentengruppen. Aber den Richter hat das nicht zu bekümmern, er muß sie – ob gut oder schlecht – vollziehen, er muß sich an sie halten und nach ihnen richten. Was der davon betroffene Bürger unverständlich findet und wogegen er aufbegehrt, weil er die mangelnde Ausgewogenheit und vielleicht einseitige Bevorzugung bestimmter Interessentengruppen erkennt, schreibt er dem Richterspruch, nicht dem Gesetz zu, an das dieser Spruch gebunden ist.

Es stellt unseren Gesetzgebern, insbesondere in Bonn, nicht das beste Zeugnis aus, daß vom Bundesverfassungsgericht im Laufe der Jahre mehr als hundert Gesetze für verfassungswidrig erklärt worden sind. Die Parlamentarier pflegen mitunter dieser für sie nicht gerade schmeichelhaften Tatsache mit dem Vorwurf zu begegnen, daß das Verfassungsgericht »mit zerstörerischem Eifer in den legitimen Ermessensspielraum des Parlaments eindringe, und die Verfassung nicht nach den veränderten Bedürfnissen einer veränderten Welt interpretiere. Merkwürdigerweise wird dieser Vorwurf in der Regel allerdings nur von Abgeordneten erhoben, die für das Gesetz, das als verfassungswidrig erklärt wurde, eingetreten sind. Waren sie dagegen und nur auf Grund der parteipolitischen Konstellation nicht in der Lage, es im Parlament zu Fall zu bringen, dann ist keine Rede davon, daß die Verfassungswirklichkeit verkannt worden sein soll. Das Verfassungsgericht, das sich in dem einen Fall den Vorwurf unerwünschten ja unberechtigten Eindringens in die Kompetenzen des Gesetzgebers gefallen lassen muß, wird in dem anderen Fall als unentbehrlicher Hort der Freiheit und Gerechtigkeit gefeiert. Weitere Schwierigkeiten, für die die Justiz sicher auch nicht die Verantwortung trägt, bringt der geradezu pathologische Hang mit sich, Vorschriften mit Strafandrohungen zu versehen. Das Recht wird auf diese Weise in zunehmendem Maße kriminalisiert. Mit Hilfe der Strafvorschriften, die z. B. allein im neuen Lebensmittelrecht, Verkehrsrecht und Arzneimittelrecht enthalten sind, könnten ganze Städte entvölkert werden, wenn sie strikt angewandt würden.

Eine nicht unbedingt erfreuliche Schlußbilanz

Die Gewinn- und Verlustrechnung der deutschen Justiz enthält Widersprüche, die sich nicht auf einen Nenner bringen, Gegensätzlichkeiten, die sich nicht miteinander vereinbaren lassen.

Sie zeigt

eine Richterschaft, die trotz vieler hervorragender Persönlichkeiten in ihren Reihen bei weitem nicht jene Leistungselite darstellt, die sie sein müßte, hin- und hergerissen zwischen Souveränität und Abhängigkeiten, von Nivellierungstendenzen bedroht und eingepreßt in einen Prozeß der Verbeamtung, der ihrer Aufgabe zutiefst zuwiderläuft,

Staatsanwälte zwischen Macht und Ohnmacht, zwischen enger Weisungsgebundenheit und Ermessensfreiheiten, zwiespältig in ihrer Funktion, weil sie, obgleich auf die Erforschung der Wahrheit eingeschworen, letztlich doch mehr nach Schuld als nach Unschuld suchen,

Rechtsanwälte, die schon aus Gründen ihrer wirtschaftlichen Existenz gar nicht jene »Organe der Rechtspflege« sein können, die sie sein sollen, und die daher oft gezwungen sind, eher dem Unrecht nützlich als dem Recht dienlich zu sein,

Gerichtsverfahren, die in Formalismen ersticken – und doch ohne diese Formalismen nicht auskommen,

falsch gesetzte Schwerpunkte, die sich darin dokumentieren, daß man die Entwicklung der Gewaltkriminalität dramatisiert, ohne der zumindest ebenso gefährlichen Entwicklung der Wirtschaftskriminalität Herr werden zu können,

einen Strafvollzug, der sich an Wunschvorstellungen orientiert, nicht an der harten Wirklichkeit, und Reformen, die in manchem übers Ziel hinausschießen und in manchem mutlos auf halber Strecke steckenbleiben.

Die Bilanz zeigt schließlich die Justiz in einem falschen, weil faktisch untergeordneten Verhältnis zu den anderen Staatsgewalten, in einem problematischen, weil emotionsbelasteten Verhältnis zur breiten Öffentlichkeit, und in einem schlechten, weil anonymen Verhältnis zum einzelnen Bürger.

Die Gewinn- und Verlustrechnung weist aber auch Forderungen aus, die die Justiz gar nicht erfüllen kann, Vorwürfe, die sie nicht treffen. Kein Wunder, daß sie unter solchen Umständen zwischen vielen Feuern steht und sehr vielen nicht als kreditwürdig gilt.

Von einer Seite her ertönen laute Vorwürfe, daß man auf allen Gebieten des staatlichen und gesellschaftlichen Lebens begonnen habe, umzudenken, nur nicht auf dem der Rechtssprechung, wo man noch immer so täte, als habe sich seit den 70er Jahren des vorigen Jahrhunderts nichts wesentliches verändert: Klassendünkel und Untertanengeist seien nach wie vor die bestimmenden Elemente, auf denen die Justiz baue, besitzbürgerliches Denken beherrsche noch immer die Paragraphen unseres Rechts, ja was noch schlimmer sei, auch ihre Auslegung. Manche dieser Kritiker erwecken allerdings den Verdacht, daß sie ihre Kritik an der deutschen Justiz unter ganz bestimmten politischen Vorzeichen üben (vor allem dann, wenn sie die geltende Rechtsordnung als »repressiv«, als »Schwert gegen das Proletariat« empfinden), und daß sie mit den Angriffen, die sie gegen die Justiz richten, gar nicht die Justiz, sondern das gesellschaftliche System in der Bundesrepublik meinen. Mit ihrer Forderung nach Veränderungen zielen sie offensichtlich weniger auf eine Reform der Justiz als auf eine Umwälzung der gesamten gesellschaftlichen Verhältnisse. Das Bild, das sie von der deutschen Justiz zeichnen, ist daher selbst dann ein Zerrbild, wenn die von ihnen geübte

Kritik in einigen, oder sogar in vielen Punkten berechtigt ist. Der deutsche Gerichtssaal als Schlachtfeld und Schaubühne der Gesellschaftsveränderer. Der deutsche Richter als Symbolfigur einer Ordnung, die beseitigt werden soll.

Wenn man aber – und das ist die andere Seite der Medaille – Recht und Freiheit als Grundpfeiler unseres Staatswesens betrachtet, dann darf man nicht ausgerechnet denjenigen, die zur Wahrung dieses Rechts und seiner Ordnung berufen sind, den Boden unter den Füßen wegziehen. Die Freiheit kann nicht schrankenlos ausgenutzt werden, wenn der eigene Freiheitsspielraum so eng geworden ist, wie es heute in jeder Massengesellschaft der Fall ist. Man müßte daher endlich begreifen, daß gerade aus diesem Grund eine starke Justiz ein notwendiger Kristallisationskern für die Funktionsfähigkeit einer freiheitlichen Gesellschaft ist. Und man müßte endlich offen zugeben (und daraus die notwendigen Folgerungen ziehen), daß der Begriff der menschlichen Würde besonders dann gern strapaziert und ins Spiel gebracht wird, wenn es darum geht, die Justiz zu schwächen. Allzu oft wird unter diesem Deckmantel ein Unfug getrieben, den zwar alle sehen, die meisten mißbilligen, alle aber mitmachen.

Die Qualität der Rechtssprechung hängt – wir haben es deutlich zu machen versucht – nicht allein von ihrer Stellung im gesellschaftlichen Rahmen ab, und nicht allein von den Regeln, die ihr gesetzt werden und an die sie sich zu halten hat. Sie ist in zumindest gleichem Grad eine Sache der Menschen, von denen sie getragen wird. Und man soll sich daher nichts vormachen: Es kommt entscheidend darauf an, daß sich jener Typus von Juristen durchsetzt, der sich nicht damit begnügt, als bloßer Gesetzestechniker zu fungieren und der nicht in rein formaljuristischen Gleisen festgefahren ist. Unsere Gesellschaft braucht den Juristen, der in der Lage ist, auch psychologische und soziologische Zusammenhänge in sein Denken miteinzubeziehen. Solange das nicht gelingt, wird sich an dem derzeitigen Zustand der deutschen Justiz auf allen ihren Ebenen und in allen ihren Gruppierungen nicht viel ändern – man mag dabei noch so viele alte Zöpfe abschneiden und noch so viele Versuche unternehmen, die Rechtssprechung dem Gang der Zeiten anzupassen.

Mit dem »gesellschaftskritischen« Juristen, wie er heute vielen als ein neuer Juristentyp vorschwebt, fällt man allerdings wieder von einem Extrem ins andere. Er spiegelt nur die Tendenz wider, in einem Übermaß soziologische Elemente in die Juristerei hineinzutragen. Das geht auf Kosten der Rechtssicherheit, weil es die objektiven Maßstäbe zerstört, nach denen allein Recht gesprochen werden kann.

So bleibt nur zu hoffen, daß sich die Dinge ins richtige Maß einpendeln. Und so bleibt zu hoffen, daß die deutsche Justiz weder von der einen noch der anderen Seite überrannt wird, weder von denen, die danach streben, daß Recht vorwiegend nach sozialen Bedürfnissen gesprochen wird, noch von denen, die eine dem Joch des geschriebenen Rechts unterworfene Justiz für allein seligmachend halten. In dem einen Fall wäre es bald um den Rechtsstaat, so wie wir ihn verstehen, geschehen. In dem anderen Fall bliebe alles beim alten. Und das hieße, auf den kürzesten Nenner gebracht:

Die deutsche Justiz ist zwar bestimmt nicht so schlecht, wie viele meinen. Sie ist aber bestimmt nicht so gut, wie sie selbst zu sein glaubt und wie sie im Interesse der Gesellschaft, der sie dient, zu sein hätte.

Wer je vor einem Richter steht, kann dies an sich selbst erfahren.

Anhang

Die Rechtsprechung in der Bundesrepublik ist hauptsächlich Angelegenheit der Länder. Unter den nahezu tausend Gerichten, die es am 1. Januar 1975 im Bundesgebiet gab, sind die Bundesgerichte fast an einer Hand abzuzählen. Neben dem Bundesverfassungsgericht sind es fünf Oberste Gerichtshöfe, der Bundesgerichtshof in Karlsruhe, das Bundesverwaltungsgericht in Berlin, der Bundesfinanzhof in München, das Bundesarbeitsgericht in Kassel und das Bundessozialgericht in Kassel. Alle diese Bundesgerichte haben die (im Grundgesetz geregelte) Aufgabe, Entscheidungen der Ländergerichte daraufhin zu überprüfen, ob sie mit dem Bundesrecht in Einklang stehen[1]. Um eine möglichst einheitliche oberstgerichtliche Rechtsprechung zu gewährleisten, ist ein gemeinsamer Senat der Obersten Gerichtshöfe errichtet worden[2]. Das Bundesverfassungsgericht in Karlsruhe[3] hat darüber zu wachen, daß sich die staatlichen Gewalten beim Erlaß von Gesetzen, sowie bei ihren Maßnahmen und Entscheidungen verfassungsgemäß verhalten und der Bundesbürger nicht in seinen Grundrechten verletzt wird. Die Zuständigkeit des Bundesverfassungsgerichts erstreckt sich auch auf die Prüfung der Verfassungsmäßigkeit politischer Akte.

Für den rechtsuchenden Bürger gibt es grundsätzlich drei Instanzen. Die Entscheidungen des Gerichts in erster Instanz können mit dem Rechtsmittel der Berufung beim Gericht zweiter Instanz angefochten werden. Auch die Berufungsinstanz ist, da in ihr neue Beweise angetreten werden können, eine sogenannte »Tatsacheninstanz«. Über dem Berufungsgericht steht ein auf die Prüfung von Rechtsfragen beschränktes Revisionsgericht als dritte Instanz. Revisionsgerichte sind die obersten Gerichte des Bundes, die Oberlandesgerichte (vornehmlich in Strafsachen) oder – wie speziell in Bayern – das Bayerische Oberste Landesgericht.

Unter die freiwillige Gerichtsbarkeit, die seit dem Ende des vergangenen Jahrhunderts der ordentlichen Gerichtsbarkeit zugeordnet ist, fallen nur einige wenige echte prozessuale Streitsachen, so Streitigkeiten über die Schlüsselgewalt oder Untersagung der Namensführung. Vormundschaft, Nachlaßsachen, Grundbuch und Handelsregister, alles Aufgaben der freiwilligen Gerichtsbarkeit, sind mehr oder minder reine Verwaltungssachen.

1 Ausschließlich als Bundesgericht erster Instanz ist nur das Bundespatentgericht in München tätig, das für den Bereich des gewerblichen Rechtsschutzes zuständig ist (wobei in diesem Fall der Bundesgerichtshof als Berufungsinstanz fungiert).

2 Gesetz zur Wahrung der Einheitlichkeit der Rechtsprechung der obersten Gerichtshöfe des Bundes vom 19. 6. 1968, BGBl I, S. 661.

3 *Das Bundesverfassungsgericht* besteht aus zwei Senaten zu je acht Richtern, von denen drei oberste Bundesrichter sein müssen. Die Richter jedes Senates werden je zur Hälfte vom Bundestag und vom Bundesrat gewählt.

Bund

Bundesgerichtshof (Karlsruhe)[1]

Vereinigte Senate ●●●●●● ●●●●●●

Zivilsachen	Strafsachen
Großer Senat für Zivilsachen ●●●●●●●●●	Großer Senat für Strafsachen ●●●●●●●●●
●●●●● ●●●●● 10 Zivilsenate[2] 7 Fachsenate[3]	5 Strafsenate[4] ●●●●●

Länder

Oberlandesgericht

Zivilsachen		Strafsachen
Zivilsenate ●●●	Senate für Baulandsachen ●●●●●	Strafsenate als 1. Instanz ●●●●●
Entschädigungs-Senate ●●●		Strafsenate als Revisionsinstanz ●●●
Landwirtschafts-Senate ○●●●○		
Wiedergutmachungs-Senate[5] ●●●	Fach-Senate[6]	

Landgericht[7]

Zivilsachen		Strafsachen	
Zivilkammern ●●●	Kammern für Handelssachen[8] ○●○	Kleine Strafkammer ○●○	Große Strafkammer[9] ○●●●○
Kammer f. Baulandsachen ●●●●●	Entschädigungskammern ●●●	Staatsschutz-Kammer ○●●●○	Jugendkammern ○●●●○
Wiedergutmachungs-Kammern ●●●		Schwurgericht ○○○●●●○○○	

Amtsgericht[10]

Zivilsachen		Strafsachen	
Amtsrichter ●	Landwirtschaftsgericht ○●○	Amtsrichter ●	Schöffengericht ○●○
Vormundschafts-, Nachlaß-, Register-, Konkurs-, Vergleichsgericht, Grundbuchamt ● (oder Rechtspfleger)		Jugendrichter ●	Erweitertes Schöffengericht ○●●○
		Jugendschöffengericht ○●○	
Zivilsachen		Strafsachen	

Arbeitsgerichtsbarkeit[11]	*Verwaltungsgerichtsbarkeit*[12]	*Sozialgerichtsbarkeit*[17]	*Finanzgerichtsbarkeit*[18]
Bundesarbeitsgericht (Kassel)	Bundesverwaltungsgericht (Berlin)	Bundessozialgericht (Kassel)	Bundesfinanzhof (München)
Großer Senat ●●●●●● *5 Senate* ○●●●○	Großer Senat ●●●●●● 8 Revisionssenate ●●●●● 2 Disziplinarsenate ○●●●○ 2 Wehrdienstsenate[13] ○●●●○	Großer Senat ●●●●●● ● ○○ ○○ 12 Senate ○●●●○	Großer Senat ●●●●●● 8 Senate ●●●●●
Landesarbeitsgerichte Kammern ○●○	Oberverwaltungsgerichte[14] Senate ○●●●○ Fachsenate für Personalvertretungssachen[15] ○○●○○ Senat für Flurbereinigung ○●●○○	Landessozialgerichte Senate ○●●●○	Finanzgerichte Senate ○●●●○
Arbeitsgerichte Kammern ○●○	Verwaltungsgerichte Kammern ○●●●○ Fachkam. für Personalvertretungssachen[16] ○○●○○	Sozialgerichte Kammern ○●○	

● Berufsrichter ○ Ehrenamtliche Richter

Anmerkungen

1 In Zivilsachen kann als letzte Instanz der Bundesgerichtshof angerufen werden, wenn es um einen Streitwert von mehr als 40 000 DM geht.

2 IV. Zivilsenat = Senat in Landwirtschaftssachen, X. Zivilsenat = Patentsenat, jeweils in der Zusammensetzung ○●●●○. Der Patentsenat entscheidet über Rechtsbeschwerden gegen Beschlüsse und über Berufungen gegen Urteile des Bundespatentgerichts in München.

3 Für Patentanwalts-, Steuerberater-, Wirtschaftsprüfer-, Notar- und Anwalts- sowie für Kartellsachen.

4 V. Strafsenat in Berlin.

5 In dritter und letzter Instanz entscheidet das aus deutschen und ausländischen Richtern zusammengesetzte Oberste Rückerstattungsgericht in Herford mit Senaten in Nürnberg und Rastatt (II. Teil, Art. 6 des Vertrags zur Regelung aus Krieg und Besatzung entstandener Fragen, BGBl 1955, II S. 423).

6 Für Patentanwalt-, Steuerberater-, Wirtschaftsprüfer-, Notar- und Kartellsachen (Kartellsenat).

7 Die sachliche Zuständigkeit der Landgerichte als erster Instanz ist für alle bürgerlichen Rechtsstreitigkeiten gegeben, die nicht den Amtsgerichten zugewiesen sind. Ohne Rücksicht auf den Streitwert sind die Landgerichte zuständig für Ansprüche, die auf Grund der Beamtengesetze gegen den Fiskus erhoben werden, sowie für Ansprüche gegen Richter und Beamte wegen Überschreitung ihrer amtlichen Befugnisse oder wegen pflichtwidriger Unterlassung von Amtshandlungen.

8 Die Kammern für Handelssachen sind zuständig für Ansprüche, die gegen einen Kaufmann aus Geschäften, die für beide Teile Handelsgeschäfte sind, aus einem Wechsel, auf Grund des Scheckgesetzes und des Gesetzes gegen den unlauteren Wettbewerb sowie aus verschiedenen Rechtsverhältnissen einer Handelsgesellschaft geltend gemacht werden. Die ehrenamtlichen Richter werden auf Vorschlag der Industrie- und Handelskammern für die Dauer von drei Jahren ernannt.

9 Die ehrenamtlichen Richter bei den Strafgerichten (Schöffen und Geschworene) werden auf Grund von Vorschlagslisten gewählt, die von den Gemeinden des Gerichtsbezirks erstellt werden. Die engere Auswahl trifft ein Ausschuß, der jedes zweite Jahr beim Amtsgericht zusammentritt und dem unter dem Vorsitz eines Amtsrichters ein von der Landesregierung bestimmter Verwaltungsbeamter sowie zehn gewählte Beisitzer angehören. Die Namen der vom Ausschuß ausgewählten ehrenamtlichen Richter werden in eine Liste aufgenommen. Die Reihenfolge, in der sie an Sitzungen des Gerichts teilnehmen, wird durch das Los bestimmt.

10 Die Zuständigkeit der Amtsgerichte umfaßt in bürgerlichen Rechtsstreitigkeiten vermögensrechtliche Ansprüche, deren Gegenstand den Wert von 3000 DM nicht übersteigt, sowie ohne Rücksicht auf den Streitwert das gesamte Mahnverfahren, ferner Mietsachen, Unterhaltssachen, Entmündigungen, Konkurse und Zwangsvollstreckungen, Streitigkeiten wegen Viehmängel und – nach Inkrafttreten des neuen Ehegesetzes – Ehescheidungen.

11 Gesetzliche Grundlage ist das Arbeitsgerichtsgesetz vom 3. 9. 1955, BGBl III Nr. 320 – 1. Die Arbeitsgerichtsbarkeit entscheidet über Streitigkeiten aus dem Arbeitsrecht. Ein ehrenamtlicher Beisitzer der jeweiligen Kammer gehört der Arbeitgeberseite, ein Beisitzer der Arbeitnehmerseite an.

12 Gesetzliche Grundlage ist die Verwaltungsgerichtsordnung vom 21. 1. 1960, BGBl III Nr. 340–1. Gegenstand der Verwaltungsgerichtsbarkeit sind Rechtsstreitigkeiten aus dem Verwaltungsrecht. Durch sie sollen die staatlichen Verwaltungsakte kontrolliert und der Bürger vor willkürlichen Handlungen der Verwaltung geschützt werden. Die bei den Verwaltungsgerichten tätigen ehrenamtlichen Richter werden auf Grund von Vorschlagslisten gewählt, die von den Kreisen und kreisfreien Städten des Verwaltungsgerichtsbezirks aufgestellt werden.

13 Sitz in München.

14 Die Oberverwaltungsgerichte der Länder Baden-Württemberg, Bayern und Hessen heißen Verwaltungsgerichtshöfe.

15 Zusammensetzung auch: ○●●●○ oder ●●●.

16 Zusammensetzung auch: ○●●●○ oder ○●○.

17 Gesetzliche Grundlage ist das Sozialgerichtsgesetz vom 3. 9. 1953, BGBl III Nr. 330 – 1. Die Sozialgerichtsbarkeit befaßt sich vor allem mit Streitigkeiten der Sozial- und Arbeitslosenversicherung, der Kriegsopferversorgung und des Kassenarztrechts. Die ehrenamtlichen Richter werden wie in der Arbeitsgerichtsbarkeit nicht gewählt, sondern ernannt, und zwar auf Grund von Vorschlagslisten, die von Gewerkschaften, Arbeitgeberverbänden und anderen Gremien erstellt werden.

18 Gesetzliche Grundlage ist die Finanzgerichtsbarkeitsordnung vom 6. 10. 1965, BGBl III, Nr. 350 – 1. Die Finanzgerichtsbarkeit dient dem Rechtsschutz auf dem Gebiet des Steuerrechts mit Ausnahme des Steuerstrafrechts, das als Teil des allgemeinen Strafrechts zur Zuständigkeit der Strafgerichtsbarkeit gehört.
Im Unterschied zum ordentlichen und anderen Spezialrechten fällt das Steuerrecht im wesentlichen in die Zuständigkeit der Finanzverwaltung. Gegen die von den Finanzämtern erlassenen Steuerbescheide ist nach einem Einspruch, über den die Finanzbehörde selbst entscheidet, die Klage beim Finanzgericht und gegen dessen Entscheidungen die Revision beim Bundesfinanzhof möglich. Häufigstes Steuervergehen ist die Hinterziehung von Steuern. Fahrlässige Vergehen gegen Steuervorschriften werden als Ordungswidrigkeiten geahndet und mit Geldbußen bestraft, die zwar recht empfindlich sein können, aber nicht als kriminelle Strafen gelten und nicht ins Strafregister eingetragen werden. Liegt der Verdacht eines Steuervergehens vor, ermittelt das Finanzamt, in der Regel besondere Strafsachenstellen, weitgehend selbständig; es tut also das, was im ordentlichen Gerichtsverfahren Aufgabe der Staatsanwaltschaft ist. Zur Aufspürung von Steuerstrafsachen bedient es sich einer eigenen Einrichtung, der Steuerfahndung, die man als eine Art von Steuer-Kriminalpolizei bezeichnen könnte.

Land		Amts-	Land-	Zivil-	Straf-	Ober-landes-gerichte	Zivil-	Straf-	Arbeits-	Verwaltungs-	Sozial-
		Gerichte		Kammern bei den Landgerichten			Senate bei den Oberlandesgerichten		Gerichte[a]		
Schleswig-Holstein	1960	58	4	36	16	1	7	2	9	1	3
	1974	50	4	42	21	1	15	2	9	1	4
Hamburg	1960	6	1	41	16	1	10	2	1	1	1
	1974	6	1	52	31	1	16	4	1	1	1
Niedersachsen	1960	134	11	80	49	3	17	6	15	3	8
	1974	93	11	104	64	3	29	6	15	3	8
Bremen	1960	3	1	14	8	1	8	1	3	2	2
	1974	3	1	18	12	1	15	1	2	1	1
Nordrhein-Westfalen	1960	177	19	208	124	3	40	10	29	7	8
	1974	157	19	268	153	3	63	11	29	7	8
Hessen	1960	83	9	68	37	1	14	3	12	4	7
	1974	58	9	105	61	1	28	5	12	4	7
Rheinland-Pfalz	1960	91	8	51	27	2	9	3	10	2	3
	1974	57	8	73	33	2	21	3	4	2	3
Baden-Württemberg	1960	119	17	110	77	2	15	4	20	4	8
	1974	119	17	148	112	2	31	6	9	4	8
Bayern	1960	167	21	132	57	4[b]	31	7	11	6	7
	1974	72	21	178	114	4[b]	55	12	11	6	7
Saarland	1960	16	1	12	6	1	6	1	3	1	1
	1974	16	1	20	7	1	7	2	3	1	1
Berlin	1960	9	1	66	19	1	18	4	1	1	1
	1974	7	1	73	26	1	31	3	1	1	1
Bundesgebiet	1960	863	93	818	436	20	175	43	114	32	49
	1974	638	93	1 081	634	20	311	55	96	31	49

a) Nur erstinstanzliche Gerichte.
b) einschl. Bayer. Oberstes Landesgericht mit 3 (2) Zivilsenaten, 1 Fideikommißsenat und 8 (4) Strafsenaten.

Quelle: Bundesministerium der Justiz.

Quellennachweis

Beck – Texte »STGB – Vergleich: Alte und neue Fassung in synoptischer Gegenüberstellung«, Deutscher Taschenbuch Verlag, München 1974

Bremen Report – Innere Sicherheit und Polizeiorganisation, Institut für angewandte Sozialwissenschaft, Bonn–Bad Godesberg 1973

Wolfgang Kaupen »Das Verhältnis der Bevölkerung zur Rechtspflege«, Jahrbuch für Rechtssoziologie und Rechtstheorie, Band 3, Bertelsmann Universitätsverlag

Kaiser / Sack / Schellhoß (Hrsg.) »Kleines Kriminologisches Wörterbuch«, Kleine Herderbücherei, Bd. 479, Freiburg 1974

Rüdiger Lautmann »Justiz – die stille Gewalt«, Athenäum Verlag Frankfurt 1972

Materialien zum Bericht zur Lage der Nation 1972, Deutscher Bundestag, 6. Wahlperiode, Drucksache VI/3080

Karl-Dieter Opp / Rüdiger Peuckert »Ideologie und Fakten in der Rechtsprechung«, Wilhelm Goldmann Verlag München 1971

Helmut Ostermeyer »Die juristische Zeitbombe«, Wilhelm Goldmann Verlag 1973

Polizeiliche Kriminalstatistik, Bundeskriminalamt – Kriminalistisches Institut, Wiesbaden 1975

Walther Richter »Zur ideolgischen Struktur der Deutschen Richterschaft«, Ferdinand Enke Verlag Stuttgart 1968

Manfred Riegel / Raymund Werle / Rudolf Wildemann »Selbstverständnis und politisches Bewußtsein der Juristen, insbesondere der Richterschaft in der Bundesrepublik«, Institut für Sozialwissenschaften der Universität Mannheim 1974

Manfred Schmeckenbecher »Kostenübersichtstabellen«, Boorberg Verlag München 1974

Statistisches Bundesamt, Fachserie A, Reihe 9 (Rechtspflege) Verlag W. Kohlhammer Mainz 1975; Fachserie C, Reihe 1 (Kostenstruktur Freie Berufe), W. Kohlhammer Verlag Mainz 1973

H. Steinert »Der Prozeß der Kriminalisierung«, Juventa München 1973

Klaus Tiedemann (Hrsg.) »Die Verbrechen in der Wirtschaft«, c f Müller Verlag Karlsruhe 1972

Zweites Deutsches Fernsehen, Redaktion Recht und Justiz (Gerd Jauch) «Wie würden Sie entscheiden«, Wiesbaden 1974/1975

Die auf den Seiten 253 bis 256 auszugsweise abgedruckten Briefe wurden zur Verfügung gestellt vom Verband zur Verhütung und Wiedergutmachung von Straftaten, Freiburg/Breisgau (Postanschrift: 7808 Waldkirch im Breisgau, Postfach 324).